日本の不平等を考える

少子高齢社会の国際比較

白波瀬佐和子
Shirahase Sawako

東京大学出版会

THINKING ABOUT INEQUALITY IN JAPAN
A Comparative Study of Ageing Societies
Sawako SHIRAHASE
University of Tokyo Press, 2009
ISBN 978-4-13-051130-8

目　次

序　比較の中の日本 ─────────────── 1

1―戦後の日本人論 (1)　2―階級のない国，ニッポン (3)

3―21世紀突入前の不平等化論 (5)

4―不平等を国際比較の枠組みから検討する意味 (6)

5―不平等とは (9)　6―少子高齢化のなかの不平等 (16)

7―ライフサイクルの変容と不平等構造 (17)

1　日本はどれくらい不平等か ─────────── 25

1―比較からみえる不平等――日本はどこにいるのか (25)

2―格差の変化――どの程度不平等化したのか (30)

3―年齢階層別所得格差の変化 (33)　4―高齢化と不平等化 (40)

5―世帯主年齢分布の変化と所得格差の変容 (43)

6―日本人の不平等感 (50)

7―日本の不平等度と日本人の不平等感 (57)

2　女性の労働参加と経済格差 ─────────── 63

1―戦後日本の女性労働――高学歴化と断続的就労パターン (63)

2―女性の高学歴化と労働参加 (70)

3―労働市場のジェンダー格差 (77)

4―共働き世帯と経済格差 (82)

5―これからの女性の働き方をめぐって (86)

i

3　子どものいる世帯の経済格差 ———————————— 91

1─進行する少子化（91）　2─子どものいる世帯の経済格差（97）
3─子育て支援に対するニーズの国際比較（113）
4─子どものいる世帯の格差（120）

4　巣立てぬ若者 ———————————————————— 125

1─高揚する若者論（125）　2─移行期にある成人未婚子（128）
3─若者の失業と未婚化・晩婚化（131）
4─若者はどこにいるのか（133）
5─親と同居する成人未婚子（140）
6─親との同居がもつ意味（146）　7─巣立てぬ若者（152）

5　母親が働くこと　人々の意識とその背景にある制度 ———— 157

1─意識と実態（157）
2─性別役割分業から福祉国家を比較する──母親就労に対する人々の意識（160）
3─日本と比較する国の事情（163）
4─性別役割分業に対する意識と実態（170）
5─母親役割と専業主婦規範への強いこだわり（181）
6─ジェンダーからみた格差と規範（186）

6　高齢者の居場所　高齢化と世帯構造の変化 ———————— 193

1─人口高齢化と経済格差（193）
2─人口の高齢化と世帯構造の変化（197）
3─高齢者のいる世帯といない世帯の経済格差（201）
4─各国の公的年金制度（203）
5─高齢者のいる世帯の経済リスク（207）　6─高齢者就労（211）
7─高齢化の中身（213）

7 ひとり暮らしと三世代世帯の高齢者―――――219

1―増える生涯未婚の高齢者（219）
2―若年世代と同居する高齢者（222）
3―どこでひとり暮らしが増えたのか（228）
4―高齢ひとり暮らしの経済リスク（232）
5―日本の高齢ひとり暮らし（233）
6―高齢ひとり暮らしの国際比較（236）
7―ひとりで高齢期を過ごすこと（244）

8 日本の不平等を考える　人々の生き方と不平等―――――249

1―日本の不平等（250）　2―不平等の改善に向けて（258）
3―人々の生き方からみた不平等（260）

付　録　265
参考文献　273
あとがき　293
人名索引　297
事項索引　300

序　比較の中の日本

1　戦後の日本人論

　わが国では，日本人論，日本的なるもの，といったトピックが好まれ，日本の社会構造を説明する際にも，日本的特殊性が暗黙の前提となって議論されることが少なくない．日本人は無類の自国文化論好きの国民といえるかもしれない．しかしそこには日本の特殊性を強調するがゆえの足場の危うさがある．「日本とは」，「日本人とは」という問いかけを繰り返しその特殊性を強調することで，自らの「日本人としてのアイデンティティ」なるものを再確認していく．言い換えれば，日本人論を通して日本人であることを（再）確認し，日本人としてのアイデンティティをあたかも生まれながらに備わった当然のものとして位置づける．しかし，日本人であること，日本的であることは，一体どの程度絶対的で確固たることなのだろうか．

　戦後まもなく日本人の忠君愛国に着目した R. ベネディクト（Benedict 1946）による『菊と刀』は日本の「恥の文化」に着目した日本文化論であり，今でも広く読み継がれている．法学者川島武宜による『日本社会の家族的構成』(1950) や『日本人の法意識』(1967) は，「日本的なるもの」を西洋的なるものと相容れない特殊なものとして捉え，その特殊性は日本の近代化を阻む要因とされた（青木 1990）．

　日本は，産業化を達成したアジアで最初の国である（Vogel 1979; Ohkouchi *et al.* 1973）．1950 年代から始まった高度経済成長は，産業構造を急激に変化させて日本を経済大国にまで押し上げた．池田内

閣によって提唱された所得倍増計画はその予定時期を大幅に早めて，エコノミック・ミラクルと注目され，欧米の研究者が日本的雇用慣行なるものに着目した．代表的なものとして，日本的雇用の終身雇用的側面に着目したJ.アベグレンによる *Japanese Factory*（Abegglen 1958）や，日本的慣行の長所を日英の比較をもって明らかにしたR.ドーアによる *British Factory Japanese Factory*（Dore 1973）がある．特に，アメリカの社会学者E.ボーゲルによる *Japan as No. 1*（Vogel 1979）は優れた日本的な慣行を明らかにすることによって，日本人の優越感をくすぐった．いまや小国日本もアメリカに次ぐ経済大国である．経済だけは世界にひけをとらない．これら一連の研究は，敗戦以来の自信喪失を取り戻すべく，日本人に大いに歓迎された．

中根千枝による『タテ社会の人間関係——単一社会の理論』(1967)は，奇跡的な経済発展を可能にした社会構造を説明するうえで重宝された．集団が重んじられ，上下関係でその集団は統制されている．だからこそ，経済発展という目標を掲げてそれに向かって一団となって突き進み，その目標が見事に成就された．また，共通の目標に突き進む集団自体，同質的でありその中の人間関係もまた特異である．土居健郎『「甘え」の構造』(1971)は，日本人の集団的行為を親子関係にみる「甘え」の概念をもって説明した．「甘え」は一種の依存関係とみなすこともできるが，そこにあるのは「依存」という言葉がもつ否定的な意味ばかりではない．「甘え」に潜む一種の信頼関係が集団としてのまとまりを強固にする．「甘え」ということば自体，うまく翻訳できない「日本的なこと」なのである．日本人特有の心理構造をもって，日本人的特殊論が展開された．高度経済成長期以降の日本人論が戦後まもなくのそれと大きく異なるのは，日本的特殊性が肯定的に捉えられている点である（青木 1990）．日本人であること，日本的であることは決して悪いことでない．それどころか，日本人であること

に誇りと自信を持つべきだ．日本人論はいわれなき自負論へと転換していく．日本だから，日本人だから前人未踏の高度経済成長も可能であった．そこでは「日本的な特質」を最終的な理由づけとすることで，他国との絶対的な違いが誇示された．

2　階級のない国，ニッポン

　日本的特殊性を絶対的なことでなく，相対的に捉えてその意味を分析的に捉えるアプローチもある．尾高邦雄（1984）や小池和男（1993；1994）は，日本的慣行を前近代的な時代遅れのやり方でなく，メリットが多いきわめて合理的な仕組みだとする．長期雇用を軸とした雇用慣行のメリットは，雇用が安定し，柔軟に人事をすすめ，会社と社員の一体感を生んで忠誠心を高めることができることにある（尾高 1984）．

　唯一のアジア産業国として特別視される傾向があるなか，日本的であることの解釈の背景にはそれなりの理由がある．それは，産業化が遅く始まって急激に進行するという後発型の発展過程にある（Cole and Tominaga 1976；Ishida 1993）．日本的なこと，日本人的であることは，決して説明不可能なことではない．制度的，経済構造的な要因で説明できる部分が大きい．1980年代半ばごろから，日本的な特異性は絶対的というよりも相対的に捉えられるように変化していった．

　優越感をくすぐる日本人論が台頭する一方，世界に誇る経済成長を達成した後ろに大きな落し物があった．公害という名の深い傷跡である．水俣病，四日市喘息，イタイイタイ病と，被害の対象になったのは他でもない住民であった．成長一辺倒の経済目標を掲げ突き進んできたゆえの副産物である．その被害の深刻さを目の前にして，政府は

方向を転換せざるを得なくなった．そこで，社会の重点課題として登場したのが福祉政策である．1973年，老人医療費無料化，年金給付水準の引き上げ，高額療養費制度の導入，健康保険給付率の引き上げ，等，積極的に社会保障制度の充実がはかられた．福祉元年と言われるゆえんである．もっとも，ここでの社会保障の充実の背景には好調な経済があったことは否めない．福祉元年は，第1次オイルショックの到来とともに，1年で終わりを告げる．第1次オイルショックを機に低成長時代に突入し，福祉政策は早々に壁にぶちあたる．これから後，社会保障制度は緊縮財政のなかでの運営を強いられることになる．

1970年代から1980年代にかけて，日本は「一億総中流論」に沸く．低成長期に入ったものの人々の平均所得は上昇して，自家用車や家庭電化製品といった耐久消費財にも手が届くようになり，マイホームも夢ではなくなった．どこにいても同じテレビ番組を見て，どの家庭にも冷蔵庫と洗濯機がある．1976年，OECDは所得格差の国際比較報告で，日本は最も平等な国であると発表した（Sawyer 1976）．この研究結果は日本の特異性をさらに強調する形で受け入れられ，日本の総中流社会論，同質社会論，に拍車をかけた．日本国民のほとんどが中流意識をもち，同じような生活スタイルを共有するというイメージが確立されていった（村上 1984）．

1977年，村上泰亮は新聞紙上で，もはや日本に階級など存在しないと主張した．彼は日本人のライフスタイルや意識は極めて同質的になったことを述べ，階級による違いが消滅し，大衆中流社会が到来したことを強調した．富永健一（1979）もこの議論に加わり，日本国民の大多数が中流帰属意識をもっていることを示しつつ，いくつかの社会的地位属性（学歴や所得，威信度等）の程度が個人の中で一致しない傾向を述べた[1]．

3 21世紀突入前の不平等化論

　しかし，この平等社会論は1980年代後半から90年代に入り翳りを見せ始め，人々の平等社会への懐疑心の高まりを背景に，『日本の経済格差』（橘木 1998）がベストセラーとなる．また，経済的のみならず社会的不平等について議論した『不平等社会日本』（佐藤 2000）も多くの読者をひきつけた．橘木俊詔は「日本の所得格差はアメリカ並みである」というショッキングなメッセージを発し，佐藤俊樹は上層ホワイトカラー層への限定的な移動をもって，階層の固定化を説いた．彼らの見解は大きく2つある．ひとつは日本が不平等化したという時系列的変化に関わるもので，もうひとつは国際的にみた日本の位置づけについてである．

　日本が不平等化したということ，階級社会化したということを裏返して考えると，日本はもともと平等な社会であった，無階級社会であったということになる．果たして日本はそれまで格差のない社会であり，80年代，90年代に入って不平等化が進んだのであろうか．鹿又伸夫（1999）は日本の「社会階層と社会移動全国調査」を用いて戦後日本における経済的不平等度の上昇を訴える一方で，1965年から75年にかけて平等化が進んだと述べている．石川経夫（1991；1994）や橘木俊詔・八木匡（1994）は，多くの者が信じているほど日本は平等な社会ではないこと，また日本が同質的であるという理解も正しくないことを示している．

　これまでの日本論は，特別な国ニッポンがまずありき，で議論がすすんできた傾向にある．しかし，そもそも日本はどれくらい特別なの

---

1) 例えば，自営業主などに多く見られたように，最終学歴は高くないが，収入は高いといった状況をいう．

か．日本の不平等度は欧米の先進国とそんなにかけ離れているのか．これが本書を始めるにあたっての大きな問いである．不平等度が高いか低いかは記述的，かつ経験的な問いであるが，その程度の差が各国の社会制度の違いとどうリンクしているのかを検討することに本書の狙いがある．日本の不平等度の違いがあるとすれば，その程度の違いの背景にある配分原理はどの程度異なっているのか．しかし，不平等の程度は大きく違っても，不平等のメカニズム自体は先進諸国で類似していることも考えられる．量と質との関係を，不平等という観点から検討する．

4 不平等を国際比較の枠組みから検討する意味

とかく日本は……，というくだりで物事が論じられるなか，その背景には，「他国に比べて日本は」といった無意識の日本特殊論が見え隠れする．それにしても，何が違っていて，それが単なる違いに留まらない特殊性へと発展するのか．比較することは，単なる違いを見つけることを目的としない．共通するところがあってはじめて違いがみえる．なんら接点がない点の集りを，違いとみるのか，似通っているとみるかは，判定しがたい．違いをみるということは，共通することを認識するということでもある．

国際比較に関して注意しなければならないことのひとつは，どの程度の比較可能性の高いデータをもって検討したか，という点にある．安易な既存データでの比較は，時として誤解を招くことにもなりかねない．例えば，各国でデータ収集の仕方が異なり，測定対象が異なる場合（例えば，ある国は総所得，他の国は可処分所得）に，国の違いが出てくるのはある意味当然のことであるが，にもかかわらず，あたかもその違いが本質的な国の違いであるかのごとく扱うのは危険であ

る．違うと思っていたことが，実はデータの比較可能性を高めることでその違いがなくなり，国家間の類似性が高いという全く別の結論にたどり着くこともありうる．

厳密な国際比較研究は，数としてはまだ多くない．安田三郎 (1971) による社会移動の国際比較研究は，初期の国際比較研究として優れている．そこでは，カテゴリーの違いに伴う移動の程度やパターンの違いに言及し，国際比較分析にあたっての留意点が的確に指摘されている．しかしながら，諸外国データは既存研究から引用され，国別の分析が主となっている．そこでデータ分析の比較可能性にこだわった代表的な国際研究として，石田浩 (Ishida 1993)，R. エリクソン・J. ゴールドソープ (Erikson and Goldthorpe 1992)，そして最近では R. ブリン (Breen 2004) をあげることができる．前2つの研究では，2次データの分析段階から比較可能性を高めることで，各国の世代間移動パターンから，産業化が与えた不平等構造への効果が国によってどの程度違うのか，あるいは似通っているのかが検証されている．彼らが分析対象としたデータは，1970年代なかばから1980年代半ばであり，そのころは日本で一億総中流社会論や同質社会論が活発に行われていた時期と重なる．そこで彼らが共通して出した見解とは，日本の特殊性というよりも産業化を成し遂げたひとつの国としての共通性にあった．日本は後発型の産業国家であるという独自の発展過程に特殊なパターンを認めることができるが，同時に，その特異な発展パターンを考慮して相対的な移動レジームからみると欧米と共通する．つまり，社会的移動パターンを決定する基層的な配分原理は，日本と欧米で似通っていることが確認された．

経済学の分野でも特に欧米を中心に，不平等の比較研究が進められている．日本を中心とする本格的な国際比較研究はまだ不十分だが，ミクロデータを用いた国際比較研究が近年増えてきた．西崎文平・山

田泰・安藤栄祐 (1998) らは, 全国消費実態調査を用いて 1984 年と 1994 年の 2 時点間比較を通して所得格差の増加を示す一方, 欧米諸国に比べて日本の所得格差の程度は中位にあるとしている. 太田清 (2000) も経済格差について日本は OECD 諸国のなかで中程度であると述べている. 最近ではパネルデータを用いた国際比較研究も見受けられるようになった (太田・坂口 2007). 大規模ミクロデータを用いた国際比較研究では, 日本の特殊性はそれほど明らかでないというのが優勢な結論である.

いくら人々の多数派が中流社会だと訴えようとも, 実際の不平等構造には国に共通する普遍的な側面がある. しかしそれはどの国も同じであることを意味しない. 各国独自の社会経済的, 政治的, 歴史的発展過程や背景も同時に存在する. つまり, 日本的なものと安易に結論づけることが, 「日本対その他」という単純な対立軸で日本を位置づける認識構造を生み, それは日本以外の国の間に存在する違いに対する鈍感さにも通じる. 日本とその他という枠組み, そこでは, 日本が常に特別な位置を占める. しかしここで特殊であるとすることは, 他の比較対象国を十把一からげにしたことによるなかば当然の結果であり, その他の中身を良くみてみるとそれほど日本だけが特別なわけではないことがわかってくる. 本書ではこれまで日本の特異性が強調されてきた欧米との比較分析を中心に実施するが, 許すかぎりアジアの国も加えて分析を進める[2]. 一体, 日本はどこにいるのか.

---

[2] ヨーロッパ対アジアという形で比較枠組みを設定するつもりはない. しかしながら, 社会保障政策や産業化, 人口変動時期が欧米とアジアは異なるので本書では欧米との比較を中心に議論を進める.

5 不平等とは

　本書の中心となる概念は不平等であり，階層である．不平等は，アリストテレスの時代から検討されてきた古典的テーマであるし，階層についても階級概念と関連させながら議論されてきたテーマである．では，なぜ不平等なのか．社会学のみならず，経済学や政治学といった社会科学は，不平等を探究することがその源泉にあるといってもよい．経済学は賃金に着目し，政治学は権力に着目してきた．社会学では，社会という視点からより総合的な立場で，社会的地位における不平等を扱ってきた．人々は異なる．同じものなどこの世に存在しない．背の高さ，体重の重さ，肌の色や髪の毛の色，といった肉体的なことから，物事の嗜好や考え方，といったことまで，ひとはそれぞれ異なる．しかし，違う，異なるということが単なる「差」ではないことが問題となる．そこに，不平等の問題が介在する．個人の「努力」や「能力」ではどうしようもないこと，自らのコントロールがきかず，選択の余地がないことに伴う「違い」には，単なる「違い」を超えた不条理さが介在する．違いの何が良くて，何が悪いのか，どちらが好ましくて，何が望ましくないか，といった評価が「違うこと」の意味となる．違い，差に伴う価値の序列づけが不平等へと通じる．不平等であることは，「違い」に対する不当な評価として顕在化する．経済的違いの一形態である貧困であることは，貧困に陥った原因についての不条理さ（機会の不平等）に着目するだけでなく，貧困であること自体にも付加的な価値が加わって社会的な評価が下る．この一連の格付けのメカニズムが不平等構造へと発展していく．

　不平等の問題は，古くは古代ギリシャの哲学者アリストテレスやその師であるプラトンにまでさかのぼることができる．アリストテレスは『政治学』の中で，富裕層と貧困層，そしてその中間層を指摘する．

そこでは，いかに世の中が発展し，合理的秩序によって運営されているかをみるには中間層に着目すべきであるとされる．中間層が優位な社会ほど安定しているとみなすが，中間層が拡大することへの積極的な支援を提唱しない．むしろ，アリストテレスは私有財産や奴隷の存在を是認する立場をとる．あるものは奴隷となるべくして生まれ，あるものは自由人となるべくして生まれた．アリストテレスが現状を肯定し，既存の仕組みを重んじて安定性を優先する保守主義的だとされるゆえんである（Turner and Starnes 1976）．一方，プラトンは財産の共同所有を訴え，現状主義を否定して，不平等に対してより進歩的な立場をとった．

その後も，不平等は避けることができない事実である，あるいは不平等は社会にとって望ましいことではなく避けるべきである，とする2つの立場をめぐって議論が展開されている．日本でもバブル経済が崩壊したあと，1990年代終わりに格差論が活発化した．格差の国アメリカと同じくらい日本も不平等である．このメッセージは人々の関心を一斉にひきつけた．1970年代の終わりから1980年にかけて活発に議論された一億総中流社会論を反映して，人々は「平等な国ニッポン」を暗黙のうちに了解していた．「格差の国ニッポン」の登場は人々の意表をつくと同時に，半信半疑の「平等社会」論を真っ向から否定する絶好の後ろ盾となった．何となく気になっていたが口にだしてまでは言えない．それでも，この世の中，実のところ平等などとはいえないのではないか．そんな人々のくすぶった疑いの気持ちを，経済学者橘木（1998）と社会学者佐藤（2000）の著作は確かなものとした．やはり，この世の中，不平等ではないか．格差論が一挙に世の中を風靡する．格差があることに気づいた当初は，不条理な不平等という立場が前面にでて，その怒りの矛先は政府へと向いた．それに対して，小泉元首相は「格差は悪くはない」と主張し，格差の必然性を強

調した.

そこでの一連の格差論の鍵は,不平等ということばを用いずに,格差ということばが使用されていることにある.両者はかなり似通っているが,同一ではない.格差は格付けされた差としての価値判断が介入するものの,より計測可能性を強調した概念である.さらにより重要なことは,格差が不平等よりも,その良し悪しの判断に裁量の余地が大きいことにある.不平等といわれると,その正当性を証明するのは難しいし,不平等も悪くないと主張するのはかなり勇気がいる.その意味で,不平等は避けがたい必然的なことである,とはなかなか言いにくい.一方,格差となると,そこには格付けの価値判断が介在するものの,格差は悪くないと主張する余地が不平等よりはある.だからこそ,政府を含めた官公庁では,不平等より格差が好まれて使用される.不平等が悪くて格差が良いのか,というほどには違った概念ではなく,両者は限りなく近い.しかし,両者の語感やニュアンスの違いを,実のところ,人々は巧みに使いわけている.

格差を否定しない背景には,横並びの悪平等に対する懸念がある.一生懸命努力したものと,いつも怠けてばかりいるものが同じ報酬を得るのは許されない.それが悪平等のいわんとするところである.過度の平等を追求すると,勉学すること,働くことに十分な動機づけを付与できなくなり,世の中が活力を失ってしまうことになりかねない.実際,本当に「平等な社会」など現実的に実現可能なのだろうか.平等社会など,単なる夢物語で,実際に手にいれることのできないないものねだりであることを承知しつつ,理想郷としての「平等社会」を振りかざしているだけかもしれない.

しかし,横並びの悪平等は望ましくないと一歩譲るとしても,人々の業績が正当に評価され,それに見合った正当な報酬が付与されているのだろうか.「豊かさ」は単なる量的な収入額によってのみ規定さ

れるわけではない．豊かな財源をもつことに伴う選択肢の広がり，さまざまな社会的リスクに耐えうる蓄えをもつことに伴う将来の安定した見通し，といったように，もつことの「量」が異なることから派生する「質」の違いが，いわゆる「豊かさ」を形成していく．

経済学者が賃金や収入にこだわるように，社会学者は職業にこだわり，「階層」や「階級」という概念をもって不平等に着目してきた．それは職業が生活スタイルを含む生活の質を表すうえで，最も信頼できる代理変数であるとみなされてきたからである．医者と道路工事現場の労働者との間には単なる収入の違いだけでなく，社会的な名声（社会学では威信という）や雇用の安定度，さらにその雇用から生まれる生活保障の程度に違いがあるという考え方に立つ．

格差には量的な差を超えた，不条理，不平等の概念が介在する．男女間賃金格差を発生させる背景には，たとえ学歴や就業年数といった男女の間の人的資本量を考慮にいれても，なお男女間で賃金の違いがある．格差を実証的に捉える場合，一連の個人属性をコントロールしたあとも残る「説明できない」差が注目される．その差は一定のモデルで説明されえない誤差項に集約されて，測定できる差を超えた不条理な残余となる．この不条理な説明できない残余こそが，不平等のめやすとなる．

所得に代表される経済格差は単なる所得の違い以上に，より包括的な個人や世帯の社会経済的有利さ／不利さを生むことに問題がある．M. ウェーバーは資本の所有如何に加えて，威信や地位といったより包括的な概念で「階層」を位置づけた（Weber 1946）．この包括的という意味は，単なる現時点での資力をもつかもたないかを越えた，人々のライフチャンスの違いを指す．現時点での諸財力の保有量がもつ重要な点は，将来起こるかもしれない様々なリスクへの対応力が内包されているところにある．高学歴を保有し，高収入を得ることはそ

れ自体として意味がある以上に，将来「起こるかもしれない」不確実なリスクを最小限に抑えうる潜在能力となりうるところが重要である．

　階層を考えるうえでもうひとつ見落とせないことは，個人だけでなく個人の基本的な消費の場である世帯が考慮されている点である．経済学でも家計という概念はあるものの，中心的な分析単位は経済合理性にたつ個人である．しかし社会学では，個人を取り巻く他者との関係を考慮にいれる．社会学のこだわりは個人のみならず，その個人を取り巻く家族・世帯や地域，社会といった空間的な広がりのなかで諸個人との関係性を考慮にいれるところにある．だからこそ，社会学はムラにこだわり家族にこだわってきた．産業化がすすんで都市化がおこり，ムラが提供してきた生活保障機能が実質的に崩壊し，家族も未婚化，晩婚化と離婚の増加によってその規模が縮小すると同時にこれまで担ってきた家族機能自体に変化が生まれた．個人は抽象的な個人というよりも，妻／夫であり，娘／息子であり，母親／父親である．これら特定の関係にたった個人の位置づけを役割というが，その役割には特定の役割期待が伴う．「妻はこうあるべき」「長男としての役目」など，他者との関係のもとに形成された諸関係には役割期待という名の社会的規範が介在する．このような諸個人をとりまく他者との関係性，諸制度が不平等の背景となる．

　不平等を見るうえで何が問題かというと，その固定化の程度と，行き先の非選択性である．経済学者の橘木が所得という代表的な連続変数をもってその不平等度の程度をアメリカ並みと表したのに対して，社会学者の佐藤は階層が固定化することをもって不平等構造の深刻さを指摘した．いまある状況を自らが積極的に選んだわけでもなく，今の結果が完全に自らの選択の結果とだけはいえない．いったん貧困に陥ってしまうと，そこからそうやすやすとは抜け出せない．それは負の循環となって，状況はますます悪くなる．これが人々の閉塞感をあ

おる.

　世の中は不平等だといっても，不平等の程度やその中身が問題となる．不平等度のひとつの測り方として，社会移動がある．社会移動は社会学の階層研究において重要な研究対象である．そこでは世代間と世代内の社会移動に着目して，親子間の社会的地位の関係の強さから社会の開放性をみる．言い換えれば，生まれ落ちた環境にかかわらず自らが望む職業に就けるかをもって社会の開放性として，その度合いが社会の不平等度を測るひとつの指標とされる．人々の社会的地位を説明するにあたって，どのような家庭に生まれ落ちたかが重要とする前近代的社会を属性主義的社会とみなし，自らの能力によって社会的地位が決まる近代社会を業績主義的社会とみなした．産業化はこれらの近代化理論の枠組みで語られる傾向にあった（Kerr *et. al*. 1960; Kerr 1983）．リベラル派を中心に提唱された産業化論は，産業化の過程が成熟した暁にはデモクラシーが台頭すると提唱された．そこではマルクスらが唱えた資本主義から共産主義への移行を真っ向から否定し，産業化の達成に伴う平等な社会の実現が強調された．具体的には，社会が前産業社会から産業社会に移行すると，(1)社会移動率が上昇すると共にその方向は上向きとなる，(2)移動機会はより平等になり，出身階層にかかわりなく平等な競争が展開される，(3)社会の移動率も機会の平等もともに上昇する，ことが予想された.

　産業化論と社会移動を関連づける本格的な研究の始まりは，S. リップセット・H. ゼッターバーグ（Lipset and Zetterberg 1959）に認められる．彼らは，社会が産業化の一定のレベルに達すると社会移動率が一様に上昇し，その移動パターンは産業諸国の間で一定に収斂すると主張した．しかし，彼らは移動率の上昇と社会の開放性について明確な見解を提示するにいたっていない．その後，P. ブラウ・O. ダンカン（Blau and Duncan 1967）と D. トライマン（Treiman

1970）は，産業社会では単に移動が上昇するだけでなく，親と子の間の社会的地位の結びつきが弱まってより高い開放性が実現されると説く．ここでは属性主義から業績主義への移行が説かれており，産業諸国ではどのような家庭に生まれ育ったかといった属性的な要因よりも，どの程度の業績を本人が獲得したか（具体的には，どの程度の学歴を取得したか）が地位配分原理のうえで重要になる．富永（1979）も1975年「社会階層と社会移動に関する全国調査」（以降，SSM調査）データを分析し，産業化に伴う構造変動が機会の平等化をもたらしたと結論づけた．

しかしながら世代間の移動を考える場合，産業構造の変化に伴って強制的に促される移動（絶対的移動）と親子の地位の関係に伴う移動（相対的移動）を区別しなくてはならない．構造的な変化によって促された移動でなく，親の地位が子どもの地位に与える実質的な影響力が弱まることで社会の開放性が上昇することを説明しなければならない．そこで，D. フェザーマン・F. ジョーンズ・R. ハウザー（Featherman, Jones and Hauser 1975）や R. エリクソン・J. ゴールドソープ（Erikson and Goldthorpe 1992）は，産業化が進展してもそれぞれの国特有の社会経済的，政治的構造によって絶対的移動率は異なるが，親と子の社会的地位の相対的な結びつきパターンは産業諸国間で類似しており，結びつきが弱まるという趨勢は認められない，と主張した．

産業化は必ずしもリベラル派が述べたような平等を世の中にもたらしたわけではなかった．さらに，類似した産業構造をもつからといって，各国は同様の配分構造を呈するわけでもなかった．産業化を達成したという共通点に加えて，各国が抱える歴史的，制度的枠組みの違いが存在する．

6 少子高齢化のなかの不平等

 本書では,少子高齢化という人口変動を先進産業国に共通するひとつの変化と捉え,不平等の状況を比較検討する.少子高齢化は,少子化と高齢化の2つの側面に区別することができる.人口変動に与える効果の程度は前者が大きく,後者は少子化の帰結のひとつとも解釈できる.少子化とは,現在の人口水準を維持するために必要な値(人口置換水準)よりも合計特殊出生率が低い状況が継続することをいう(大淵 2004).少子化を受けて,人口は高齢化する.高齢化の中身は,全体人口に占める高齢者割合が上昇することと,長寿化が進むことである.

 少子高齢化を捉える際には,大きく2つの視点がある.ひとつはマクロな視点であり,もうひとつはミクロな視点である.マクロな視点とは,子どもが減り,年少人口(0~14歳)が減って,65歳以上の老年人口が増えるといった人口構成に焦点を当てたものである.ここでの年少人口や老年人口というのは,全体人口に占める特定年齢層であり,そこでの親子といったミクロレベルの関係性は考慮されていない.一方,ミクロな世代間関係は,親子関係というお互いの続柄が特定化された関係に着目する.また,長寿化は,高齢化を個人のライフコースといったミクロな視点から捉えている.高齢化は単に全体人口に占める65歳以上人口の割合が上昇するというだけでなく,65歳という高齢期に突入してその後長期にわたって高齢期に留まる長寿化という現象がある.

 社会保障制度を考える場合にも,この2つの視点は同時並行的に考慮されていて,マクロな視点からみた高齢化はいわゆる世代間のアンバランスとして問題視され,保険料の据え置きや実質年金水準の引き下げといったことが議論される.ミクロな視点から高齢化を捉えると,

長寿化は自立して生活できる健康年齢とのずれを生んで,介護リスクが発生する確率が高くなる.

巷で騒がれた「2007年問題」も,第1次ベビーブーマーの団塊世代が2007年から引退期に突入することによる危惧である.団塊世代とは堺屋太一の小説『団塊の世代』(1976) から命名されたもので,第2次大戦後の1947年から1949年に生まれた第1次ベビーブーマーをさす.65歳以上高齢層のサイズが2007年を境に急激に拡大し,少ない現役世代が支えるべき高齢者数が多くなって負担が増え,経済の活性化にとっても好ましくないと危惧される.ここでの論点は,現役世代と引退世代のグループサイズの違いにある.しかし,グループサイズの違いが即社会問題となるとみるのは少々単純である.社会を構成するのは「ひと」であって,少子高齢化はサイズの問題のみならず,ひと個々人の生き方と関連している.つまり,少子高齢化もミクロとマクロの両面から検討しないと,その中身が見えてこない.この人口変動のミクロな視点を,人の生き様における不平等という観点から検討する.

7 ライフサイクルの変容と不平等構造

本書は,少子高齢化に関連する個人のライフコースの変化を,ライフステージごとにテーマ設定して不平等を比較検討する.ライフコースとは,1980年代以降,家族社会学を中心に展開されてきた個人の一生を追う分析視角である(森岡・青井 1987;森岡・望月 1987;正岡ほか 1990;春日井 1997).ライフコース研究の前に日本の社会学で注目されてきたのはライフサイクル研究であり,B.ロウントリー (Rowntree 1901) や P. ソローキンほか (Sorokin *et al.* 1931),鈴木栄太郎 (1942) はその古典である.そこでは人々の生涯の「繰り返

し」現象が注目され（森岡 2005），ライフステージとの関連で研究が進められた．しかし，人々の人生の中で特定のイベントが整然と順序だって発生するわけではない．この点に着目し，個人の視点から人々の一生を追跡する立場がライフコース研究である（Elder 1974）．ライフコースを人々の生き様とも呼ぶことができよう．個人の生き様がマクロな経済状況からどのような影響を受け，またマクロな不平等構造にその影響をどのように還元していくのか．これが本書で議論する一連の研究を支える中心的な分析視点である．本書は，7つのテーマから構成される．

第1章では，日本は一体どの程度不平等なのか，を問う．本書で取り扱う国は，アメリカ，イギリス，イタリア，フランス，ドイツ，スウェーデン，台湾[3]である．少子高齢化が日本より早く進行している欧米だけを比較対象国とすることで，日本の特殊性が不当に強調されないために，台湾をもうひとつのアジアとして本分析に加えた．ただ，社会保障制度の整備状況から，福祉国家としてのステージの違いが少なくないため，欧米と同程度に比較することが難しい場合もある．本書は国際比較を中心的な分析視角に設定しているが，ここでの比較はあくまで日本の位置づけを明らかにするためである．第1章の前半は経済格差を中心に検討し，後半は不平等意識について階層帰属意識を中心に議論を進める．

本書で主に分析するデータは，日本が国民生活基礎調査[4]であり，

---

3) 台湾を独立した国として扱うことに対して，様々な意見がある．国・地域といった表現もあるが，本書では国として表現する．
4) 本書での分析は，厚生労働科学研究費政策科学推進研究事業「少子高齢社会の社会経済的格差に関する国際比較研究」（H16 - 政策 - 一般 - 020）と科学研究費補助金（基盤研究(S)）「少子高齢社会の階層格差の解明と公共性の構築に関する総合的実証研究」（課題番号 20223004）の一環として実施された成果の一部である．本分析の中心となるデータは，厚生労働省が実施した「国民生活基礎調査」

台湾を含む欧米はルクセンブルグ所得データ[5]である．本書で用いる不平等度を測る主たる指標は，ジニ係数[6]と相対的低所得率[7]（以降，貧困率[8]）である．これらの経済的不平等指標は，世帯の総収入から社会保険や税等の社会的拠出金を差し引いた可処分所得をもとに算出される．なお，世帯サイズの違いを考慮にいれるため，世帯人数の平方根で除した等価可処分所得を本書では用いる．特に断りがない限り等価可処分所得をもって経済的不平等指標が算出されていると理解されたい．

（1986年，1995年，2001年）である．
5) 本分析で比較の対象となった分析国の調査の実施時期が若干異なるので，時系列比較する場合は，1980年代半ば，1990年代半ば，2000年と表記する．詳しくは巻末付録を参照されたい．
6) ジニ係数とは，所得格差の程度を表す代表的な指標である．累積所得と累積人員を1で基準化して描かれたローレンツ曲線と完全平等を想定する対角線とのズレを示す面積の2倍の値である．ローレンツ曲線とのズレ面積が小さいほど所得分布は平等であり，逆に同面積が大きいほど不平等であることを意味する．ジニ係数は完全平等の0から完全不平等の1までの値をとる．

$$Gini = \left(\frac{2}{\mu n^2}\cdot\sum_{k}^{n}kW_k\right)-\frac{n+1}{n} = \frac{2\mathrm{cov}\left(W_k,\frac{k}{n}\right)}{\mu} = \frac{\frac{2}{n}\sum_{k=1}^{n}(W_k-\mu)\cdot\left(\frac{k}{n}-\frac{1}{n^2}\sum_{k=1}^{n}k\right)}{\mu}$$

W_k は世帯 k のひとりあたりの等価可処分所得で，$W_k=\frac{D_k}{S_k^\varepsilon}$ と表すことができる．D_k は世帯 k の可処分所得をさし，S_k は世帯 k の人員数である．ε は等価弾性値とよばれ，0～1の値をとりうる．本書では.5の値とする．n は世帯総数，μ は平均可処分所得をさす．
7) 本書では貧困率を，全世帯所得中央値の5割に満たないもの（世帯）の割合とするが，当然，5割の代わりに4割，あるいは6割と基準線を変更することはできる．基準線の違いによって，貧困率の値がどの程度異なるかは，巻末付録を参照されたい．
8) ここでの貧困率とは，各国内の相対的な指標であるので，絶対的な貧困概念とは区別しなくてはならない．例えば，経済水準が大きく異なる2つの国 α と β があったとして，両国の貧困率は40％だったとする．しかし，経済水準が高い国 α の40％と発展途上段階にある低所得国 β の40％とは，貧困の実質的な状況が異なる．

第2章以降は，少子高齢化に関連するテーマをライフステージに沿って検討する．第2章は，女性の労働参加についてである．戦後，先発産業諸国を中心に，女性の家庭外就労参加が上昇し，特に，既婚女性の労働参加が増えた．ひとつの世帯に複数の働き手がいることが全体社会の経済格差にどのような影響をもたらすのか．これが本章で主として検討される問いである．これまで日本では，ダグラス・有沢の法則として，夫の収入程度と妻の就労参加が逆相関し，妻の就労はあくまで家計の補助として位置づけられてきた（松浦・白波瀬 2002）．もしそれが，他国においても共通していれば，既婚女性の家庭外就労は全体の経済格差を縮小する方向に促すであろう．しかし，共に高い賃金を獲得するハイパー・カップルが増えれば，既婚女性の就労参加はかえって経済格差を拡大することになる．世帯にとっての妻収入について，夫の収入や末子年齢を考慮して，全体社会の経済格差との関連から日本の特徴を探る．

　第3章は，子どものいる世帯の経済格差を検討する．1990年代以降の出生率の低下を説明するのは，主として既婚カップルの出生率の低下である．本章では子どものいる世帯の格差の変化を通して，近年どこに格差が広がったのかを検討する．日本においては，1980年代半ば以降，子どものいる世帯の中で最も格差が拡大したのは，未就学児のいる世帯であった（白波瀬 2008a）．そこには，幼い子がいながら仕事をもつことが難しい子育て支援策の不備と離婚率の上昇に伴う母子家庭の増加がある．どのような子育て支援策が求められているのか．日本のニーズを国際比較調査を通して明らかにしていく．日本の母子家庭は，母親が就労している割合が高いことが特徴的で（Ezawa and Fujiwara 2005），働きながらも所得が低いワーキングプアの代表的な事例と位置づけられる．しかし，貧しい経済状況にある子どもがすべて母子家庭ではなく，若い二人親世帯の経済的困難に

ついても無視できないことを指摘する.

　第4章は, 少子化との関連で成人未婚子に着目する. 1990年代, パラサイトシングルが注目され, 親元を巣立たぬ若者が少子化の元凶であるかのように位置づけられた. 2000年に入ってからは, 若年雇用の悪化と関連して, ニート, フリーター論が活発になった. しかし, 成人未婚子の多数派は親と同居しており, 「パラサイト」できる勝ち組だけではない. 本章では, 20〜39歳の比較的若い成人未婚子（前期成人未婚子）と40歳以上の後期成人未婚に区別して, 成人未婚子のいる世帯の経済的福利度を明らかにする. そこには, 経済的に恵まれた親元で暮らすものだけでなく, 高齢の親の年金で生計を立てるもの, さらには, 成人未婚子の低い収入で家計を支えるものがいる. 本章の後半では, 若者の階層帰属意識にも着目して, 親との同別居や同居人数が及ぼす効果についても議論する.

　第5章は, 日本の家族, 社会制度の基層にある社会規範のひとつである, 性別役割分業観と母親就労に対する意識に着目する. 日本は家庭内性別役割分業が確固としていることが特徴的である（白波瀬 2003ab）. いくら女性の高学歴化が進もうとも, 結婚して子どもが生まれると依然多数派が仕事を中断する. 「3歳児神話」で代表されるように, 幼い子をもつ母親に対する役割期待が高い. また, 女性の高学歴化が女性の継続就労に結びつかないのは, 日本的特徴であるとされてきた（Brinton 1993; 大沢真知子 1993）. しかし一体, 何が強固な性別役割分業体制の維持を根拠づけるのか. そこで, 母親が仕事をもつことに対して各国はどのような価値意識を呈し, 実際の社会制度とどのような関係にあるのかを検討する.

　第6章は, 人口高齢化を世帯変動と関連させて, 経済格差の変化を探る. 近年の日本における所得格差の拡大は人口高齢化によるところが大きい（大竹 2005）. しかし, 人口の高齢化は年齢構成の変化だけ

を意味するのではなく，人々が実際に生活をする場の変化を伴う．それが世帯構造の変化である．人口高齢化に伴い，ひとり暮らし世帯，夫婦のみ世帯が増加した．特に，高齢期において，ひとり暮らしか，高齢夫婦だけで暮らすのか，あるいは，息子家族と同居するのかは，高齢者の経済的福利の程度を大きく左右する（白波瀬 2002a）．本章では日本における高齢者の経済的福利度を世帯構造の違いに着目して国際比較し，高齢者の世帯と経済格差の関係を検討する．

　第7章では，ひとり暮らし世帯に着目して高齢層の経済格差を国際比較する．高齢者のいる世帯の中で，ひとり暮らしや夫婦のみ世帯割合が上昇して，三世代世帯割合が低下している．これまで日本型福祉社会や含み資産として位置づけられてきた家族の形態が変容し，基本的生活保障機能の提供場所に変化が見られる．そこで，世帯規模の縮小を伴う本格的な高齢社会に向けた社会保障制度を考えるために，ひとり暮らしに着目して高齢者のいる世帯の経済格差を明らかにする．

　また，ひとり暮らし高齢者の経済的に恵まれない状況は日本だけに見られることなのか．同じ高齢者がいる世帯でも，高齢者自身が世帯主になっているかどうかで，高齢者自身の立場が異なる点に着目して，三世代世帯の中身の変化についても言及する．子世代との同居がそもそも一般的でないヨーロッパとも比較して，高齢者のいる世帯の中でみられる階層化を探る．

　第8章では，2章から7章までに明らかになった知見をまとめる．本書で分析対象とした国，7カ国はすべて，それぞれの異なる政治体制と歴史を背景にもち，社会経済的仕組みが異なる．他国との比較を通して，何が見えてきたのか．日本の不平等をどこまで7カ国すべてが共有できる社会問題として位置づけられるのか，について議論をする．少子高齢化という共通の流れのなかでの不平等は，どの程度まで共有できる社会問題なのか，あるいは日本独自の問題なのか．本書で

は,少子高齢化という欧米と共通する変動を不平等という側面から捉え,先進資本主義国家共通の問題として,国際比較の枠組みから日本の位置づけを検討する.国際比較をもって不平等を議論したことによって一体何が見えてきたのか.日本の近年の少子高齢化と不平等・格差論は一体どの程度日本独自のコンテキストで語られうるのか,あるいは,欧米と共有できる社会問題として普遍的理論枠組みをもって議論できるものなのか.これらの問いを中心に,実証データ分析結果を考察しながら本書をまとめる.

1 日本はどれくらい不平等か

　序章で提示された本書の中心となるリサーチクエスチョンの検討から始めよう．日本の不平等はどのくらいで，他国との比較のなかで日本は一体どこにいるのか．これが本章で議論される問いである．そこで，経済格差の程度とその変化，経済格差の背景にある人口構造の変化と人々の意識について検討する．

1　比較からみえる不平等——日本はどこにいるのか

　本書が注目する不平等構造の背景には，少子高齢化に代表される人口変動がある．まず，合計特殊出生率（以降，出生率）の変化を1950年以降からみてみよう．

　1950年から1980年代半ばにかけてはどの比較対象国についても全体的に出生率は低下している．しかし，1980年代半ば以降，国による出生率の変化にばらつきがでてくる．このばらつきが何によって説明されるのか．ひとつはそれぞれの国が実施している家族政策を中心とした福祉政策の方向性の違いである．特に，家族を福祉制度の中でどう位置づけるかが，各個人の出産行動や婚姻行動に影響を及ぼす．事実日本では1990年の「1.57ショック」を皮切りに，積極的な少子化対策が展開されてきた．1994年エンゼル・プラン，1999年新エンゼル・プランが策定され，家庭外保育の充実を中心に仕事と家庭の両立支援政策が提示された．そこでは，理想子ども数に達しない出生数のギャップを埋め，出産によって労働市場から退出する女性の減少が

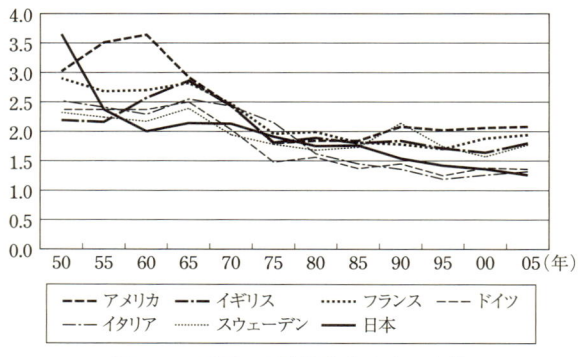

図 1-1　各国の合計特殊出生率の変化
出所:『人口統計資料集 2008』(国立社会保障・人口問題研究所).

着目された．しかし，政策目標である出生率は上昇せず，より総合的な視野にたった少子化対策への移行が提示され，登場したのが 2003 年の少子化対策プラスワンであった．そこでは，母親に焦点を置いた仕事と家庭の両立支援への限界が指摘され，父親の子育て参加が盛り込まれる．翌年，少子化対策基本法，次世代育成支援対策推進法が成立して，政府だけでなく自治体，企業等が対策主体として積極的に登場する．2004 年には子ども・子育て応援プランが提示され，結婚に踏み切れない若者の現状が雇用問題と大きく関わっていることを明記し，若者の自立も盛り込んだ具体策を示した．

2006 年には新しい少子化対策が登場し，「子どもと家族を応援する日本」重点戦略が展開される．それにもかかわらず，日本の出生率は上昇せず，現時点での人口置換水準 2.08 を下回る状況は 1970 年来 30 年以上にもわたって継続している（図 1-1）．日本政府が最近提示した一連の少子化対策には，女性・母親の働き方，子育て支援のあり方，夫婦のあり方，家族のあり方といった諸側面に「あるべき姿」が強い社会規範として組み込まれている．しかし，これらの規範は現実

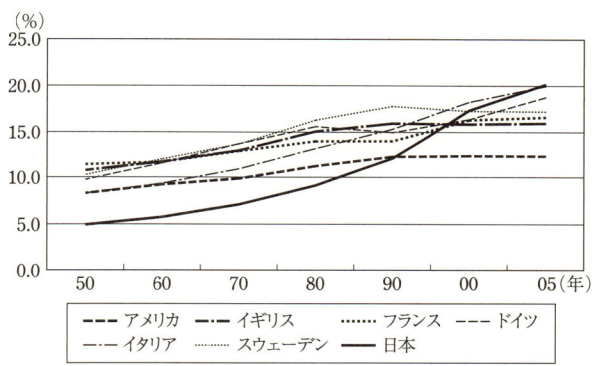

図1-2 各国の65歳以上人口割合の推移
出所:『人口統計資料集 2008』(国立社会保障・人口問題研究所).

の人々の生き方と少なからぬ齟齬があり,出生率の低下に代表される少子化問題となって顕在化している.もっとも,諸制度の背景にある規範や家庭の位置づけが諸個人の生き方とどう関連しているかを明らかにするのは難しい.それでも日本の現状から察する限り,人々の生き方の変化に諸制度が十分対応していないことが,一連の少子化対策の効果として十分現れていない理由のひとつと考えられる.出生率の継続的低下を少子化政策を評価するひとつの指標とするならば,芳しい成果があがっていないことは明らかである[1].

全体人口に占める65歳以上人口割合をみると,日本が欧米の高齢化率に急激に追いつき,特にヨーロッパとの違いが縮小されて収斂の方向にあることがわかる(図1-2).各国間の出生率のばらつきの拡大と高齢化率の収斂傾向をどう捉えることができるか.まず,高齢化については,65歳を高齢期への突入時期とすると高齢層サイズの上

---

[1] 政策効果を何によって評価するかはきわめて重要な課題であり,出生率の上昇だけをもって政策効果をはかることができるかどうかは議論の余地が大いにある.

昇という側面と，高齢期に突入してからそのステージにどの程度留まるかという長寿化の側面がある．長寿化は医療技術の発達とも深く関連する．食事のあり方や働き方，生活習慣といったものが人々の寿命を左右し，生活水準の相対的な上昇とともに人々の寿命ものびる傾向にある．高齢化に関しては，制度によって寿命を延ばすというよりも延びた寿命に対してどのように社会が対応していくか，といった議論が中心となる．

一方，出生率は，誰が子どもを産み，何人産むかと連動し，産むこと，子を育てること，親の生き方，といったことを諸制度を設計するうえで各社会がどのように位置づけるかに影響をうける．産む行為は生きる行為よりもある意味個人の選択の余地が大きい．産む／産まないに関しては避妊具の普及により，日本では特に戦後，個人・カップルの裁量が増えた．もっとも，ここでは生き延びる行為に選択的余地がないことを意味しているわけではない．生き延びることも産むことと同様に社会の諸制度からの影響を受け，誰が長生きするか，どの程度健康か，といった加齢の中身が人の営みのなかで異なる．どの程度公平に医療サービスが提供され医療制度が完備されているか，どの程度の健康教育が普及して，健康な食生活が保障されているか，社会福祉サービスがどの程度充実しているか，といった社会の制度的枠組みが個人の生きる質を左右する．

さらに，産む行為が個人の選択のもとにあると断言できない部分も少なくない．たとえば，不妊は産む／産まないの選択以前の問題である．不妊を考慮するということは，産む行為が万人に同様に与えられた選択肢でないことを意識することに通じる．近年の理想子ども数が低下傾向にあるといえども，2005 年に実施された「第 13 回出生動向調査夫婦票」の結果（国立社会保障・人口問題研究所 2006a）によると，理想子ども数は 2.48 人と人口置換水準以上にある．一方予定

子ども数は2005年で2.11人であり,そのギャップが少子化問題の元凶として位置づけられる.どうすれば希望する子ども数だけを産めるようになるのか.これが,少子化対策の基層にある重要な動機づけであり,最終的な政策目標ともいえる.

しかし,理想子ども数と実際に産む子の数とのギャップが少子化問題であるとするならば,まさしく不妊対策にまず取り組むのが道理とはいえまいか.少子化議論のなかで産むことのみが強調され,産まない選択についての議論が不十分なまま,ましてや不妊をどう社会の中で位置づけるかという議論なくして,少子化対策を十分に正当化することはできないであろう.生きることも産むことも,実のところ自然に任せておけばよいことではなく,それ自体,社会的な意味を持っている.

生きる行為,産む行為そのものは,どの国に生まれようが国境を越えてひとの営みのひとつである.しかしその一方で,年をとることや子を産むことが,社会の諸制度の中でどう位置づけられるかは国によって異なる.この点が本書で議論し,明らかにしたいことである.国際比較は単に国レベルの量的データの大小を比べることに留まらない.国Xと比べて日本のジニ係数が低いことの事実確認だけをもって,日本の不平等を評価することは適当でない.例えば,国Xは世界で最も不平等度の高い国で,日本の不平等度が国Xに比べて低いからといって,日本の状況がよいとは単純に結論づけられない.したがって,比較の目的は日本と他国との違いを見出すことを最終目的とするというよりも,欧米と共通する少子高齢化を不平等・格差という理論枠組みから検討することで,人口変動に伴う社会問題の類似点と異質点を共に明らかにすることである.本章はその第一歩として,日本の所得不平等の程度が他国に比べてどの程度違うのか,その違いの背景に一体どのようなメカニズムがあるのか,を探ることからはじめる.

所得に着目した実証データの比較検討に加え，人々の不平等・格差に関する意識についても考察する．

2 格差の変化──どの程度不平等化したのか

所得格差の程度を時系列比較と国際比較という2つの比較軸から検討してみよう．時系列比較については，1980年半ば，1990年代半ば，2000年の3時点に着目する．これら3時点に着目する理由は主に日本のマクロな経済状況との関連にある．1980年代半ばはバブル経済に突入する直前であり，1990年半ばはバブル経済崩壊後の経済沈滞期，そして2000年は失われた10年の終焉期にあたる．日本経済が異常な好況期に沸いたあと，長期的な経済停滞の時期に入る．さらには，1990年代終わりのアジアの通貨危機はグローバル経済の負の余波を実感することになる．このような時代背景のなかでの経済格差の変化を検討する．

図1-3は，各国のジニ係数の変化である．日本は1980年半ばから2000年にかけて一貫してジニ係数が大きくなり，その変化の程度が最も大きい．格差の国として悪名高いアメリカもジニ係数の上昇は一貫しているが，その変化の程度は日本よりも小さい．日本に次いで所得格差が拡大しているのはイギリスで，新保守主義的政策が積極的に展開された1980年代半ばから1990年代半ばにかけて所得格差が大きく拡大した．さらにスウェーデンも所得格差は拡大しており，特に1995年から2000年にかけての上昇が目立つ．これは，同国における1990年代の経済不況による影響が大きいと推測される．90年代の深刻な経済停滞は，若年層を中心に失業率を上昇させ，社会保障制度の後退も余儀なくされ，出生率も低下した．それと同時に，経済格差も大きく開いていったことが，同結果から明らかである．

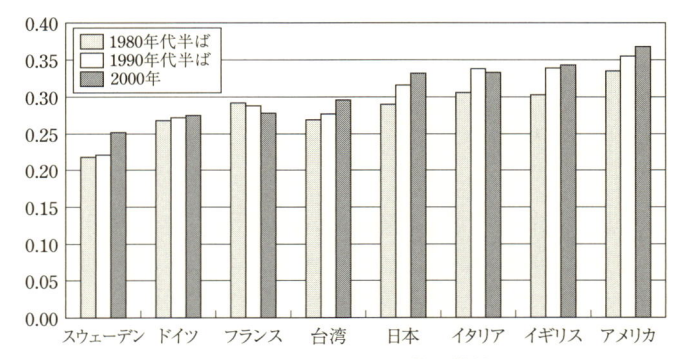

図 1-3　各国のジニ係数の推移
注：2000年のジニ係数の低い国から高い国の順に示した．
出所：国民生活基礎調査（日本），LIS（他国）．

一方，経済格差が縮小した国もある．それはフランスである．1980年代半ばから一貫して経済格差が縮小し，イタリアも1990年代半ばから2000年にかけては経済不平等度が低下した．フランスの一貫した所得格差の縮小の背景には，参入最低所得（RMI）に代表される積極的な再分配政策がある（出雲 2007）．1981年，フランスは社会党政権が誕生し，社会主義的政策が積極的に展開されていった．その一方，フランスは大量失業が社会問題となり，その対応策として1998年に登場したのがRMIであった．現在も125万人を超す受給者があり，それを支える財政負担が大きな社会問題となっている．経済成長に力点をおくサルコジ政権が誕生し，これまで重きがおかれてきた再分配政策が後退し，今後所得格差が拡大していくことが予想され，その後の展開が注目される．

イタリアは地域間格差が大きいことが指摘されてきた．1991年地方分権に関する抜本的な法改正以来，現在もなお地域格差の問題は財政面をはじめとして深刻である（國崎 2006）[2]．イタリアは日本と同様ヨーロッパの中で1990年代急激に高齢化が進行した国であるが，

年齢階層間の格差がそれほど大きくないことや2000年に入ってからの高齢化が日本ほど大きくないことが,日本ほど所得格差が上昇していない理由と考えられる(石川 2007).

1980年代,一億総中流社会論,中流社会論に代表されるごとく,日本はこれまできわめて平等な社会で,近年不平等化したという言説がある(橘木 1998).変化を評価する場合には,どの時点間を比較するか,比較する時点の間をどれくらいに設定するかによって,その結論は異なる.この点を考慮して図1-3をみても,1980年代半ばにおいて,日本が他国に比べてきわめて平等であったというわけではない.当時,日本より所得格差の大きい国は,フランス,イタリア,イギリス,アメリカであった.それから15年ほどたってフランスのジニ係数が日本よりも改善された以外はその順序に大きな変化はない.1980年代半ば,所得格差が大きかった国は2000年になってもなお大きく,所得格差が小さかった国は15年後もやはり格差が比較的小さい国である.

もっとも,より長い歴史からみると,10年や20年くらいの変化をみてもとるにたらないものであるという見方もできる.世の中は10年やそこらでは変わらない.大きな変化があることの方が,その真意を疑うべきともいえるかもしれない.いずれにしても,これまで日本は平等だったという言説がどれほど実証データによって裏づけられるかは疑わしい.以前から日本は,人々がイメージしているほど平等な国ではなかったのである.

---

2) 近年,活発に議論されている格差問題に地域格差がある.国によって,地域レベルの裁量度が異なり,国レベルだけでは格差を十分に理解できないことも少なくない.イタリアはその一例ともいえる.しかしながら,本書で分析するLISデータには十分な地域変数は含まれておらず,地域格差について十分議論することができない.このようなデータ上の制約も考慮しながら,結果の解釈を進めていく.

3 年齢階層別所得格差の変化

　図1-3でみた全体社会の所得格差の変化は，一体どこで顕著に認められるのか．ひとつの見方として，世帯主年齢に着目して変化の内容を詳しくみてみよう．図1-4(a)〜(h)は，世帯主年齢階層別のジニ係数の変化である．どの世帯主年齢層で大きな変化がみられるのか．世帯主年齢層ごとのジニ係数を検討することで，世帯のライフステージの違いを考慮した所得格差の変化をみる．

　世帯主年齢によるジニ係数の変化を検討することから，マクロな社会経済的変化がどのライフステージにいるものに顕著な影響を及ぼしたのかを推測することができる．年齢階層別ジニ係数のパターンの国による違いは何に起因するのか．ひとつは，社会保障制度の違いが考えられる．たとえば，高齢者関連の社会支出費の国際比較をみると，日本の値は近年，急激に増えている．この事実は高齢層におけるジニ係数の低下と関連しているかもしれない．ただしここでは，高齢者関連支出が増えたというよりもGDP（国内総生産）の成長率が鈍化したことによって，高齢者関連支出の比率が上昇した側面がある．さらに，社会保障制度の導入期間と高齢者が属する世帯類型の違いが考えられる．台湾と日本の高齢者の多くは，ひとり暮らしが少なく家族と同居するものが多い．しかし近年急激な家族の変容を経験し，世帯構造が急速に変化している．さらに台湾では，高齢者への社会保障制度を導入した時期が日本よりも遅く，制度そのものが未成熟なぶん，所得格差が拡大している．イタリアは，日本と同様に家族主義型福祉国家と分類され，生活保障サービスの提供主体として家族機能に期待されるところが大きい．イタリアは成人子が結婚するまで親元に留まる期間が長い点は日本と共通するが，高齢世帯主からみるとそのほとん

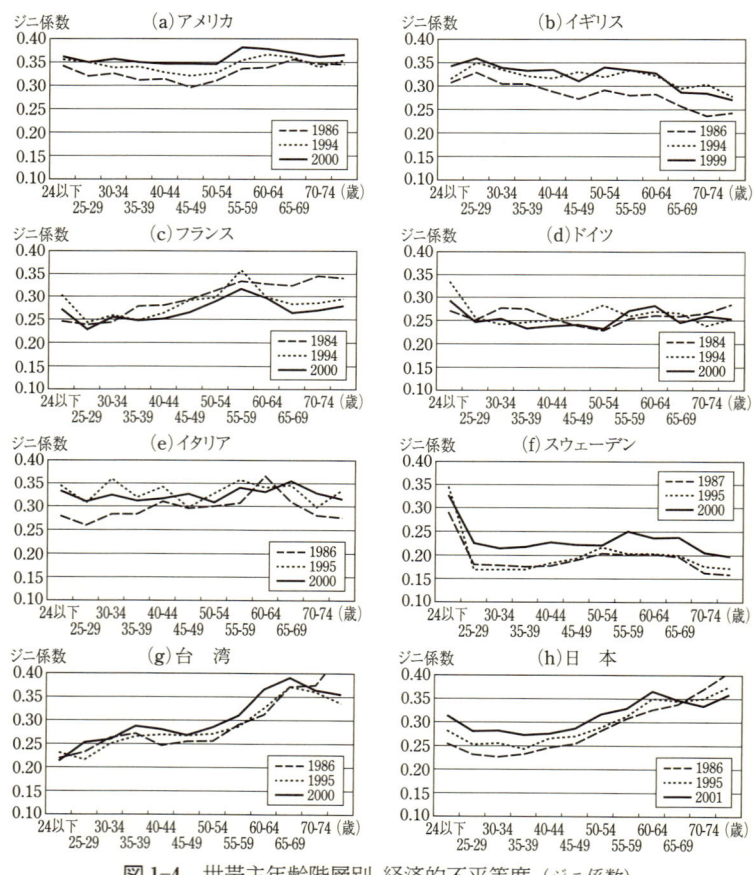

図 1-4 世帯主年齢階層別 経済的不平等度（ジニ係数）

出所：国民生活基礎調査（日本），LIS データ（他国）．

どは夫婦のみ世帯であり,子世代と同居する場合は1割程度である(白波瀬 2007a).世帯主年齢別の所得格差をみるかぎり,イタリアは台湾・日本とは異なって,年齢階層別に特定のパターンを提示しない.

日本は台湾とともに,年齢が上がるごとにジニ係数が上昇する右上がりのパターンを示す.ジニ係数が上昇する傾きは台湾のほうが高く,特に50代後半から60代にかけてのジニ係数の上昇が目立つ.その原因として考えられるのは,社会保障制度がまだ十分に整備されていない一方で,産業構造が変容し家族構造に大きな変化が進行したことである.この変化に立ち遅れたのが高齢層であって,社会構造的変化のひずみが前期高齢層を中心に顕在化したと考えることができる.一方,日本ではジニ係数が上昇する傾きが鈍化しており,その理由は上述の高齢層での格差の低下とともに,若年層における所得格差の上昇にある.特に,20代のジニ係数の上昇が目立つ.

若年層における所得格差の上昇は,スウェーデンにおいても認められる.特に,1990年代の経済不況から回復期の途中にある2000年において,20代後半から40代の所得格差の拡大が大きい.スウェーデンは,1990年代の深刻な経済不況から回復したものの,若年労働市場は決して楽観視できない状況にあり,若年層の経済格差は大きい(Palme 2006).イギリスも40代前半までジニ係数は上昇しているが,高齢期におけるジニ係数は低下の傾向にある.フランスでも高齢期における所得格差縮小の方向にあり,その背景には高齢者間の失業率の上昇とフランス公的年金制度の高い所得補填率があると考えられる.フランスは1980年代,ミッテラン社会党政権によって早期引退制度が推進され,いまなお高齢者層における労働力率は低い.一方,アメリカ,イギリス,イタリア,ドイツは世帯主年齢と所得格差の程度に一定のパターンが認められない.石川達哉(2007)は,イタリアにお

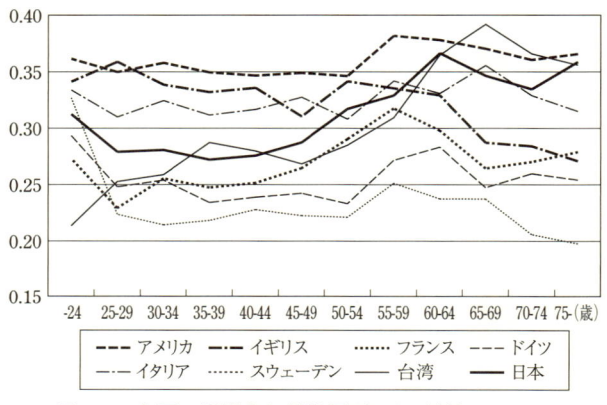

図 1-5 各国の世帯主年齢階層別 ジニ係数（2000 年）
出所：国民生活基礎調査（日本），LIS（他国）．

いて世帯主年齢階層の間で経済格差の程度があまり異ならないことが，近年の格差縮小の原因のひとつだと述べる．また，アメリカでは，若年期以外のどの年齢層でも所得格差がほぼ一様に上昇しており，世帯主年齢以外のところで所得格差を規定する要因があると考えられる．

以上，日本では世帯主年齢に伴い所得格差の大きさが一定の方向に向かって変化するパターンを認めることができた．図1-5は，2000年における各国の世帯主年齢別ジニ係数である．日本と台湾が右上がりのパターンを呈している特徴がよくわかる．年齢層が高くなるほど所得格差が大きくなる理由のひとつは，世帯構造によって高齢者の経済的福利度が大きく異なることにある．両国で高齢者にとっての家族の役割が近年大きく変容している．日本は，日本型福祉社会の名のもと，家族による生活保障機能に依拠してきた．しかしながら，家族規模が縮小し三世代世帯割合が低下するなか，高齢者にとって所得保障を含む生活保障が家族というエージェントによって担保される度合いが一様ではない．このことが，所得格差となって出現したと考えられ

る．一方，日本では社会保障制度が充実し，高齢期の所得保障が確保されてきた．そのことが1980年代半ばから2000年にかけての高齢層におけるジニ係数低下に結びついている．

図1-6(a)～(h)は，世帯主年齢ごとにみた相対的低所得率（以降，貧困率）の変化である．日本は，50代半ば以降の高齢層における貧困率が低下する一方で，40代前半までの若年層での貧困率の上昇が認められる．ドイツ，スウェーデン，イギリスでも1990年代半ばから2000年にかけての貧困率の上昇が認められる．高齢層における貧困率の上昇が目立つのは台湾である．50代前半までの貧困率が低レベルで抑えられているにもかかわらず，50代後半から貧困率は急激に高くなり，しかも上昇傾向にある．すでに述べたように，台湾は2000年時点で高齢化の程度はまだそれほど高くないが，家族形態が急激に変化している．基本的な生活保障を提供してきた家族の変容の影響を直接受けたのが高齢者であり，それに反して幼い子のいる世帯の貧困率はきわめて低い．第1次産業に従事する労働力割合は1985年17.5％であったが，10年後の1995年には10.5％に減少し，2000年には7.8％と1985年割合の半分以下となった（Taiwan Directorate-General of Budget, Accounting and Statistics 2006）．1960年代から高度経済成長を経験した台湾であるが，高齢者の生活保障に関し政府は十分な機能を果たしていない（Kwon 2001）．特に，高齢者のひとり暮らしや夫婦のみ世帯の高い貧困率は日本とも共通する．

世帯主年齢別の変化は，例えば，1980年代半ばの30代と2000年の30代世帯主の間での経済格差の違いとして考察できるが，もうひとつの見方として，世帯主出生コーホート別のジニ係数の変化がある．日本に着目して，高度経済成長期に労働市場に参入した1932-36年生まれと，第1次オイルショックごろに労働市場に参入した1947-1951年生まれとでは，その所得格差の変化にどのような違いがあるのかを

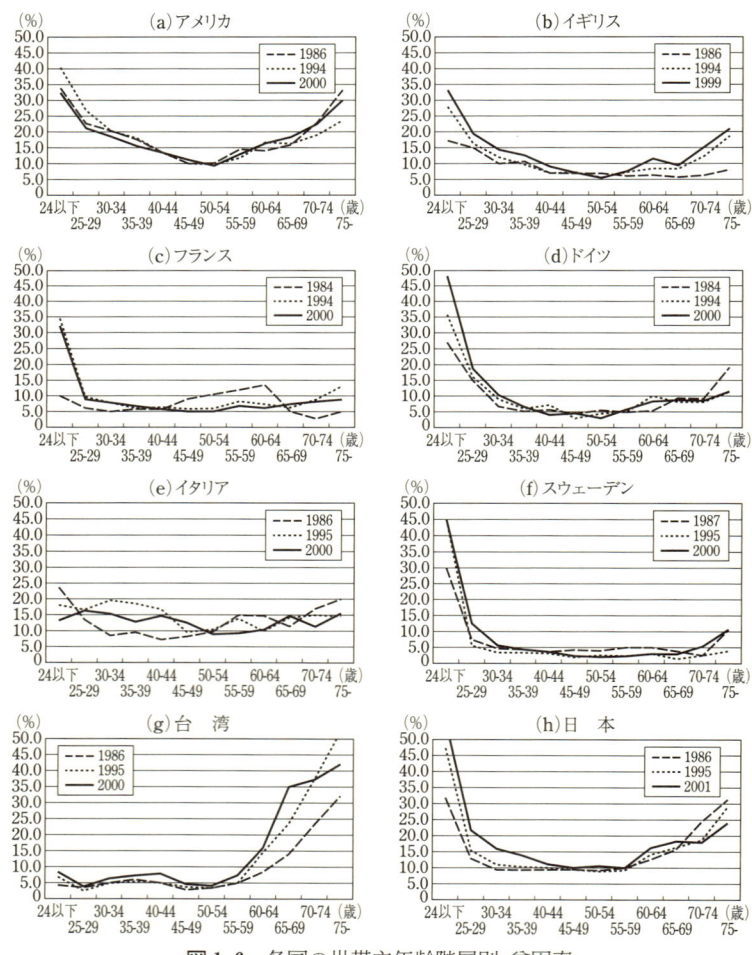

図 1-6 各国の世帯主年齢階層別 貧困率
出所：国民生活基礎調査（日本），LIS（他国）．

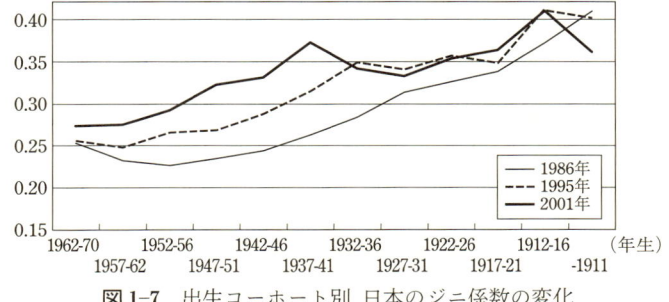

図1-7 出生コーホート別 日本のジニ係数の変化
出所：国民生活基礎調査.

みてみよう．図1-7は，日本の出生コーホート別のジニ係数の変化である．最も大きく経済格差が拡大した層は，団塊世代（1947～1949年生まれ）の前後である．団塊世代を中心とする層の大きな変化が特定世代に生まれたことによる世代効果であるのか，年齢をとることに伴う加齢効果であるのかは，本データからは厳密には判定できない．しかし，1990年半ば以降の所得格差の拡大を説明するのは，人口の高齢化といった大雑把な理由だけでなく，団塊世代前後での所得格差拡大が大きく寄与していることがわかる．

貧困率については（図1-8），1937年生まれ以降の世代での上昇が認められるが，その多くが世代効果というよりも引退に伴う加齢効果と解釈できる．そこで，図1-7のジニ係数の出生コーホート別変化と図1-8を合わせてみるならば，1937-1941年生まれ（2000年時，59～63歳）の間では貧困率の上昇がジニ係数を拡大させるように働いたとみてよい．しかしながら，1980年代半ばから2000年にかけて，1946生まれから1957年生まれの現役層でのジニ係数の上昇がみられ，これは低所得者層の増加というよりも所得が高い方に引き上げられたことによる所得格差の拡大と読むことができる．

図 1-8 出生コーホート別 日本の貧困率の変化
出所：国民生活基礎調査.

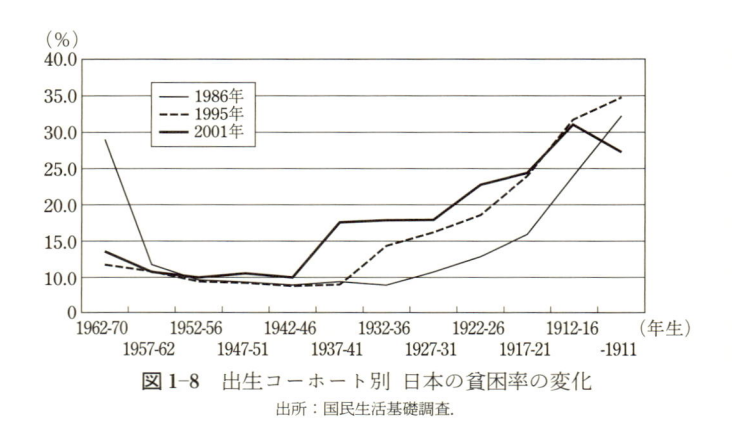

4 高齢化と不平等化

日本における所得格差が近年拡大したことは，多くの者が合意するところである（橘木 1998; 大竹 2005; Shirahase 2006b）．格差拡大の理由の多くは，人口の高齢化によるとされる．そこで，高齢化と所得格差の関係についてみてみよう．図 1-9(a)〜(h)は各国の 65 歳以上人口割合と所得格差の変化をみたものである．高齢化の進行は必ずしも所得格差の拡大をもたらすとは限らない．確かに日本のように，人口の高齢化が所得格差の拡大と密接に関連する国もある．しかしながら，人口高齢化が所得格差の程度に及ぼす効果が限定的な国もあり，必ずしも日本と同じように，高齢化の進展が格差拡大をもたらすとは限らない．高齢化と所得格差がともに上昇する場合（パターン 1），高齢化率が進展しても所得格差が拡大しない場合（パターン 2），高齢化が進展しているが格差が縮小する場合（パターン 3），高齢化にほとんど変化がないが所得格差が拡大する場合（パターン 4），が考

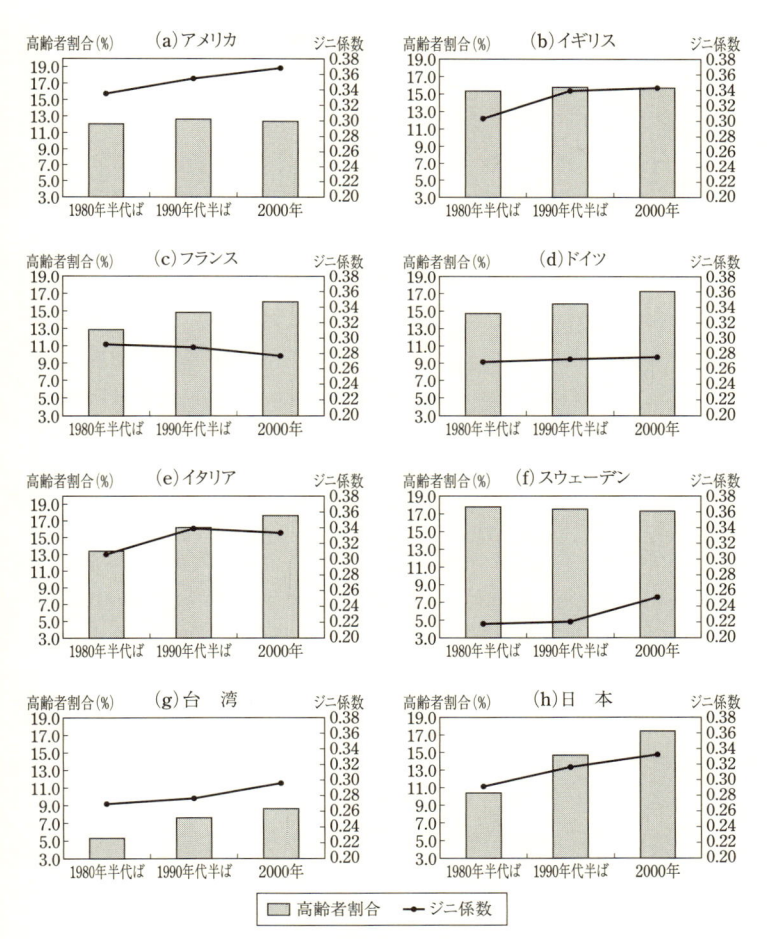

図 1-9 各国の 65 歳以上高齢者割合とジニ係数の変化

出所：国民生活基礎調査（日本），LIS（他国）．

1 日本はどれくらい不平等か

えられる．最初のパターンは日本と台湾，第2のパターンはドイツと最近のイタリア，イギリスがそれにあたる．第3のパターンはフランス，そして第4のパターンはアメリカと最近のスウェーデンである．

　図1-4(a)〜(h)を考え合わせると，高齢期に高い所得格差が認められるのが日本と台湾であった．日本は近年，高齢期における所得格差が縮小する傾向にあり，その大きな理由は高齢層における貧困率の減少であり，その背景には高齢層への所得保障制度（年金制度）の充実がある．高齢期の世帯構造と経済格差については第6章で詳細に分析するのでここでは詳しく述べないが，高齢期における所得格差が大きければ人口の高齢化が社会全体の所得格差を拡大させる．それが，近年の日本における格差拡大に対する解釈である．しかし，図1-9(a)〜(h)でもみられるように，人口の高齢化が社会全体の所得格差拡大と結びついていない国もある．事実，ドイツでは高齢者割合が上昇していてもジニ係数の上昇はほとんどない．フランスは人口が高齢化した一方で，ジニ係数は低下傾向にある．また，スウェーデンは高齢化の程度がほとんど変わらないが，ジニ係数は上昇している．言い換えれば，人口の少子高齢化は欧米と共通するが，その人口変動が社会全体の経済格差を拡大させるかどうかは，各国の諸制度の設定による．いくら全体人口に占める65歳以上人口割合が同程度に上昇しても，それが所得格差の拡大へと結びつくとは限らない．それは結局のところ，高齢化がどの程度の速度で進み，その背景にある年金制度や高齢者福祉，高齢者雇用制度といった社会保障制度の違いが所得格差に及ぼすインパクトの違いと結びつく．これが，本分析からわかった最も大きなポイントである．

図 1-10 日本の世帯主年齢分布

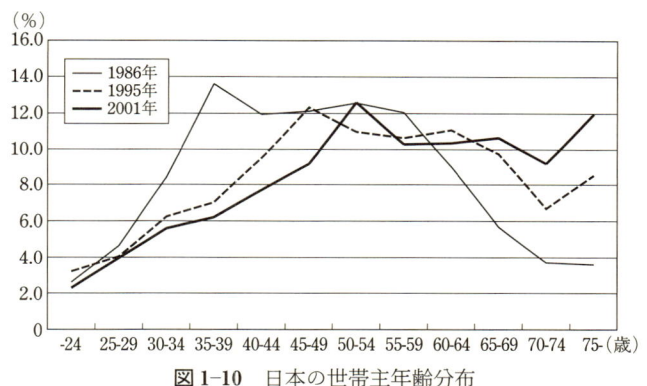

出所：国民生活基礎調査．

5 世帯主年齢分布の変化と所得格差の変容

　図 1-4(h)や図 1-6(h)の年齢階層別のジニ係数や相対的貧困率の変化から，日本における若年層の貧困率が上昇し経済格差が上昇していることが明らかになった．しかしながら，若年層における晩婚化・未婚化が進行し，自ら世帯を構えるものは減少しているので，若年層の所得格差拡大が全体社会に及ぼす効果はそれほど大きくない．事実，日本の世帯主年齢分布をみると（図 1-10），最も所得格差が拡大し，貧困率が高い 20 代前半の世帯主割合は 1980 年代半ばにおいても 4% にも満たない少数派であり，2000 年になるとその割合はさらに減少して 2% 程度になった．一方，75 歳以上の後期高齢層割合が近年大きく上昇しており，1980 年半ばには 4% 程度であったものが，2000 年には 12% と 3 倍近くも上昇した．その背景には，65 歳以上高齢者のいる世帯の中で三世代世帯が減少し，ひとり暮らし，夫婦のみ世帯が増加したことがある．

1　日本はどれくらい不平等か ―― 43

ただ,図1-4は各年齢層内の所得格差をみており,全体格差に及ぼす影響をみるためには各年齢層のサイズを考慮しなくてはならない.言い換えれば,たとえ近年若年層(正確には,若年世帯主層)の経済格差の上昇が認められたとしても,若年層の晩婚化,未婚化に伴って若年世帯主割合自体は低下しており,全体格差に及ぼす影響はその低下する年齢層サイズを考慮すれば大きくない.そこで,1995年から2001年にかけての所得格差の上昇が各世帯主年齢層内の所得格差の変化によってどの程度説明できるのかを,世帯主年齢分布の変化を考慮して検討する.ここでの所得格差指標は,平均対数偏差(Mean Log Deviation:MLD[3])を用いる.MLDは所得格差の変化が,世帯属性(本章では世帯主年齢)内の所得格差の違いによって説明できるのか,それとも世帯主年齢分布の変化によって説明できるのかといった,要因ごとに分解できる利点がある.

1995年から2001年にかけての所得格差の変化の内容を明らかにするために,MLDを世帯主年齢層内効果と年齢構造効果(人口動態要因),そして年齢階層間効果に分解して検討する(Mookherjee and Shorrocks 1982).たとえば,1995年と2001年のMLDの差を検討するにあたって,以下のように分解することができる.第1項は世帯主年齢層内効果,第2項は年齢構造効果,そして第3項は年齢階層間効果,に対応する.図1-11は第1項の世帯主年齢階層内効果を図化したものである.

---

[3] 完全に平等なとき,MLDは最低値のゼロをとる.
$$MLD = \frac{1}{n}\sum_i \ln\left(\frac{\mu}{y_i}\right) = \ln\mu - \frac{1}{n}\sum_i \ln y_i$$
n: 標本サイズ
y_i: 世帯iの等価可処分所得
μ: 等価可処分所得の全体平均

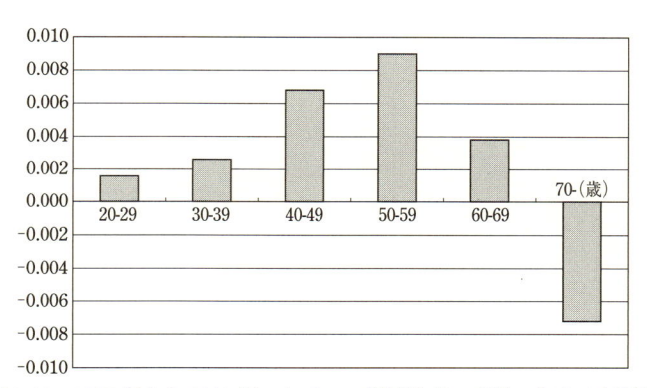

図 1-11 1995 年から 2001 年にかけての経済格差の変化に与える年齢階層ごとの相対的階層内格差の寄与度

$$\Delta MLD = MLD^{2001} - MLD^{1995}$$
$$= \sum_i \bar{\alpha}_i \Delta MLD + \left[\sum_i \overline{MLD}_i \Delta \alpha_i + \sum_i \ln\left(\overline{\frac{\mu}{\mu_i}}\right)\Delta \alpha_i\right] + \sum_i \bar{\alpha}_i \Delta \ln\left(\frac{\mu}{\mu_i}\right)$$

$\bar{\alpha}_i$ は年齢階層 i カテゴリーの 1995 年と 2001 年の平均割合
$\overline{MLD}_i$ は年齢階層 i カテゴリーの 1995 年と 2001 年の MLD 平均
μ_i は各年の年齢階層 i カテゴリーの所得平均
μ は各年の全体の所得平均

図 1-11 より，若年層内の所得格差の上昇による寄与度は最も小さい．これは，図 1-4(h)でみたように若年層のジニ係数が最も大きく上昇していたこととは異なる知見である[4]．図 1-11 の結果は，図 1-10 で示した通り，若年層の晩婚化，未婚化が進むと同時に，高齢層の世帯分離（ひとり暮らし世帯割合や夫婦のみ世帯割合の上昇）が進んだことにより世帯主年齢分布は大きく高齢層へと近年シフトしたことと

---

[4] MLD を用いて世帯主年齢階層ごとの経済格差をみても，図 1-4(h)と同様の傾向が認められた．

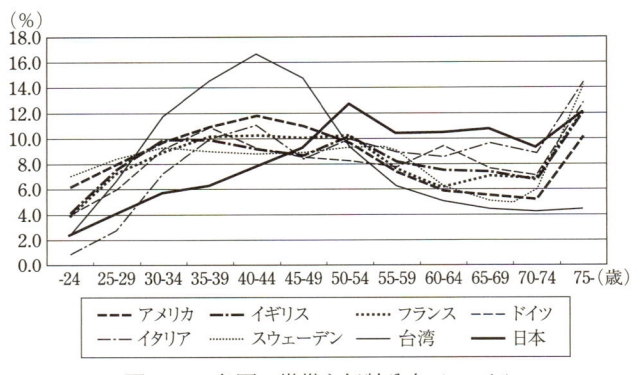

図1-12 各国の世帯主年齢分布（2000年）
出所：国民生活基礎調査（日本），LIS（他国）．

関連する．絶対レベルで若年層の経済格差が近年大きく上昇しようとも，若年世帯主割合自体が低下傾向にあるために，全体の経済格差の程度に及ぼす寄与度は限定的となる．したがって，近年の若年層における経済格差拡大と社会全体の経済格差拡大とは区別して議論しなければならない．

では，欧米と比べて日本の年齢分布はどの程度異なり，またその違いが全体の所得格差の違いとどの程度結びついているのだろうか．図1-11で用いた同様の方法を用いて，日本と他国の経済格差の違いが年齢階層内格差の違いによるものなのか，それとも世帯主年齢分布の違いによるものなのか，についての寄与度を検討してみよう．その前に2000年データを用いて，各国の世帯主年齢分布を比較検討する（図1-12）．世帯主年齢分布が日本と大きく異なるのが，台湾である．台湾は高齢化が始まる時期が遅く，かつ高齢者が子世代と同居する場合が多く世帯主として登場する割合が低かった．そのことが，台湾の世帯主年齢分布を，他国よりも大きく若年から壮年へと偏らせている．欧米の世帯主年齢分布はそれほど違わない．日本を欧米と比べると，

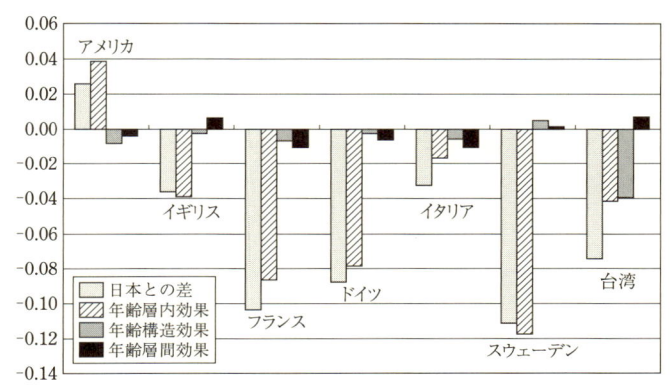

図 1-13 日本の所得格差との違いに関する要因分解（2000 年）
出所：国民生活基礎調査（日本），LIS（他国）．

日本の年齢分布が 50 代以上の世帯主に偏っていることがわかる．20 代の世帯主割合は日本よりイタリアのほうが少ないが，30 代から 40 代前半の世帯主割合は欧米に比べると少ない．一方，日本の 50 代以降の世帯主割合は欧米よりも高く，高齢化率が急激に上昇し高齢者自身が世帯主となるひとり暮らしや夫婦のみ世帯の割合が上昇した結果によると考えられる．このような年齢分布の違いが，日本と欧米との所得格差の違いにどの程度むすびつくのだろうか．

図 1-13 は，図 1-11 と同様に，MLD の要因分解を用いて欧米，台湾との所得格差の要因を探った結果である[5]．ここでは，日本との所得格差の違いを，世帯主年齢層内効果，年齢構造効果，そして，年齢

---

[5] ジニ係数を用いた場合と平均対数偏差（MLD）を用いた場合の，所得格差の国別序列は若干異なる．MLD を用いると，2000 年時点で，日本はアメリカに次ぐ格差の大きい国となる．MLD は低所得層の変化に敏感であることから，日本における貧困率（15％）がイギリス（12.5％）よりも高いことが，日本の MLD 所得格差を引き上げたと考えられる．

階層間効果に分けて示した．日本よりも高い MLD 値を示したのがアメリカであり，その差のほとんどが年齢層内格差の違いによって説明される．年齢構造効果と年齢層間効果は日本の方が高く，アメリカとの所得格差の違いを説明するのは，年齢層内効果による．表 1-1 は世帯主年齢階層別に年齢階層内効果を詳しく示した．まずアメリカに着目すると，30 代から 40 代前半における年齢層内効果がアメリカにおいて特に高いことがわかる．日本では，30 代，40 代前半のほとんどが職に就き，雇用収入においてそれほど大きな差がみられない．一方，アメリカにおいては，30 代，40 代でかなり高収入を獲得するものも少なくなく，この年齢層ですでに所得格差が大きくなる．なお，30 代，40 代層の年齢階層別貧困率は 2000 年時点で，日米間でそれほど変わらない．

アメリカ以外の国については，日本よりも所得格差は小さく，日本とヨーロッパの所得格差の違いのほとんどが年齢層内格差の違いによって説明される．特に，スウェーデンやイギリスは，日本に比べて年齢層内効果による部分が全体 MLD の違いよりも大きいくらいである．どの年齢層において年齢層内格差の違いが大きいかというと，50 代以降の比較的高い年齢層における格差が大きいことがわかる（表 1-1）．60 代前半の高齢移行期や 75 歳以上の後期高齢層の間で，日本の格差が特にイギリス，スウェーデンに比べて大きい．フランス，ドイツと比較すると，60 代前半の日本との所得格差の違いが目立つ．その理由のひとつは，60 代前半における引退への移行期において日本の異質性が高いことがあげられる．日本の高齢者はヨーロッパに比べて就労率が高く，高齢期の雇用収入の有無が経済的福利度の違いを大きくする（白波瀬 2002a；清家・山田 2004）．また 75 歳以上の後期高齢層においては，三世代世帯割合が日本ではヨーロッパより高く，高齢層における世帯構造の多様性が年齢層内格差を大きくしていると

表 1-1 日本と各国の所得格差の違い (年齢階層別年齢階層内効果) (2000年)

	アメリカ	イギリス	フランス	ドイツ	イタリア	スウェーデン	台湾
20-24歳	0.0012	−0.0005	−0.0008	0.0002	0.0010	−0.0008	−0.0037
25-29歳	0.0046	0.0034	−0.0033	−0.0011	0.0027	−0.0012	−0.0027
30-34歳	0.0067	0.0031	−0.0036	−0.0011	0.0033	−0.0044	−0.0035
35-39歳	0.0071	0.0043	−0.0040	−0.0038	0.0023	−0.0047	−0.0009
40-44歳	0.0069	0.0055	−0.0054	−0.0042	0.0052	−0.0057	−0.0038
45-49歳	0.0051	−0.0023	−0.0070	−0.0048	−0.0002	−0.0091	−0.0073
50-54歳	0.0028	−0.0018	−0.0097	−0.0111	−0.0064	−0.0142	−0.0083
55-59歳	0.0047	−0.0073	−0.0081	−0.0095	−0.0007	−0.0112	−0.0040
60-64歳	−0.0014	−0.0103	−0.0120	−0.0137	−0.0081	−0.0169	−0.0011
65-69歳	0.0020	−0.0086	−0.0105	−0.0082	−0.0023	−0.0105	0.0005
70-74歳	0.0014	−0.0069	−0.0078	−0.0064	−0.0034	−0.0119	−0.0012
75歳-	−0.0025	−0.0179	−0.0141	−0.0150	−0.0103	−0.0269	−0.0054
年齢階層内効果	0.0385	−0.0393	−0.0863	−0.0788	−0.0169	−0.1176	−0.0413

注：各年齢階層別効果を合計したのが表1-1最後の「年齢階層内効果」であり，図1-13の斜線バーの値に相応する．マイナス記号は，日本の年齢層内格差の方が大きいことを意味する．
出所：国民生活基礎調査（日本），LIS（他国）．

考えられる．

　一方，台湾については，欧米と違って年齢構造上の違いが日本との経済格差の程度の違いを説明する程度が大きい．年齢層内効果によっても所得格差の半分程度を説明するが，あとの半分は年齢構造上の違いである．これはすでに世帯主年齢分布の比較でみたように，日本と分布が大きく異なり高齢化の程度が日本ほどには至っていないことがその理由である．台湾高齢者の基本的生活保障が家族によって提供されることが多く，2000年においてもひとり暮らし，夫婦のみ世帯，核家族世帯以外の世帯にいる高齢者が過半数である．言い換えれば，高齢者の経済的福利度がいまだ子ども世代と生活を共にするという拡大家族の役割によって保障される部分が多い．また，家族の形態そのものが大きく変化するなかで，台湾も日本と同様に高齢者内での経済格差が大きい．台湾と日本の経済格差の違いを説明するのは，年齢階

層内効果のみならず，人口構造（世帯主人口分布）の違いも同様に大きい．

6　日本人の不平等感

1970年代後半から1980年にかけて，日本では一億総中流社会論に沸いた．ここでの議論は，人々の大半が自らは中に位置すると回答した結果を根拠に展開されてきた．それにしても中意識が一体何を意味するのか．中にいると回答したことが，実際に中程度の生活を意味するとは必ずしもいえない．盛山和夫（1990）は1950年代以降の高度経済成長がもたらしたパイの急激な拡大が「生活の豊かさ」という共通認識を生み，中意識を拡大させたとする．1976年，OECDの「日本は最も所得格差が小さい平等な国」（Sawyer 1976）という報告をうけて，日本は同質的で，多くの人々が中流意識を共有する階級のない国，という暗黙の了解を共有した．どこにいても，だれもが同質的な生活を享受する．資本家階級と労働者階級が敵対する階級など日本には存在しない．みなで力を合わせれば，奇跡の高度経済成長も成し遂げることができたし，みなが等しく豊かになれる．ひとつの目的に突き進む日本社会の同質論とも相まって，不平等は日本とは縁遠いものとして位置づけられた．

それにしても，果たして日本はそんなに平等な国なのか．人々にくすぶりかけていた平等神話への疑念から不平等を確認するきっかけになったのは，1998年に刊行された経済学者，橘木俊詔による『日本の経済格差』である．日本は同質的で，多くの人々が中流意識を共有する階級のない国，という平等神話を真っ向から否定した同著は，人々にくすぶっていた不平等感に火をつけた．橘木は厚生労働省の所得再分配調査結果を用いて日本の格差の大きさをアピールしたが，そ

の比較可能性に対して異議を唱えたのが経済学者,大竹文雄（2005）である．日本の格差はそれほど拡大しているわけではない．日本の急速な人口の高齢化を考慮にいれると,格差はそれほど広がっていない．これが大竹の主張であった．格差は拡大しているのか,それともあまり変化していないのか．経済学者の間でも格差に対する評価は大きく分かれる．

2000年に刊行された社会学者,佐藤俊樹による『不平等社会日本』では，1995年SSMデータ分析をもとに,上層ホワイトカラーの父子間の継承率が上昇している点に注目し,階層の固定化が進んでいると述べる．経済学者が所得分布を中心に議論していたのに対し,佐藤はどんなに頑張っても出身階層からの呪縛から抜け切れない,という社会移動の観点から不平等構造を明らかにした．いくら頑張っても今いる場所から抜け出せない．これが人々の閉塞感と結びつく．くすぶりかけた人々の不平等感をがっちりとつかんだのが,佐藤の著であった．

2001年から2006年の5年間,日本は劇場政治に沸いた．小さな政府を前面にだし,既存のぬるま湯的体制にメスをいれて競争原理と規制緩和を徹底させるやり方は,サッチャー,レーガンの時代の再来を思いださせる．バブル経済が崩壊して,恒常的な景気停滞を目の当たりに,人々が拠り所を求めたのは小泉内閣の「既存体制のぶっ壊し」であった．しかし,ここでのぶっ壊しは,結局,1980年代のアメリカ・イギリスのよき時代への羨望の現われであり,時代錯誤的なノスタルジーにも似た感を受けるものであった．

小泉政権は近年にない国民からの高い支持率を背景に,劇場政治を最後までやりとおした．しかし,その結果何が残ったかというと,行き先の見えない政治と格差感・不平等感の高揚であった．もっとも,小泉政権が格差,不平等を拡大させたのかというと,必ずしもそうとはいえない．格差拡大に加担したかもしれないが,1980年半ばから

すでに経済格差の拡大は始まっており(図1-3参照),経済的不平等は近年突然出現したわけではない.

「社会がいくつかの層に分かれているとすると,あなたはどこに位置するでしょうか」という質問によって代表される階層帰属意識は,社会学の階層研究において重要な研究領域のひとつである(直井 1979;今田・原 1979;間々田 1990;中尾 2002).事実,一億総中流社会論は,人々の大半が自らは中に位置すると回答した結果を根拠に展開されてきた.それは,中意識や中流意識(岸本 1978)として呼ばれてきた.しかし,実際に中程度の生活を意味するとは必ずしもいえない(濱島ほか 1983).一方間々田孝夫(1990)は,中意識は経済成長や生活の豊かさと必ずしも密接には関連しないと説く.石田浩(2003)は,中意識が高い日本,というイメージに対する誤解をいち早く指摘し,国際ミクロデータを用いて,そもそも,アメリカやドイツに比べて日本の中流意識が特に高い事実は認められないとする.

中意識の中身が何であるのかを含め,人々が中にいると意識することと,実際に中程度の生活水準にあることとは必ずしも一致しない.人々の意識は実態と無関係ではないが,マクロな実態を人々のミクロな意識がどの程度反映しているのかは単純ではない.人々の階層的地位は職業や所得,学歴といった複数の次元からなり,それらの次元は互いに必ずしも一致しない(今田・原 1979).この諸次元の非一貫性こそが,大量の中意識を生んだ背景にある.これを原純輔(1990)は多様な中間層と呼ぶ.ある面では他者より劣っているが,別の面では他者より勝っている.そこで人々は結局どちらをとるわけにもいかず,中に落ち着く.では,1990年代終わりの時点で,日本は中意識が依然優勢な社会なのであろうか.

そこで,国際ミクロデータを用いて,アメリカ,イギリス,ドイツ(旧西ドイツ),フランス,スウェーデンを比較対象国とする階層帰属

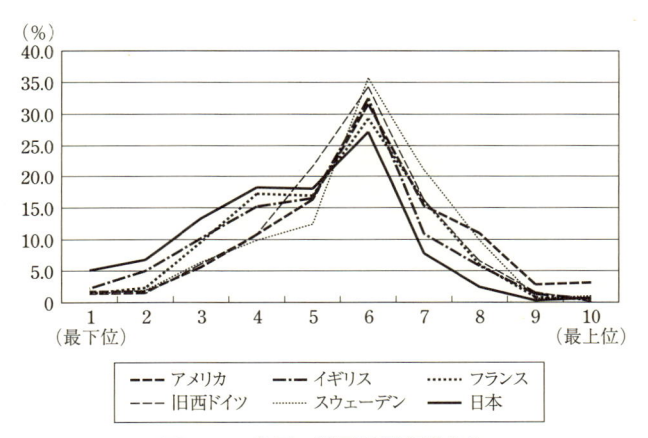

図 1-14 各国の階層帰属意識分布
出所：1999 年 ISSP.

意識の散らばりについて検討したい．分析に用いるデータは，1999年 International Social Survey Program（以降，1999年 ISSP）である[6]．図 1-14 は調査対象者に，世の中を最低 1 から最高 10 ポイントのスケールで分けた場合，自分がどこに属するかを聞いた結果である．日本の特徴は，他国に比べて低いスケールに偏っていることである．1～5 ポイントの合計値が日本は 60.3% であるが，旧西ドイツ 40.2%，アメリカ 37.1%，スウェーデン 31.8%，と日本よりも低い．日本は過半数が 5 ポイント以下の階層に自らを置いている．

総中流階層論の根拠が日本人の大多数が中流意識をもつということであった．そこで階層スケールの真中をとって 5 と 6 と答えた者の割

---

[6] 本調査は不平等をテーマとした，横断的国際ミクロデータである．モデルとなる調査票が各国に提示されて，できるだけオリジナルの質問の趣旨からはずれないよう各国の言語に翻訳されて調査が実施される．各国のサンプルサイズは，旧西ドイツ 921，イギリス 804，アメリカ 1,272，スウェーデン 1,250，日本 1,325，フランス 1,889，とそれほど大きくない．しかし，質問項目をできるだけ統一し，各国で調査したデータを整合した国際ミクロデータとして貴重である．

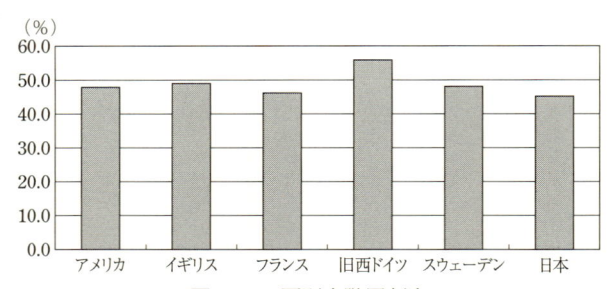

図 1-15 国別中階層割合
出所：1999 年 ISSP.

合（中意識割合）を示したのが図 1-15 である[7]．図 1-15 からみる限り，日本の中意識割合は他国に比べて決して高いとはいえない．それどころか日本の中意識割合は 45.2% であり，比較対象国中最も低い．中意識割合が最も高いのは，旧西ドイツ（55.9%）である．本分析結果からみる限り，日本は特別高い中意識をもっているわけではなく，階層帰属意識分布は相対的に低い方に偏っている．日本は，決して大多数が中（流）意識をもつ総中流社会ではない．

では，階層帰属意識の散らばりと実際の所得の散らばり（所得分布）の大きさはどの程度連動しているのか．言い換えれば，実際の所得の散らばり程度に階層帰属意識も散らばっているのかを検討しよう．ここでは階層帰属意識の分散を質的変動指数（Index of Qualitative Variation：IQV[8]）によって測る．

図 1-16 はジニ係数と階層帰属意識に関する質的変動指数（IQV）

---

[7] 中流意識をもつかどうかは，厳密にはカテゴリカルな指標である．10 ポイントスケールの 5, 6 を答えた者の中意識割合とは異なっている．しかし，ここでは，中流意識を，上から下というように連続的に捉え，中間のスコアによって中意識を代表させる．

[8] 質的変動指数（IQV）とは，離散変数の変動を測る多様性指数を標準化した値である．

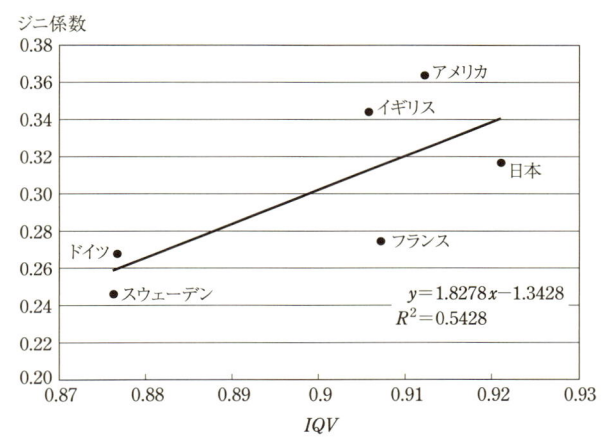

図 1-16　各国のジニ係数と IQV
出所：1999 年 ISSP.

のプロットである．ここで示すのは，不平等度と階層意識の分散における6つの国の位置関係である．点が直線より上にあるのは実際の所得不平等度に比べ階層帰属意識の分散が相対的に低い場合であり，逆に直線よりも下に点が位置するのは実際の所得格差に比べ階層帰属意識の散らばりが相対的に大きいことを意味する．日本はフランスとともに直線よりも下に位置し，実際の所得不平等度よりも階層意識の散らばりが相対的に大きい．言い換えれば，日本は実際の格差の程度よりも意識において分散が大きく，それが不平等意識を敏感にしていると考えられる．

　所得格差について人々はどのような見解をもっているのか．大きな

$$IQV = \frac{(1-\sum p_i^2)}{\left(k-\frac{1}{k}\right)} \quad P_i: i\text{ 番目カテゴリーの比率} \quad k: \text{カテゴリー数}$$

表 1-2　各国の所得格差に関する意見　(%)

	アメリカ	イギリス	フランス	旧西ドイツ	スウェーデン	日本
絶対に賛成	5.3	1.6	3.1	4.1	2.5	9.2
賛　成	20.7	13.7	11.9	24.5	18.5	17.8
どちらともいえない	30.2	25.4	16.9	26.2	29.5	33.5
反　対	34.7	47.4	38.3	35.9	32.8	13.6
絶対に反対	9.1	11.9	29.7	9.3	16.7	25.9
合　計	100.0	100.0	100.0	100.0	100.0	100.0
(度数)	917	511	1,348	591	842	911

出所：1999年 ISSP.
注：「大きい所得格差は国を活性化する上に必要である」に対する意見.

所得格差は必要であるという意見に対し，日本では4分の1が「絶対に反対」と強い否定的見解を提示する（表1-2）．この強い否定的な見解はフランスの約3割に次いで高い．その一方で，所得格差は国を活性化するうえに必要である，と強く肯定する意見が1割弱と，日本の値は比較対象国の中で最も高い．大きな所得格差が必要であると強く肯定する意見と絶対にあるべきでないとする強い否定的意見，そしてどちらともいえないとする意見が3分の1と，日本の中で所得格差の意味づけについて意見が3つにはっきりと分かれる．格差の国アメリカでは，所得格差に対する肯定的な意見が26.0%と日本の27.0%とほぼ同程度である．

考え方によって，所得格差は必ずしも縮小すべきものとはいえないかもしれない．しかし，どの国でも多数派は所得格差をよしとは考えていない．そうなれば，だれが所得格差を縮小する責任を負うべきなのか．表1-3は，政府が中心となって所得格差を縮小していくべきであるのか，に対する意見である．ここでも表1-2の結果を反映させるように，日本では強く反対するものと強く肯定するものに分かれる．比較対象国のうち日本では，最も高い14.8%が所得格差縮小への政府責任に強く反対している一方で，26.0%という最も高い割合が強

表 1-3 各国の所得格差への政府役割に関する意見
(%)

	アメリカ	イギリス	フランス	旧西ドイツ	スウェーデン	日本
絶対に賛成	11.4	18.5	33.7	13.1	24.2	26.0
賛 成	24.1	47.9	30.8	38.3	34.0	24.3
どちらともいえない	27.0	19.3	17.0	19.0	22.7	27.0
反 対	23.3	12.2	12.7	21.3	13.2	8.0
絶対に反対	14.2	2.0	5.8	8.2	5.9	14.8

出所:1999 年 ISSP.
注:「所得格差を縮小するのは政府の役割である」に対する意見.

い賛成意見を表明している．また，日本ではどちらともいえないとしたものも 27.0% いる．所得格差の是非に対する意見に対応するかたちで，格差是正への政府役割期待がある．日本人の意識は中庸が多く，はっきりした意見表明は少ないといったイメージがある．しかし，本結果をみる限り，階層帰属意識について日本だけが中意識が高いわけではなかったし，所得格差に関する意見も反対意見と賛成意見が他国よりもむしろはっきりと分かれていた．

7　日本の不平等度と日本人の不平等感

　格差論が活発化するなか，小泉元首相は格差が必ずしも悪いことではないと切り返した．実は国民自身も格差があるのは悪いことだと，一方的に位置づけてはいない．事実，2005 年に東京大学社会学研究室が実施した「福祉と公平感に関するアンケート調査」[9] によると，「所得や社会的地位の格差がなくなってしまったら，人々は一生懸命

---

9) 日本全国から 20 歳以上 79 歳以下の男女 3,000 人を無作為に抽出して，2005 年 11 月から 12 月にかけて調査が実施された．詳しくは，報告書『社会的公正に関する意識調査』(東京大学社会学研究室) を参照のこと．

働かなくなる」とする考え方に，「そう思う」と答えたものが35.8%，「どちらかといえばそう思う」としたものが29.8%と，約3分の2が肯定的な意見を示した．「そう思わない」と強く否定したものは12.3%と少数派であった．

特に結果の不平等に対して，日本人はそれほど否定的でない．機会に不平等があるのは不条理だとするが，機会の平等が確保されている限り，結果に不平等があっても仕方がない．そこには格差は悪くないとする小泉元首相の見解にも通じるものがある．格差をゼロにすることは結局悪平等に通じると，人々は動機づけとしての格差を肯定する．

一方，7割ほどの多数派が世の中は公平ではないと訴える．その内容を詳しく聞くと，学歴による不公平を訴えたものが85%，所得や資産による不公平を訴えたものが82%と多い．公平性の判定には機会の不平等がどの程度確保されているかが問題になる．多数派が今の日本は不公平だと訴えるのは，結局，機会の平等が十分確保されていないと人々が感じているからである．結果の不平等はある程度仕方ない．格差も競争に勝ち抜いたものに対する報酬を考えると当然の結果である．それなりの業績をあげたものが良い目をみるのは仕方ない．格差を悪とすることによって，横並びの世の中は格差のある社会よりも悪い．

高い所得を得るのは，実績をあげたものであり，よく努力したものであるべきだとする一方で，実際に高い所得を得たのは親から多くのものを受け継いだからだと回答したものが2割以上いる．職業については，親のおかげで高い職業的地位につけたのだとするものが，4分の1いた．事実，親の社会的地位による不公平があるとしたのは調査対象者の3分の2であった．親がどれくらいの社会的地位にいるかによってその子の職業や所得のレベルに違いが生じる．本人の努力や業績とは関係ないところで実際には不平等があるのだと，人々は感じて

いる.

　これまでみてきたように，日本の所得格差の程度は1980年代半ばから大きく上昇していない．格差論が活発化した1990年代後半から急に所得格差が顕在化したわけでもなかった．1990年代まで日本の所得格差拡大の多くを人口の高齢化によって説明され，1990年代半ば以降も経済格差の多くが依然として中高年に偏る人口構成によって説明される．1995年半ばから2001年にかけて65歳以上高齢層内の経済格差は縮小した一方で，50代，60代での経済格差が拡大し，それが全体としての経済格差拡大へと寄与した．高齢化によってイメージされるのは65歳以上人口であるが，全体の経済格差を考えるうえで，50代，60代前半の壮年層も見逃すことはできない．その背景には労働市場の悪化があり，男性賃金内の所得格差拡大がある（太田2005）．他国と比較して大きい日本の経済格差は，日本における年齢層内格差の大きさによって多くが説明される．特に，50代以降の中高年層内の所得格差の違いが日本の所得格差の多くを説明し，そこには特に高齢層の働き方や世帯構造の違いが存在する．高齢期に突入しても依然として現役同様に働き続けるもの，未婚のままにいるわが子を養うために引退できないもの，子世代と同居して悠々自適の生活を送るもの，ひとりで老後を過ごすもの，など高齢期の生き方の違いが日本の大きな経済格差と関連する．

　人々の意識に着目すると，日本は他国よりも意識の分散が大きく，それは実態としての所得格差の程度よりも大きい傾向にあった．この意識の散らばりが，人々に過大な不平等感を生み出す．なぜ人々は現実以上に格差に敏感になり不平等感を抱くようになったのか．ひとつには，2000年以降の格差論に便乗した雪だるま式不平等感とも呼ぶべき意識の高まりとして捉えることができる．戦後，一億総中流社会論が台頭し，平等が過度に強調され，高度経済成長は一様に経済の底

上げを実現した．その後，1973年の第1次オイルショックを機に低成長期に入るが，人々は不平等感をことさら訴える方向には向かわなかった．それは高度経済成長の余波ともいうべき余韻のなかで，低成長を同質社会の枠組みで捉えていたともいえよう．そこで高まったのが不平等感ではなく，一億総中流論であったのは皮肉である．その後，1985年のプラザ合意に伴い，円高不況を懸念した低金利政策は不動産や株式への投機を促し，バブル経済を加速させた．1987年，中曾根政権の下，日本専売公社，日本国有鉄道，日本電信電話公社の三公社が民営化され，自由主義色の濃い経済政策がとられる．1989年消費税が導入され，平成に元号が改まり，1990年代に入ってしばらくしてバブルがはじけて，日本経済は長期の不況へと突入する．

　バブル期からバブル崩壊へと大きく世の中が変化するなかで，それまで暗黙のうちにタブー視されてきた不平等，格差ということばに人々は突然目覚める．それはまるでこれまで心に秘めていた思いを一挙に吐き出すように，人々は過激な「勝ち組・負け組」論争へと突進していく．しかし，日本の不平等を国際比較の立場から検討してみると，不平等・格差は日本だけに限らず，なにより急激に日本が不平等化したわけではないことが確認された．言い換えれば，不平等や格差の問題は欧米諸国と共通する社会問題であり，台湾というもうひとつのアジア地域でも同じことがいえる．ただ，不平等・格差の問題が欧米と共通するということが，その問題の中身や程度がおしなべて同じであることを意味しない．国にはそれぞれに固有の歴史的，政治的，経済的，社会的背景があり，どのような形で，どの程度，不平等，格差問題が顕在化するかに違いがある．資本主義体制に基づく社会における共通の不平等問題を抱えつつ，その程度が異なることは，国々の諸制度の違いがその原因のひとつにある．つまり，不平等の問題の大きさをわれわれ自身がコントロールしうる状況にある．

国によって異なる不平等の様相を明らかにするために，2章以降では，既婚者，子どものいる世帯，若年，高齢者，ひとり暮らしに着目しながら格差・不平等の実態を明らかにする．まず，女性の労働参加の変化に着目して，経済格差への影響を議論したい．女性，特に，既婚女性の家庭外就労参加の上昇は戦後欧米にも共通に認められる社会変化である．そこで，女性の労働参加が全体社会の経済格差に及ぼす影響を検討する．

2 女性の労働参加と経済格差

1 戦後日本の女性労働──高学歴化と断続的就労パターン

　女性，特に既婚女性の家庭外労働参加の増加は産業諸国で共通する社会変動のひとつである．産業構造が第1次産業から第2次，第3次産業へと移行し，就業構造が変化して，事務職，販売職，サービス職といった職種が拡大されるに従い，高校，短大，大学を卒業した若い女性たちが吸収されていった．日本の産業化は遅く始まり，急速に進行していったが (Cole and Tominaga 1976; Ishida 1993)，産業構造がサービス経済化したという点では欧米と共通する．そこでは女性の高学歴化が進行し，事務職や販売といったホワイトカラー職に若い未婚女性が従事するようになる．

　既婚女性の主婦化は高度経済成長期に認められ，1970年代半ばは団塊世代が大量に結婚した時期と重なって高い専業主婦率を呈した（落合 1994；厚生省 1998）．当時，団地のキッチンテーブルで母親が準備した夕飯を2人の子どもと，仕事から帰ってきたサラリーマンの夫が囲むホームドラマが毎日のようにテレビに映し出された．サラリーマンの男性と結婚して家庭に入り2人の子どもを産み育てる．そんな女性の生き方のイメージがメディアを通して繰り返し強調され，同時に実際にも，確固たる性別役割分業体制の枠に日本社会は組み込まれていった．そこでは，女性の働き方も結婚するまでの腰掛けとして位置づけられ，男女の昇進ルートは分断されて大きな賃金格差となって表面化する．専業主婦は中流階級のライフスタイルを体現するもの

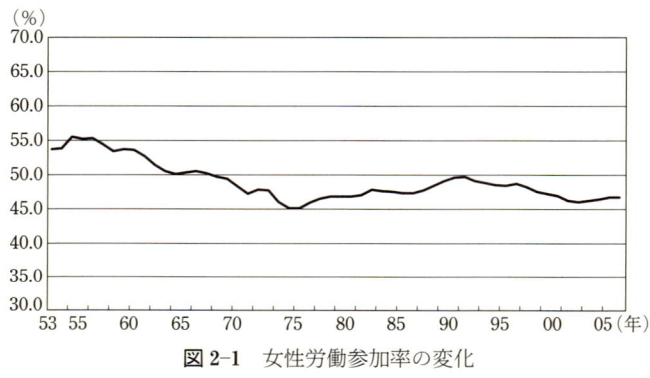

図 2-1 女性労働参加率の変化
出所：労働力調査（厚生労働省）.

として豊かな生活イメージ作りに加担した．若い女性の就労はたとえ大学卒業証書を手にしても結婚・出産までの腰掛け的なものとしてみなされ，男女間のキャリア形成は明らかな昇進機会の違いを内包して別々に設定された．給与は扶養手当を含む生活給として位置づけられ，ファミリーステージと結びついた年功序列的な賃金体系が形成されて，夫は家計を支える役割を期待され，経済面から家族を全面的に支援する体制が確立していった（佐野 1972）．

もっとも，日本の女性は近年急速に労働市場へと進出したわけではない．図 2-1 にみるように，女性の労働参加率[1] といった観点からみると，日本女性は戦後一貫して働いてきた．事実 1950 年代はじめの女性労働参加率は 53.6％ と，2007 年の 46.6％ よりも高い[2]．戦

---

[1] 労働参加率とは，15 歳以上人口に占める労働力人口をいう．ここでの労働力人口とは，就労者，求職者，そして完全失業者が含まれる．
[2] マクロデータを提示する場合，最近のデータを提示する場合もあるが，本書で分析するミクロデータが 1986 年，1995 年，2001 年の 3 時点であるので，それにあわせてマクロデータについて議論することもある．

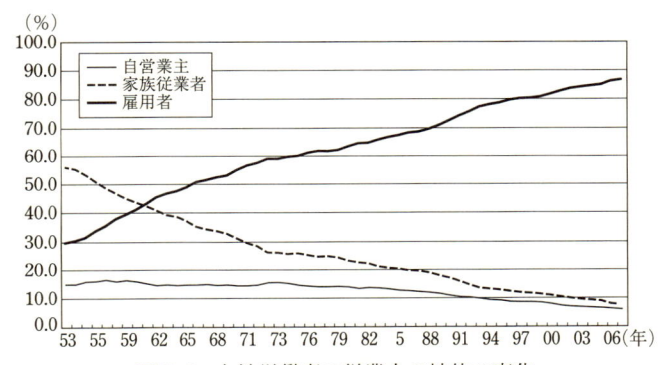

図 2-2 女性労働者の従業上の地位の変化
出所：労働力調査（厚生労働省）.

後 50 年あまりの間，日本女性の労働参加率は 50% を前後しており，最近，一貫した上昇傾向を示しているわけではない．しかしその一方で，働く中身は変化した．特に，働き方に大きな変化が認められた．

図 2-2 は女性就労者の従業上の地位の変化である．1950 年はじめごろ，日本女性は戦前にみられたように農家の重要な働き手として仕事に携わったが，その多くは無償の家族従業者であった．しかし，農林漁業で代表される第 1 次産業から製造業を中心とする第 2 次産業，サービス業中心の第 3 次産業への産業構造の移行に伴って，女性の働き方も家族従業者から給料を得る雇用者に大きく変化した．2007 年時点での雇用者率は，女性就労者の 86% を超える多数派となった．このような従業上の地位の変化は，生産の場所と消費の場所の乖離として進行し，女性就労をファミリーステージとより密接に連動させる結果となった（Goldin 1990; Rossi 1985）．家庭外就労スタイルが台頭すると，女性の就労パターンは断続的になり，家庭と育児の両立支援といった政策課題が登場する土壌を生んだ（Sorrentino 1971; Semyonov 1980）．

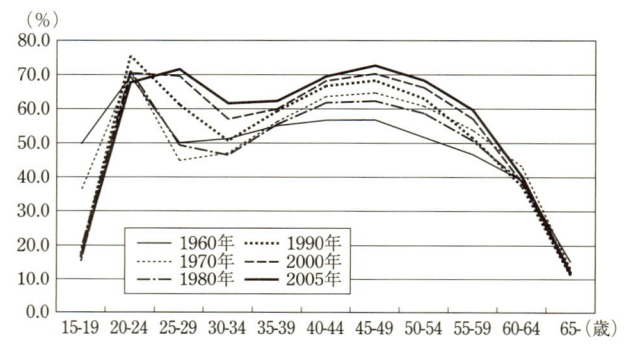

図 2-3　年齢階層別 女性の労働参加率の変化
出所：国勢調査（総務省統計局）．
注：1960 年は 1% 抽出集計結果，1970 年は 20% 抽出集計結果より作成．

事実，1960 年代以降の年齢階層別女性労働参加率をみると（図 2-3），M 字型就労パターンが 1960 年から 1970 年代にかけて形成されてきたことがわかる．それまで日本の女性の農家の働き手として仕事に携わりながら，多世代家族の中で子どもを産み，育ててきた．もっとも彼女らがなんら問題なく仕事と家庭を両立させてきたかというと必ずしもそうではなく，農業という過酷な肉体労働に従事しながら子育てをし，家を守るという厳しい生活環境にあったことは見落とせない（光岡 2001; 天野 2001）．ここで強調したいことは，家庭と仕事の両立支援の一環として，ワーク・ライフ・バランスが近年提唱され，女性就労問題が新たな社会問題であるかのような印象を受けるが，働くという観点からいうと日本の女性はずっと働いてきたわけで，女性の労働問題が決して新しい社会問題ではないことである（Burnstein 1983）．ただ，働く場所や働き方が変化し，既婚女性が働くという位置づけが社会経済の中で変化したことで，新たな社会的対応が必要となってきたことは事実である．女性の労働問題が目新しくないにもかかわらず，ワーク・ライフ・バランスの必要性がなぜいま強調されな

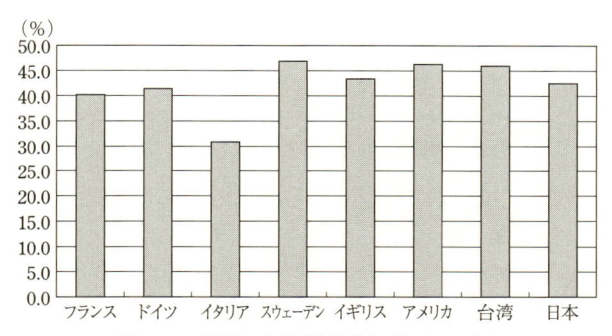

図 2-4 各国の女性労働参加率 (2000年)

出所:*Labour Force Survey* (OECD), *Taiwan Statistical Yearbook* (Taiwan Directorate General Budget, Accounting and Statistics).

ければならないのか,この点が重要である.

既婚女性の家庭外就労の増加は,産業化に伴う就業構造の変化を背景に,欧米,アジアで共通に認められる社会変動である.その共通の変化が異なる社会制度,制度理念をもつ国々の中でどう実現され,どう対応されてきたのだろうか.本章では女性が働くということを日本社会がどう受け止め,日本の女性就労の何がいま問題であり,今後,どう対応すべきかを,他国との比較を通して明らかにする.

図 2-4 は,2000 年における女性の労働参加率である.日本の値は 42.5％ とドイツの 41.4％ と最も似通っており,スウェーデン,アメリカ,台湾の値が 46％ 以上と女性の高い労働参加率を呈している.日本の労働参加率は他国と比べて特に外れ値にあるわけではなく,図 2-4 で目立つのはイタリアの 30％ という低い女性労働参加率である.

日本は女性の高学歴化が進む一方で,女性の代表的な就労パターンは依然として断続的である.「第 1 回 21 世紀出生児縦断調査」結果によると,出産を経ても就業を継続する割合は 3 分の 1 もいない少数派である (厚生労働省 2003).年齢階層別の女性労働参加率の変化をみ

ると（図2-3），M字型は維持されているが，谷間の位置がシフトして谷間の程度も上昇している．ただしこの変化は，労働市場に留まる女性が増えたことを必ずしも意味するわけではなく，晩婚化することで出産時期も遅れ，労働市場から退出する時期が後に延びたとみることができる（眞鍋　1999；今田　1996）．事実，1990年代終わりから2000年にかけて，出産を経て継続的に就業するものの割合は，それほど大きく上昇しているわけではない（今田・池田　2006）．

　図2-5は欧米と日本の年齢階層別女性労働参加率の3時点の変化である．イギリスは1980年代半ばまでM字型に似たパターンが認められたが，その後谷間部分が上昇して台形となった．日本以外の欧米では男性の就労パターンに近い台形型就労パターンへの移行が認められる．このような女性就労パターンの変化の背景には女性の高学歴化がある．例えば，アメリカではビジネススクールや法科大学院といった専門職大学院が拡大されて，女性の高学歴化とキャリア形成を促していった．女性たちは，たとえ子どもが生まれたとしても，妊娠直前まで仕事をして出産まもなく職場復帰する．キャリアも子どもも，といったスーパーマムが登場したのも1980年代である．大卒のみならず，ビジネススクールのMBAや法科大学院の学位をもった高学歴女性は，出産といえども空白の時間をできるだけ切り詰める（白波瀬　2003b）．1980年代のアメリカの大きな社会変化のひとつが，幼い子をもつ母親が労働市場に留まるようになったことにある．出産直前まで仕事をし，出産して間もなく何事もなかったように出勤するスーパーマムの登場である．

　スウェーデンも既婚女性の労働参加率は高い．1970年代の税制改革を機に，夫一人だけの収入では家計を維持することが難しくなり，妻の労働参加が促された．さらには，地方分権化に伴う公的セクターの拡大も，女性雇用を促すきっかけとなった．家庭外保育も充実され

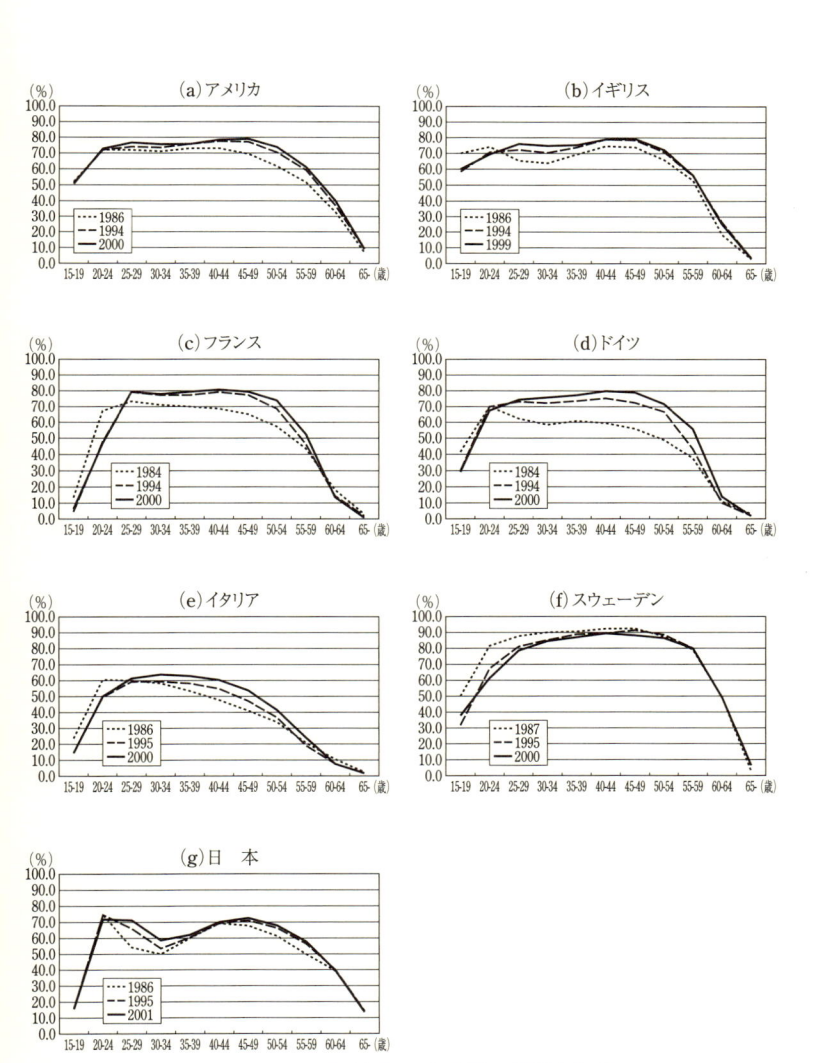

図 2-5 各国の年齢階層別 女性の労働参加率
出所：Labor Force Statistics (OECD).

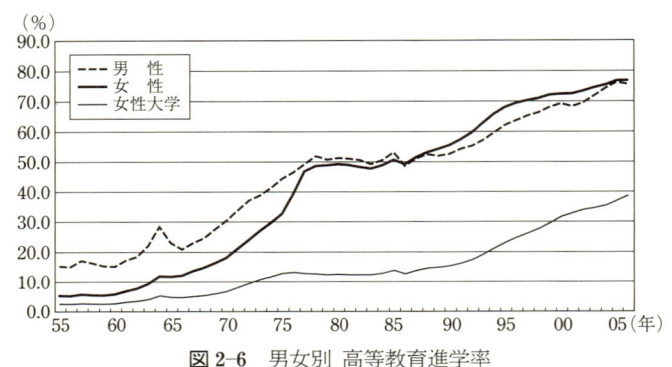

図 2-6 男女別 高等教育進学率
出所：『平成19年 文部科学統計要覧』(文部科学省).

て，仕事の場と家庭との両方における男女平等をうたうスウェーデン政府のもと，女性の労働参加は男性型に近づき，出産・育児が就労継続の障害とはならないような社会的支援政策が積極的に展開された．一方，日本と同様，低出生率で悩むイタリアでは女性の高学歴化が進んで，硬直的な労働市場を前に仕事か家庭かの二者択一が迫られる．その結果，高学歴を取得した女性が仕事を選び，出生率の低下に拍車がかかっている（森 2006）．

2 女性の高学歴化と労働参加

図 2-6 は，戦後日本における男女別，高等教育への進学率[3]の変化である．戦後日本の高度経済成長とともに，急速に高学歴化したこ

---

[3] 高等教育機関への進学率（過年度高卒者等を含む）とは，大学学部・短期大学本科入学者数（過年度高卒者等を含む），高等専門学校第4学年在学者（国立工業教員養成所入学者（昭和 36-41 年），国立養護教諭養成所入学者（昭和 42-52 年）を含む），専修学校（専門課程）入学者数を3年前の中学校卒業者数および中等教育学校前期課程修了者数で除した比率．ここでは，浪人を含む進学率をいう．

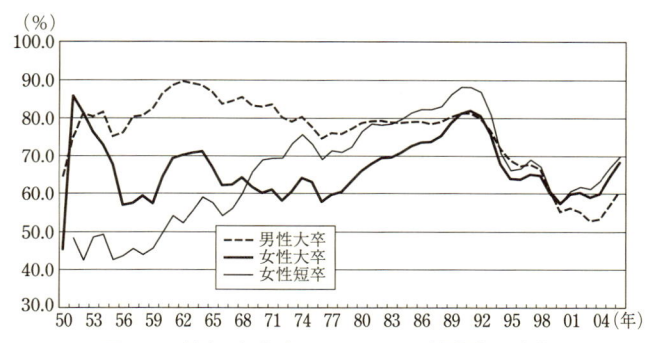

図 2-7　男女別 大卒（女性短大卒）就職率の変化

出所:『平成19年　文部科学統計要覧』（文部科学省）．
注：各年3月卒業者のうち，就職者（就職進学者を含む）の占める割合である．

とが一目瞭然である．しかし，女性の場合の高等教育といっても，1990年代半ばまでその多くが短大進学者であった．バブルが崩壊したあとの90年代半ば，女性たちは短大よりも大学へと進学し，2006年時点で，大学への進学率（浪人含む）は，男性52.1％，女性38.5％である．女性の高等教育において短大への進学率が高かった背景には，大卒よりも恵まれた就職率があった．

図2-7でもわかるように，高度経済成長期において女性の高等教育進学率が上昇する一方で，女性大卒者の就職率は1970年代半ばの第1次オイルショック後まで低迷する．その後，バブル景気が起こる1980年代半ばから大卒女性の就職率が急速に上昇し，その上昇程度は短大卒就職率に追いつく勢いであった．1990年代に入ってまもなくバブル経済がはじけ，女性短大卒，女性大卒にかかわらず就職率は急落する．そこでは，もはや短大に進学するメリットは薄れ，女性たちは短大から大学へと進学進路を変えていった．一方，男性大卒者のバブル経済崩壊による痛手は女性大卒者よりも大きく，2000年代半ばまで男性大卒就職率は女性大卒就職率を下回ることになった．

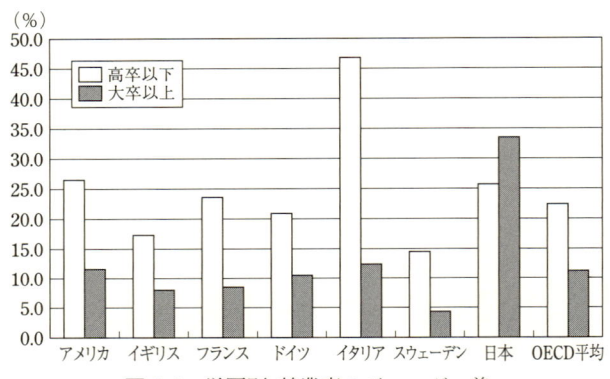

図 2-8 学歴別 就業率のジェンダー差

出所：*Employment Outlook*（OECD 2002）Table 2.2（p.74）より作成．

大学卒業後の就職率をみると男女の間でそれほどの違いは認められず，高等教育を得て男女ともに同等の人的資本量を保有したものが労働市場へと参入する．事実，篠塚英子（1982）は，学歴で代表される人的資本量の違いを考慮にいれると男女間での賃金格差の大半が説明されるとする．しかしながら，大学を卒業し労働市場に参入後しばらくすると，男女の間で違いが発生する．それが，出産・子育てに伴う男女の就労パターンの違いである．平成14年就業構造基本調査によると，夫婦と子どものみからなる世帯のうち，3歳未満の子をもつ母親の有業率は1割に満たない（総務省 2004）．高学歴女性の就業率が低いことは，すでに指摘されている（大沢真知子 1993; Brinton 1993）．白波瀬佐和子（Shirahase 2007d）は，1990年代半ばのSSM調査とルクセンブルグ所得データを比較分析した結果，日本だけが女性の就業継続への有意な学歴効果が認められなかった．ダグラス・有沢の法則としてよく知られているように，日本の既婚女性の就業決定は，夫の所得によるところが大きいことが再確認された（松浦・白波瀬 2002）．

図 2-8 は，高卒とそれ以上の学歴を取得したものの就労率の男女差である．欧米では，高学歴層におけるジェンダー差が高卒層におけるジェンダー差よりも小さくなっている．つまり，高学歴を取得した女性の就労率が高くなることで，就労率の男女差が小さくなる．特にスウェーデンの高学歴層における就労率のジェンダー差は 5% にも満たない．大卒者就労率のジェンダー差は大きくてもアメリカ，ドイツの 1 割程度である．しかし日本だけは，同様のパターンが認められない．日本は，高卒者よりも大卒者の間での就労率の差が大きく，大卒女性の就労率が他国に比べて低いことがわかる．日本の女性は大学まで進学しても大卒男性と同じ程度の就労率を呈しない．その原因は一体どこにあるのか．まず，女性の就労参加の規定要因を 2000 年データで再検討し，だれが就労するのかを規定する要因について検討する．

表 2-1 は，59 歳以下の妻就労を規定する要因について，多項ロジット分析[4] をした結果である．仕事と一言で言っても，その内容は異なる．特にフルタイムかパートタイムかによって規定要因が異なっており（永瀬 1994），仕事の有無としてひとくくりにできない．そこで本分析では，無業をベースカテゴリーとして，フルタイムか否か，パートタイムか否かの多項ロジット分析を試みた．ただ，スウェーデンの 2000 年データには，妻就労においてフルタイム／パートタイム就労を区別できる変数が含まれていないために，本分析ではスウェーデンのみ仕事の有無を従属変数とする二項ロジット分析を行った．投

---

[4] 多項ロジットとは，0-1 の 2 値を従属変数とする二項ロジットの応用であり，ベースカテゴリー（ここでは妻無業）との比較をもって一連の独立変数の影響をみる．例えば，カテゴリー i をベースとするカテゴリー j に関する多項ロジットを次のように現すことができる．

$$\log \frac{Pr(y=j)}{Pr(y=i)} = \log \frac{P_j}{P_i}$$

P_j と P_i は，j 番目カテゴリーと i 番目カテゴリーの確率を示す．

表 2-1 妻就労に関する多項ロジット分析結果

	アメリカ	フランス	ドイツ	イタリア	スウェーデン[1]	台湾	日本[2]
フルタイム							
定　数	1.244**	−7.041**	−7.010**	−4.299**	−6.583**	−2.461**	−5.240**
妻年齢	0.185**	0.382**	0.379**	0.317**	0.281**	0.217**	0.231**
妻年齢2乗	−0.002**	−0.005**	−0.005**	−0.004**	−0.003**	−0.003**	−0.003**
高卒ダミー	1.067**	0.553**	0.641**	1.439**	0.958**	0.329**	0.293
大卒ダミー	1.567**	1.325**	1.518**	2.603**	1.091**	1.250**	0.576**
子どもの有無	−0.473**	−0.360**	−1.268**	−0.344**	−0.174	0.028	−0.460**
未就学児の有無	−0.878**	−0.571**	−2.050**	−0.146	−0.114	−0.478**	−0.690**
夫所得（対数）	−0.323**	0.033	−0.025**	0.111	0.221**	−0.023**	−0.032
夫所得欠損ダミー[3]							−0.650
パートタイム							
定　数	0.093	−10.226**	−6.750**	−6.234**		−6.318**	−5.267**
妻年齢	0.112**	0.494**	0.353**	0.387**		0.043	0.218**
妻年齢2乗	−0.001**	−0.006**	−0.004**	−0.005**		0.000	−0.003**
高卒ダミー	1.240**	0.571**	0.512**	0.970**		0.711*	−0.020
大卒ダミー	1.637**	0.798**	0.859**	1.050**		0.483	−0.360*
子どもの有無	0.230**	0.108	−0.054	−0.037		0.634**	0.310
未就学児の有無	−0.520**	−0.271	−1.007**	0.026		−1.030**	−1.100**
夫所得（対数）	−0.144**	0.018	0.018*	−0.085		0.028	−0.023
夫所得欠損ダミー							−0.330
N	16,875	2,929	4,541	2,246	5,317	8,145	3,174
−2対数尤度	29409.78	5797.59	7730.43	3937.27	3274.00	8761.82	5499.53

注：1）スウェーデン 2000 年データにはフルタイム／パートタイムの区別がないので，ここでは二項ロジット分析結果を示す．
　2）日本データでは所得が階級値で回答されているので，ここでは中点をとって連続変数と見立てた分析結果である．
　3）日本データにおいて，配偶者収入の欠損値が多いため，欠損ダミー変数を投入した．
　4）*5％水準で有意，**1％水準で有意．
出所：2005 年 SSM 調査（日本），2000 年 LIS（他国）．

入した独立変数は,妻年齢,妻年齢2乗,妻高卒ダミー,妻大卒ダミー,子どもの有無,未就学児の有無,夫収入(対数値)である.

表2-1の妻フルタイム就労についてみると,最も注目すべき発見は,日本においても妻の大卒学歴が有意な効果を呈していることである.これまで日本における既婚女性の就労決定に学歴が有意な効果を呈しないといわれてきたが,本分析結果をみる限り,特に大卒に関してはその効果が他国と同様に認められる.大卒者は義務教育修了者に比べてフルタイム就労に有意に就きやすい傾向にあり,他国についても高卒,あるいは大卒であることは労働市場への参加を促す効果をもつ.一方,これまで日本女性の就労参加は,自らの学歴よりも夫の収入によって大きく左右されてきた(Brinton 1993; 大沢真知子 1993; Shirahase 1997).それは就労という労働市場における人的資本というよりも子育てという次世代育成に母親の高学歴が活用されるとして(Brinton 1993; White 1987),日本の教育ママぶりが強調されてきた.しかし,2005年SSM調査分析結果をみる限り,妻の高学歴は単に子育てに活用されるというよりも労働市場へのフルタイム就労を規定する要因であり,それは欧米の就労決定メカニズムに近づいてきたとも解釈できる[5].

夫の収入については,スウェーデンを除き,どの分析対象国でもマイナスの効果を呈しており,夫の収入と妻収入の関係は負の相関にある.しかし,本分析結果をみる限り,日本では,フランス,イタリア同様に,夫の収入効果が認められない[6].

---

5) 既婚女性の学歴効果の変化をみるために,1995年SSMデータを2005年SSMデータで比較検討してみた(結果表省略).その結果,1995年時点では,確かに妻の学歴効果は認められない.しかし,2005年データでは,妻の学歴効果が認められ,高卒,あるいはそれ以上の学歴を獲得することで妻のフルタイム就労が促される.
6) すでに述べたように,日本のデータではもともと階級値で情報収集された結果

表2-1のパート就労結果に戻ってみよう．日本のみ，大卒効果がマイナスとなっており，フルタイム就労とパートタイム就労に対する高学歴効果が逆になっている．日本以外では，高卒，大卒であることは，フルタイム／パートタイム就労にかかわりなくプラスの効果を呈しているが，日本だけがその効果の方向が異なる．フルタイムに関しては大学を卒業していることはプラスの影響を及ぼすが，パートタイムに対してはマイナスである．パートタイム就労とフルタイム就労の労働市場における位置づけの違いが，相反する学歴効果として現れたと考えられる．ただし，女性就労者におけるフルタイムとパートタイムの賃金格差が日本においてだけ大きいわけではない．フルタイムとパートタイムの格差という点ではアメリカのほうが日本よりも大きい．しかし，日本では，既婚女性にとってのパートタイム就労の中身やその意味が大きく異なり，高学歴の有配偶女性がパートタイムに就く確率は義務教育のみ就労の有配偶女性に比べて有意に低い結果となった．仕事の内容，その位置づけ，経済的報酬程度など，既婚女性にとっての仕事の中身がフルタイムとパートタイムの間で大きく異なり，女性内での仕事の階層化が日本で顕著に認められる．

　本結果から，日本では，女性の間でフルタイムとパートタイム就労格差が認められ，この格差は，女性内でのマンパワーと仕事のマッチングを学歴ごとに明確に分断化することを促す．専門職，例えば教師のパート就労が見受けられるヨーロッパとは異なり，日本のパート就労は低スキルの職種に限られる傾向が高い．女性就労のなかで，フルタイムとパートタイムとの間に大きな溝があるために，学歴効果が逆

を連続変数に見立てて，線形的な効果を検討した．そこで所得変数をダミー変数にして同様の分析をすると，妻のフルタイム／パートタイム就労に関する夫の収入効果が確認された．したがって，本分析結果をして，日本では夫の収入が妻の就労を規定しなくなったと結論づけるのは時期尚早である．

となって現れた.

3 労働市場のジェンダー格差

 日本の既婚女性の労働参加率の規定構造は,近年欧米と似通ってきた.それでも日本におけるジェンダー間賃金格差の大きさは依然として指摘されており(中田 2002),女性の管理職割合の低さも大きな賃金格差のひとつの要因として指摘されている(白波瀬 2005ab).図2-9 は,各国の男女間賃金格差の時系列変化である.日本は格差が改善されている傾向にあるものの,他の OECD 諸国に比べると賃金のジェンダー格差が大きい.一方,イタリアは女性の労働参加率そのものは低いものの,就労者間での賃金格差は比較的低い.労働するか否かのハードルが高い一方で,いったん労働市場に入ってしまえば男女間での賃金格差はそれほど大きくない.日本は,女性の労働参加率そのものは他の OECD 諸国とそれほど大きく変わらないものの,労働市場内部でのジェンダー格差が大きい.そこで男女間賃金格差のもつ意味をもう少し詳しく検討してみよう.

 労働市場におけるジェンダー格差として注目されてきた点に職種がある.社会学は経済学よりも職種の違いに注目してきた.その大きな理由は,賃金というよりも,どのような職種に就くかが社会的な評価を伴う社会的地位の違いをより反映しているとみなしてきたからである(Parkin 1971).賃金,収入と職種は完全に連動していないが,無関係ではない.収入が同じであることと,職種が同じこととでは,社会的地位の違いにどのような影響をもたらすのだろうか.これまで日本では年功賃金制度のもと,ライフステージが右上がりの賃金プロファイルによって対応してきた.社会的地位の違いを最も端的に表すものとしてライフスタイルの違いがあるが,このライフスタイルの違

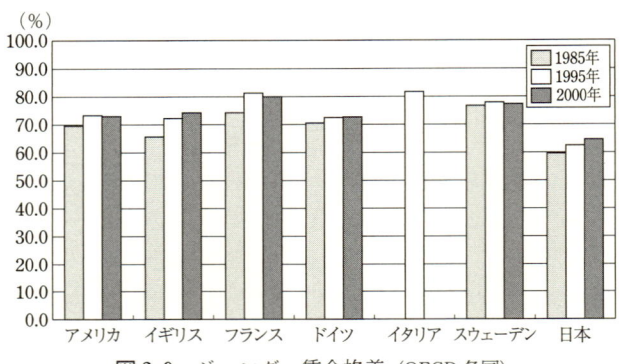

図 2-9　ジェンダー賃金格差（OECD 各国）
出所：*Labor Force Survey*（OECD）．

いは，収入の違いよりも職種の違いに反映されるとみなされてきた．職種は社会学においてまさしく社会階層のバックボーンとして位置づけられてきたのである（Parsons and Smelser 1956; Blau and Duncan 1967）．そこで，職種がジェンダー間で分断されている点に着目した研究が 1980 年代を中心に展開された（Beller 1982; Reskin 1984; Rosenfeld 1984; Blau 1984）．いくら女性の労働参加が高まっても，労働市場において男女が同じ土俵で競合するわけではない．これが，職種のジェンダー分断研究の視点である．P. ルースは，産業諸国において，女性が事務職に偏り，男性がブルーカラー職に偏るというパターンは共通することを指摘し（Roos 1985），職域が男女間で分離しているのは産業諸国において共通している（Grusky and Charles 1998; Jacobs and Lim 1992）．日本もこの点は同様で，職種は男女間で分断されている（Shirahase and Ishida 1994; Brinton and Ngo 1993）．しかし，その程度は国によって異なる．表 2-2 は職種のジェンダー分離の程度を非類似指数（Dissimilarity Index）で示した結果である（Duncan and Duncan 1955）．この値は，男女

表 2-2　各国の男女別 職業分布と非類似指数（2000 年）

職　業	アメリカ 男性	アメリカ 女性	イギリス 男性	イギリス 女性	フランス 男性	フランス 女性	ドイツ 男性	ドイツ 女性	イタリア 男性	イタリア 女性	スウェーデン 男性	スウェーデン 女性	日本 男性	日本 女性
管　理	13.5	11.3	19.2	11.7	10.9	6.0	5.7	3.2	5.9	1.7	6.8	2.8	4.5	0.8
専　門	16.1	21.2	15.9	16.4	27.4	28.9	16.4	40.1	23.7	32.1	26.6	28.8	6.8	14.0
技　術	7.3	6.8	8.3	9.3	0.0	0.0	9.0	2.1	0.0	0.0	9.8	11.2	6.4	0.7
事　務	5.7	23.5	8.1	26.0	6.2	24.0	1.7	6.0	9.9	20.4	5.6	13.3	12.7	30.0
販　売*	7.6	9.8	—	—	—	—	8.0	15.2	6.1	10.9	3.1	6.1	16.3	13.4
サービス	10.5	17.6	8.3	23.7	6.0	20.7	8.0	12.9	6.8	9.9	4.3	24.1	13.9	14.9
農林漁業	3.9	1.1	1.6	0.3	5.6	2.6	3.0	1.9	3.7	2.5	3.2	1.1	4.9	5.3
生産工程	23.7	4.8	31.3	4.3	38.2	7.3	44.6	11.8	28.6	11.0	30.1	5.2	22.2	14.6
単純作業	11.8	4.0	7.3	8.3	5.9	10.5	3.6	6.9	15.4	11.6	10.6	7.5	12.4	6.3
全　体	100.0	100.0	100.0	100.0	100.0	100.0	100.0	100.0	100.0	100.0	100.0	100.0	100.0	100.0
非類似指数	32.15		35.86		38.64		43.28		26.72		34.07		25.89	

出所：*Yearbook of Labor Statistics*（ILO）．
注：*イギリスとフランスは販売はサービスに含まれる．

それぞれの職業分布を同じにするために男性あるいは女性がどれくらいの比率で職業を変わらなければいけないかを意味し，職業分離がまったくないゼロから職業分布が男女でまったく異なっている場合の100までの値をとる．

　表2-2から，日本の非類似指数が最も低い．日本は英米に比べ，男女間で職業分布があまり変わらないことは，すでに白波瀬・石田（Shirahase and Ishida 1994）によって指摘されている．賃金格差の大きさをはじめとする労働市場におけるジェンダー格差の大きさが指摘されてきたことを考えると少々意外な結果である．しかしながら，ここでの低い非類似指数をもって労働市場における男女格差が小さいと結論づけることはできない．なぜなら，ここでの値は9つの職業カテゴリーをもって算出した結果であって，労働市場における男女格差の程度を必ずしも十分反映しているとはいえないからである．事実，日本では，職業カテゴリーの周辺分布のみならず，職業カテゴリー内

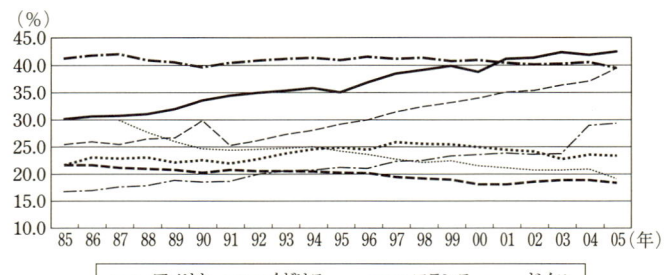

図 2-10　各国の女性就労に占めるパート割合
出所：*Labor Force Statistics*（OECD）.

の男女格差がある．それは，フルタイム／パート就労といった従業上の地位の違いや，管理職といった昇進ルートの違いである．特に，近年の既婚女性の就労参加の上昇の背景には，パート就労をはじめとする非正規雇用の拡大がある．

図 2-10 に示すとおり 1985 年以降の女性就労者内のパート就労割合の上昇は，日本がドイツと並んで急激であることがわかる．イギリスの女性就労者内パート割合は 1985 年以降それほど大きく変化がないが，もともと女性就労に占めるパート就労割合が高い．一方，スウェーデンはこれまで職種における男女間格差が大きく，女性のパート就労が多いことが指摘されてきたが，女性労働のパート比率は近年低下の傾向にある．イタリアも 2000 年にはいって急激に上昇してきたが，日本やドイツにはおよばない．

日本の職種分布の男女差は欧米よりも低いが，同じ事務職，同じ工場の工程作業員でもパート比率や将来的な昇進チャンスが異なっており，そのことが結果的に女性内の賃金を低く抑えることにもなっている．日本女性の就労パターンが図 2-5 でもみたように断続的であるこ

とに加え，一見同じような職種で同じような仕事にかかわっているかのようにみえて，仕事の中身を詳しくみると，フルタイマーかパートタイマーか，昇進可能性に大きなジェンダー格差が内包されている．このような職種内格差が欧米諸国に比べて依然大きな男女間賃金格差となって現れている．

　戦後，日本の女性労働参加率は一貫して上昇してきたわけでなく，その値もそれほど大きく変化してきたわけではない．しかしながら，女性の働く場や働き方に大きな変化がみられ，雇用者として労働市場に参入する女性が上昇した．しかし，そこでの女性雇用者の量的拡大は，その内部での階層化を促すことにもなった．それはパート就労に代表される非正規就労割合の上昇であり，正規と非正規の間の賃金格差は拡大の傾向にある（篠崎 2001；大沢真知子 1993；古郡 1997；安部 2005；山口 2006）．女性内の賃金格差の拡大は，正規雇用者と非正規雇用者との間の賃金格差によって多くが説明され（篠崎 2001），それぞれの賃金決定構造も異なる（山口 2006；安部 2005）．女性の高学歴化が晩婚化に伴う就業期間を長期化させて正規雇用者の賃金を上げた一方で，非正規雇用者の間では学歴や年齢構成の変化が賃金に反映される程度がかなり低い（安部 2005）．近年の女性，特に既婚女性の雇用労働者の増加は，労働市場における男女格差を縮小したというよりも，中核の男性雇用者とは異なる市場への参入であって，パートといった非正規の雇用形態での低賃金によって女性労働市場内の階層化を下方に押し下げるかたちで進行させていったともいえる．このような被雇用者としての日本女性の労働参加は，全体社会の経済格差の程度にどのような影響をもたらしたのか．次節では，共働き世帯の妻収入の効果を全体社会の経済格差と関連させて検討する．

4 共働き世帯と経済格差

　日本の既婚女性の就労決定は，ダグラス・有沢の法則によって代表されるように，夫の収入程度と逆相関すると指摘されてきた（樋口 1991；大沢真知子 1993；松浦・滋野 1996；松浦・白波瀬 2002）．しかし近年では，夫の収入の妻就労へのマイナス効果が薄れてきたと指摘する研究がある（大竹 2000；2005；小原 2001；眞鍋 2005）．それは高所得カップルの増大として指摘された．妻就労が夫の低い所得を補うというパターンから，夫も妻も高収入を得るハイパーカップルへと共働きのあり方が変容し，それは世の中の経済格差を拡大する方向へと促す（大竹 2005）．事実，59歳以下世帯主世帯の間での共稼ぎ世帯は，1986年の43.8％から2001年の61.2％へと上昇した．確かに共働き世帯は上昇している．しかし，どのような共働き世帯が増えたのかというと，必ずしも夫と同じくらいの高収入を稼ぐハイパーカップルが大きく増えたというわけではない．共働き夫婦の間で夫収入に対する妻収入比をもって，妻低収入世帯（妻収入3割未満），妻中収入世帯（妻収入3割から7割未満），夫婦同位世帯（妻収入7割以上）に分けると，1980年代半ば以降増えたのは，妻収入が夫婦収入の3割に達しない妻低収入世帯である（図2-11）．

　2001年時点で，共働き世帯の過半数は妻収入が夫収入の3割に満たない場合であり，その割合は1980年代半ばから増えている．一方，妻が夫と同程度の収入を稼ぐ同位夫婦は2割程度であって，共働き世帯が増えても妻の就労は家計補助として機能する場合がほとんどである．

　妻が夫の収入と同じくらい稼ぐ共働き夫婦（同位夫婦と呼ぶ）が他国でどの程度いるかをみてみよう（図2-12）．妻収入が夫収入の7割以上を占める夫婦同位割合が最も高いのは，イタリアの72％で，台

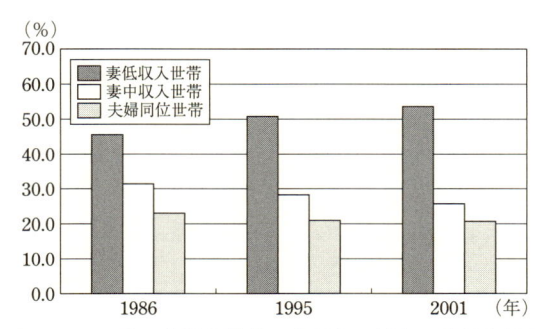

図 2-11 日本の共働き世帯の夫収入に対する妻収入割合
注:妻年齢 59 歳以下の共働き世帯を対象.
出所:国民生活基礎調査(厚生労働省).

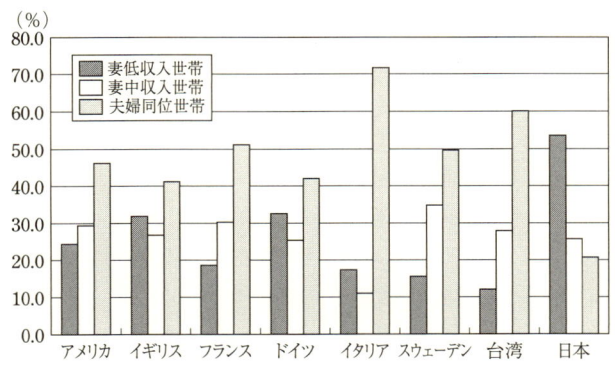

図 2-12 各国の共働き世帯の夫収入に対する妻収入割合(2000 年)
出所:国民生活基礎調査(日本),LIS(他国).

湾の 60% が次に続く.男女平等が進んでいるとみなされているスウェーデンの夫婦同位割合は,フランスとほぼ同じ半数である.一方,日本における同位夫婦割合は 2 割程度ときわめて低く,妻収入が夫収入の 3 割に満たないケースが過半数である.ただ,夫と同じくらい妻も収入を得ることが必ずしも豊かな家計を意味するものではない.夫

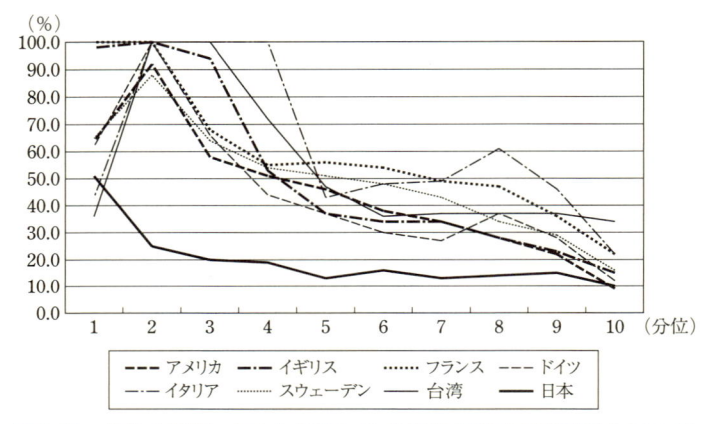

図 2-13 共働き世帯に占める夫収入 10 分位別 同位夫婦世帯割合(2000 年)
出所：国民生活基礎調査（厚生労働省）（日本），LIS（他国）．

婦共働きである世帯を対象としているので妻就労を規定する構造を考慮に入れなくてはならず，それについては表 2-1 で検討した．イタリアにおいて夫収入効果は有意ではなく，それよりも妻の学歴が大きな効果を示した．近年イタリアでは急激に女性が高学歴化しており，結婚をしても子どもをもたずに仕事に就くケースが多い．一方，台湾では夫収入はマイナスの効果を呈していた．夫と同じくらい妻が稼ぐことが，豊かな家計を必ずしも意味してはいない．

そこで，夫収入 10 分位別の夫婦同位共働きの世帯割合をみたのが図 2-13 である[7]．まず日本に着目すると，どの収入層においても夫婦同位世帯は他国に比べて低いことが一目瞭然である．夫同様に稼ぐ

---

7) イタリアや台湾の第 3 分位や第 4 分位のところで同位カップル割合が 100% を超えるのは，夫収入が比較的低いところで妻収入が夫収入と同じあるいはそれ以上のカップルが少なくないことを意味する．なお，本分析ではライフステージをより限定するために，世帯主年齢が 49 歳以下を対象にした．

妻というのは，豊かというよりも低い夫の収入を支える低所得層に高い傾向にある．このパターンは他国においても認められ，特に，第1，第2分位といったところでは夫の収入というより妻の収入で家計を切り盛りしている世帯が多い．夫と同じくらい稼ぐ共働き層というのは豊かというよりも貧しい層に多くみられる．ただし，日本はたとえ低所得層でも夫婦同位世帯割合は5割程度と，比較対象国の中でも低いことが目立つ．

一方，所得格差との関連で議論されているハイパーカップルは，いわゆる夫収入が第9，第10分位のあたりをさす．そこでの同位カップル割合は1割にも満たず，アメリカでさえ，第9，第10分位の超高給を稼ぐ夫の妻が同等の給与を稼ぐ割合は2割から3割程度である．日本のハイパーカップルの割合も1割程度とごく少数派である．

では，全体の経済格差を妻収入がどの程度説明する効果があるのか．平方変動係数（Squared Coefficient of Variation：SCV[8]）を用いて所得要因ごとに分解し，全体の経済格差に対する効果を測った．SCV を用いて，妻収入の効果を国別に算出したのが図2-14 である．

妻収入効果が最も高いのは，アメリカ19％で，イギリスの18％が次にくる．一方，妻収入効果が低いのはイタリアで，既婚女性の就労率そのものが低いこととも関連している．日本は1割程度で，スウェーデン，ドイツの値と似通っている．図2-14からいえることは，妻収入が全体の経済格差に与える効果はせいぜい2割程度であって，経済格差の多くは夫（世帯主）の雇用収入によるところが大きく，この点は日本のみならず欧米・台湾にも共通する．既婚女性の家庭外就労

---

[8] $$SCV = \sum_k \frac{cov(Y_k, Y)}{\mu^2} = \sum_k \frac{1}{2}\left[\frac{Var(Y_k)}{\mu^2} + \frac{Var(Y_k) + 2Cov(Y_k, Y - Y_k)}{\mu^2}\right]$$

Y_k は第 k 所得源泉．

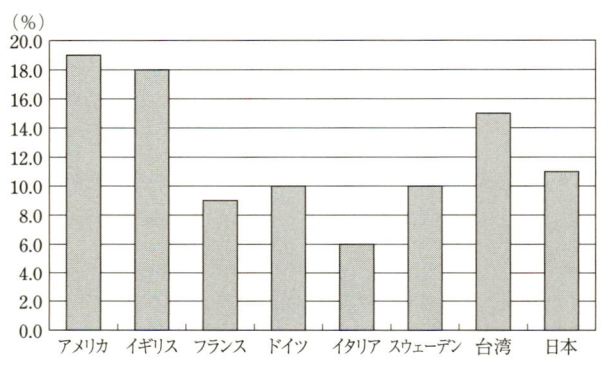

図 2-14 妻収入が全体の所得格差に及ぼす影響 (2000年)
出所:国民生活基礎調査(日本),LIS(その他).

アメリカ 19.0、イギリス 18.0、フランス 9.0、ドイツ 10.0、イタリア 6.0、スウェーデン 10.0、台湾 15.0、日本 11.0 (%)

参加が増えたといえども,全体社会の所得格差に与える程度は依然限定的である.欧米を中心に1980年代,幼い子をもつ母親が労働市場にとどまるようになった.しかしそれでもなお,賃金のジェンダー格差が存在し,職種分布にもジェンダー差が存在する.昇進機会においても男女同等ではない.労働市場におけるジェンダー格差が今なお重要な研究テーマであり続ける理由がそこにある.

5 これからの女性の働き方をめぐって

日本の女性労働参加率が欧米に比べて大きく違うわけではないし,高等教育機関に進学する女性が増えたことも欧米と共通する.女性は男性に比べて平均的に賃金が低く,職種に男女間で偏りがみられ,女性は男性に比べて断続的な働き方を呈する.これらの事実は労働市場における高いジェンダー格差として日本を特徴づける.しかし,男女間賃金格差やジェンダーによる職種の分断や昇進機会の違いは,日本だけでなく欧米にも共通する.ジェンダーの問題は日本だけに限らず,

多くの国で共通する社会問題でもある．本章では日本の既婚女性の働き方について，いくつか特徴的なことが明らかになった．

まず，女性の高学歴化と就労率の関係が日本は必ずしも直接的に連動していない．特に，高学歴女性の継続的就労という点において日本は遅れをとっている．図2-8でみたように，日本だけ，高学歴取得者の就労率のジェンダー差が高卒者の間よりも大きく，高学歴女性が就労しない割合が欧米に比べて大きい．その原因のひとつとして考えられることは，高学歴を取得してもそれに見合う就業機会，昇進機会が開かれていないことである．事実，妻収入の家計への貢献度が低いということは，例えば，子どもを育てつつ就業を継続するに伴うコストに見合うだけのベネフィットが提供されていないことを示唆する．それなりのベネフィットがなければ，子どもを抱えて仕事を続けるインセンティブは低くなる．潜在的に優秀な人的資源を有していようとも，それを実際に活用する際に生じるコストを個人だけでなく，企業や社会が共に負担する必要がでてくる．すなわち，いくら潜在的に優秀な人材であってもその能力を十分発揮できるチャンスや環境が整っていなければ，そのままになってしまう．

もっとも，フルタイムで働き続けることを最善の目標値として設定すべきかどうかは検討しなければならない．これは，女性のみならず男性を含めた働き方を今一度考え直すことに通じる．例えばスウェーデンでは幼い子をもつ8割以上の女性が働いているが，子どもが幼い間もフルタイムで仕事を続けるのがよいとするものはそれほど多くない（詳しくは第5章を参照のこと）．日本では，3歳児神話がよく引きあいにだされるように，子どもが3歳になるまでは母親が子育てに専念すべしという考え方が若者を含めて深く根付いている（国立社会保障・人口問題研究所 2006c）．しかしここで，多くの男女がこだわる3歳児神話をくだらないことだとして諭すよりも，ライフステージ

に沿った柔軟な働き方をいかにして実現できるかを，制度設計と並行して検討した方がよい．子育てをしながらフルタイムの仕事を継続するのはひとつの選択肢である．しかし，フルタイム就労が長い時間的拘束を余儀なくされ，移動（転勤）を通して主たる昇進機会が蓄積される雇用システムが存続する限り，子どもを産み，育てながら中核的仕事をこなしていくライフスタイルは容易に実現しえない．仕事も家庭もという生活を求めるのであれば，長いライフコースの中で柔軟に仕事にかかわることのできる働き方を制度的に設計するほかない．1日10時間働く時期があってもよいが，1日5時間就労を週3日こなしながら子育てする時期があってもよい．多様なステージにいるものが混在するので，助けあいの循環を社会全体でつくればよい．あるときは助けてもらう時期があっても，次にはだれかを助ける側に立つ．そのようなもちつもたれつの「おたがいさま」社会の形成が求められている．

　政府は1990年の「1.57ショック」以来，仕事と子育ての両立支援を中心とした少子化対策を推進してきた．それでも少子化に歯止めはかからないし，女性の管理職割合はまだ低く，男女間の賃金格差も大きい．では，少子高齢社会の女性就労対策として何がなされるべきなのか．まずは，労働市場における男女賃金格差の解消である．結婚しても夫婦共に働き続けるには，互いのキャリアを調整し，子どもができると子育てや家事の役割を分担しなくてはならなくなる．子どもをもち，家庭をもつことが一概にコスト（負担）であるとはいえないが，異なる役割（就労者，親，生活者）を同時並行的に遂行するうえでコストは常に発生する．そのコストを個人や家族だけで受け止めきれないことも多く，そこでは子どもを産むか否か，仕事を続けるか否か，といったゼロか100かの決定が迫られることになる．だからこそ，様々なリスクを分散する社会システムが必要である．

欧米を中心とした国際比較のなかでみえてきたことは，日本の妻収入の貢献度がきわめて低いことである．妻の高学歴化は進行した．しかしそれに見合うだけの雇用チャンスが用意されていない．もっとも，高学歴を取得することが継続的なキャリア形成を志向するとみなすこと自体，発想の転換をはかるべきなのかもしれない．例えば，近年アメリカでは，有数の専門大学院の学位をとってかなりの高給を取る女性たちが子育てのために家庭に回帰していった[9]．そこでは，男性に勝るとも劣らないキャリアを獲得することもさることながら，子育ても家庭もキャリアのために犠牲にしたくない，と主張する女性たちがいる．そんな選択ができるのは，彼女らを支える高給取りの夫がいるからである．だからこそ，高学歴女性は家庭にどっぷりつかってみたい贅沢を満喫する選択ができる．事実，アメリカでは既婚女性の労働参加率を夫の収入レベル別にみてみると，ボトム25％層とトップ5％層の妻就労割合が低い（白波瀬 2007b）．妻の就労率そのものは上層と下層で似通っているが，その就労行動の背景は両者で異なる．上層の妻は働かないという選択を積極的にとることができる状況にあり，下層の妻は高い子育てコストを考慮するとそれに見合う職が見つからないために働けない状況が予想される．

　日本はというと，高い学歴や良質の人的資本にみあうだけの就労機会が限られている．共働き夫婦での妻収入割合はきわめて低く，夫と同じくらい収入を得ているのは低所得層である．ハイパーカップルどころか共働き夫婦でも低所得カップルが増えている．さらに，女性労働者内でフルタイムとパートタイムの格差も大きく，特に，パート就

---

[9] マスコミでも注目されたアメリカの高学歴女性の家庭回帰がどの程度，社会変動として十分効果が大きく，安定した変化であったかは慎重でなければならない（Percheski 2008）．

労に代表される非正規就労がいかに低い位置にあるかは，日本における大卒効果がマイナスであったことからも想像できる．これからの少子高齢化に向かって，パートとフルタイムの格差を縮小し，両者の間の行き来を流動的にするような柔軟な働き方こそが，女性だけでなく男性にも求められている．

　いま世の中がグローバル化し，ヒト，モノ，カネが国境を超えて飛び交うなか，人々の生き方もこれまでとは違っている．しかしだからといってこれまでの生き方がまったく消滅してしまうかというとそうではない．ただ，少子高齢社会を迎えて，諸制度の前提条件やものの捉え方自体を考え直す時期に来ており，将来を見据える視点そのものがゆらいでいる．そこでは，硬直的な制度や枠組みが足かせとなる．女性の働き方や働く意思決定が自らの学歴だけでなく夫の収入や子どもの年齢，世帯類型（親との同居）に大きく左右されているのが現実である．このようななか，潜在的な女性の良質な労働力を有効活用するためには，まず労働市場における男女賃金格差の解消を最優先に，パート就労をはじめとする非正規雇用との格差をできるだけ縮小しなければならない．少子高齢社会での積極的な女性活用を実現するには，男性をも巻き込んだ働き方の抜本的見直しと，一生を通じて働き続けることのメリットが実感できる報酬システムの構築が求められる．

3 子どものいる世帯の経済格差

　女性は労働参加するにあたって,ライフコースからの影響を受けやすい.その例として,結婚,出産に伴う離職がある.第2章でも触れたように,日本女性の年齢階層別就労はM字型をえがき,断続的な職歴パターンが優勢である.特に子の出産に伴う就業中断が多くみられ,そこがワーク・ライフ・バランスを推奨する政策的根拠のひとつともなっている.そこで本章では,子どものいる世帯に着目して経済格差を検討し,子育て支援へのニーズとも関連させて考察を試みる.

1　進行する少子化

　1989年,合計特殊出生率(以降,出生率)は1.57となり,前年の1.66から1ポイント近く低下した.それは丙午(ひのえうま)1966年の出生率1.58よりも低い値で,出生率低下に対する危機感を強めるきっかけとなった.これが1990年の「1.57ショック」である.それ以来,政府は積極的な「少子化対策」に乗り出す.まず,仕事と子育ての両立支援という観点から,1991年「育児休業,介護休業等育児又は家族介護を行う労働者の福祉に関する法律」(以下,育児・介護休業法)が制定され,1994年には「雇用保険等の一部を改正する法律」が成立して,25%の所得補償が実現した.2001年には育児・介護休業法の一部が改正され,所得補償率も40%に上げられた.さらに,健康保険法,国民年金法が改正されて,育児休業中の健康保険料や厚生年金保険料の本人負担が免除されることになった.

保育所という家庭外保育に重点をおいて，旧厚生省主導による少子化対策も展開された．1994年に「エンジェルプラン」，1999年には「新エンジェルプラン」が策定された．2001年には「待機児童ゼロ作戦」が表明され，家庭外保育の充実がはかられた．2006年4月現在，全国の待機児童数は1万9,794人である（厚生労働省）．1999年，男女共同参画社会基本法が制定されて，ジェンダーという用語が市民権を得た．それでもその間，出生率は1990年の1.54から2000年の1.36へと低下しつづけ，子育てと仕事の両立支援からのみ少子化対策をとらえてきた限界が指摘された．

　そこで，2002年に発足した「少子化対策プラスワン」には4つの柱が加えられた．それらは，①男性を含めた働き方の見直し，②地域における子育て支援，③社会保障における次世代支援，④子どもの社会性の向上や自立の促進，である．2004年6月「少子化社会対策大綱」が閣議決定され，政府は少子化を危機的状況ととらえて，少子化に歯止めをかけるための総合的な対策を積極的に展開していく姿勢を大きくアピールした．2005年には，「少子化社会対策大綱」とその具体的実施計画である「子ども・子育て応援プラン」に基づいて，2009年までの5年間にわたる具体的な施策内容と目標が掲げられた．しかしその後も予想を上回る勢いで少子化が進行したのを受けて，2006年6月には「新しい少子化対策について」が少子化社会対策会議で決定された．

　少子化とは，全体人口規模を維持するために必要な水準（人口置換水準）に出生率が達しない状況を意味する．日本の出生率はこの30年来，人口置換水準（2.08）を大きく下回っており，2006年の出生率が1.32と前年より上昇したといえども，人口置換水準までには大きく届かない．赤川学（2004）は，各国の女性労働参加率と出生率のプロットから，高い労働参加率と高い出生率が両立しうると結論づけ

るのは間違っていると指摘し,物議をかもした.女性の労働参加と出生率を規定する構造は同じではないので,赤川の主張に根拠がないわけではない.しかし,女性の労働参加率と出生率の一時点クロスの重要なポイントは,そこまでに至った経路が各国で異なり,その違いは各国で展開された諸制度と関連していることである(白波瀬 1998).このことこそが,女性労働参加率と出生率の関係をみるうえで議論されるべき最も重要な点である.

図3-1(a)〜(g)は7ヵ国の労働参加率と出生率の1985年以降の時系列変化である.もし,女性労働参加率が高いほど出生率が高いという関係を文字通り捉えるならば,両変数は右上がりの変化を呈するはずである.しかし,図3-1からみてわかるように変化の方向は2つの変数間で異なっており,必ずしも女性の労働参加率と出生率の関係はプラスではないし,時期によってその関係は異なる.

例えば,日本は1980年代後半以降,女性労働参加率と出生率の変化は逆相関している.イギリスも1990年代半ばに両者はクロスしてしばらく逆相関の関係にあったものの,2000年に入って出生率が持ち直した.近年出生率が上昇したことで注目が集まっているフランスでは,労働参加率は一貫して上昇の傾向にあるが,出生率は1990年代初めまで低下しその後持ち直して上昇の傾向にある.ドイツは,1990年の東西統一ドイツ後急激に出生率が低下したが,しばらくして出生率が上向きに転じた.一方女性の労働参加率は東西統一ドイツを機に上昇した.これは旧東ドイツ女性の高い就業率が全体の就労率を押し上げたと同時に,西側の経済体制を東側に導入することで若年失業率が急激に上昇し,出生率も大きく低下したことによる(Kolinsky 1992).スウェーデンは1990年代に入って深刻な経済停滞を経験し,出生率が急激に低下した.その背景には,育児支援制度の所得保障水準が低下したことがある(Palme and Wennemo 1998).し

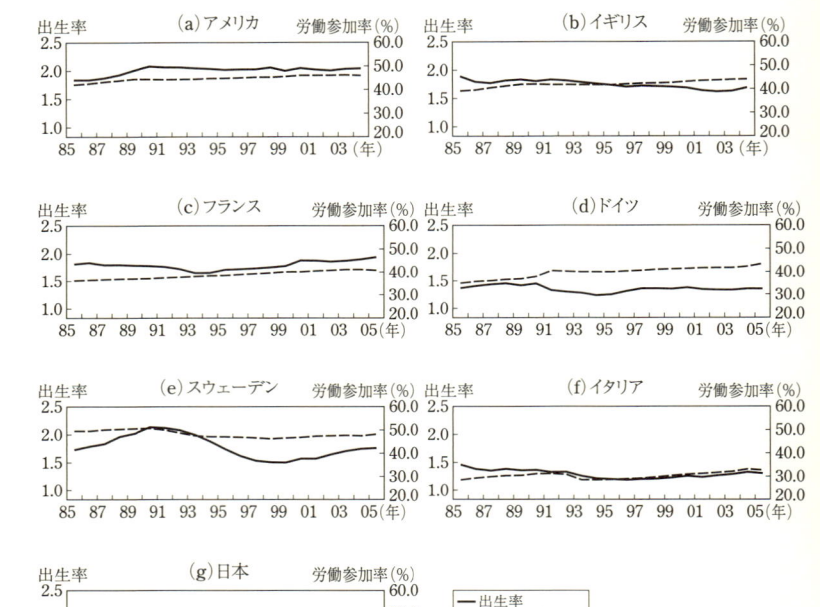

図 3-1 各国の出生率と女性労働参加率の変化
出所：*Labor Force Survey*（OECD）.

かし2000年に入り経済が復興したのに対応して，出生率は上昇の傾向にある．一方，アメリカは出生率，労働参加率ともに緩やかな右上がりを呈しており，普遍的な福祉政策を持たないアメリカの不思議といえるかもしれない．

1990年の「1.57ショック」以来，日本の少子化をなんとか食い止めなくてはならないという危機感を横目に，出生率は低下し続ける．どうして出生率は上がらないのか．何が原因なのか．出生率の上昇を

政策効果とすると，これまでの諸政策は残念ながら十分機能していなかったと言わざるを得ない．しかしながら，出生率はそう簡単に上昇するわけではない（大淵 2004）．さらには，女性の労働参加率を上げることと，出生率を上げること，は同時に両立できるわけではなく，それぞれの支援政策を区別して検討しなければならない．

日本の出生率低下の原因は，大きく2つある．ひとつは，若年層を中心とした晩婚化，未婚化の上昇であり，もうひとつは既婚カップルの出生率の低下である．どうして，若者は結婚しようとしないのか．1990年代，親元で未婚に留まる成人子が増えて，親元を離れる（離家）時期の遅れが指摘された．しかしここでは，親と同居し続けるから晩婚化が進むのか，晩婚化の結果として離家の時期が遅れるのかについて，厳密な答えはまだない．さらには，パラサイト・シングル論で強調されたような，親元で優雅な生活を送る成人未婚子は限られたケースでしかない．親子で同居することで恩恵を受けるのは子どもの側ばかりではなく，成人子と同居することで恩恵を得る親もいる（白波瀬 2005a）．また，親子の関係も時間の経過とともに変化していく．子どもが20代の頃には子どもは世話を焼いてもらう対象であったが，親も高齢になると親自身が世話される側になる．事実，成人未婚子の年齢が40歳を過ぎると，親の健康状況が良くないと訴えるケースが増える（白波瀬 2004）．

1990年代に入ってバブル経済が崩壊し，本格的な低成長時代に突入する．失業率は上昇し，失業とは無縁だと思っていた中高年にもリストラの手がのびる．若者の失業率も大きく上昇して，フリーター，ニートという言葉が登場する．安定した仕事に就いて，それなりの収入を得られないから結婚できない．若者の労働市場における恵まれない状況は，新たな世帯を形成するための資力がなく，結婚に踏み切れない状況を生む．若者の不安定な雇用状況は，若者の晩婚化，未婚化

と密接に関連する（小杉 2003）．

　1990年半ば以降，出生率低下を説明する要因として既婚カップルの出生率低下による効果が上昇した（廣嶋 2000；岩澤 2002；金子 2004）．しかし，これは子どものいない既婚カップルが大きく増加したことを意味しない．事実，結婚期間が15～19年の既婚カップルを対象とした完結出生児数をみると，2005年では2.09人である．子どものいない既婚カップル割合は5.6%，一人っ子割合は11%と少数派である（国立社会保障・人口問題研究所 2006a）．既婚カップルの出生率の低下は3人以上の子どものいる世帯が減ったことによる．

　低出生率への対策を講じる際は，理想子ども数と予定子ども数の違いが強調される．理想子ども数は2005年2.48人で（国立社会保障・人口問題研究所 2006a），もし理想とする子ども数だけ実際に出産すれば少子化は解消される．しかし，現実はそうではない．どうして理想子ども数ほど子どもを産もうとしないのか．その理由として最も多いのが経済的負担である．子育てや教育の経済的負担が大きいために，理想子ども数まで産めない．だとすると，経済的支援を展開すれば理想子ども数に近づくのではないか．1990年の「1.57ショック」以来，政府は積極的な子育て支援策を展開してきた．しかしたとえ，児童手当の対象範囲を広げ支給期間を延長しても，出生率は思うようにあがっていかない．子どもを産み育てるにはお金がかかる．事実，こども未来財団が実施した「子育てコストに関する調査研究」によると，子どもが生まれてから小学校に上がるまでに約440万円もの費用がかかると推計されている．その一方で，30代世帯主で未就学児の子がいる世帯のうち400万円未満所得の世帯が約3分の1いる（こども未来財団 2003）．第一生命経済研究所が「2004年全国消費実態調査」を用いて推計した結果，子ども1人世帯の生涯平均子育て費用は，2,128万円とされる（第一生命経済研究所 2006）．

2000年，出産児数の4分の1以上が，いわゆる「できちゃった婚」と呼ばれ，結婚前に妊娠するのもそれほど珍しくなくなった．晩婚化が進むなか，10代で第1子を出産したものの8割以上はできちゃった婚である（厚生労働省 2006）．彼らの多くが高等教育を受けておらず，それほど高い賃金を得ているわけではない．晩婚化，晩産化が進む一方，若くして子どもをもつものもいる．子育て世帯ではその中身に階層化が進行していることが予想される．そこで本章では，子どものいる世帯を経済格差に着目して検討することで，比較的若い世帯の不平等の中身を探る．

2　子どものいる世帯の経済格差

　本章で分析対象とする子どものいる世帯とは，多くの国際比較に関する先行研究にならって18歳未満の子のいる世帯とし，「子ども」は世帯主からみた続柄によって特定化する．さらに，ライフステージをある程度考慮にいれるために，世帯主年齢が50歳未満の世帯に限定する．

　国際比較分析との整合性も念頭にいれ，世帯主からみた続柄によって世帯構造カテゴリーを作成した．この手順に従うと，親と同居する成人未婚子や親元に暮らす一人親世帯はそれぞれ，核家族世帯，三世代世帯として分類されることになる．「平成15年 母子世帯全国調査」（厚生労働省）によれば，近年母子世帯が増加するなかで，母と子以外の親やきょうだいといった世帯員と同居するケースが3分の1以上いる．したがって，特に母子家庭・父子家庭の親一人世帯の量的な把握が過小評価される点に留意されたい．

(1) 子どものいる世帯といない世帯

子どもがいることでどれだけ経済的福利の程度が異なるのか．日本は1980年代終わりから継続的に出生率が低下している．その背景には子どもをもつことのコストの高さがひとつの原因として指摘される（樋口 1994；永瀬 2001；高山ほか 2000）．出産・子育てに伴う高いコストは，女性の高い機会費用となって出産離れをもたらす．まず，子どものいる世帯といない世帯の経済状況を比較することで，子どもをもつことの経済的ペナルティの度合いをみてみよう[1]．本節では，まだ出産イベントを経験していない（センサーされた）場合が多い20代世帯主世帯を区別して，比較的安定期にある30代と40代の世帯主を中心に検討する．日本の30代・40代夫婦のみ世帯の世帯所得中央値を100とした場合，子どものいる世帯の中央値は1986年の81から1995年の72へと低下しており，子どもの有無に伴い両世帯間で所得格差は拡大傾向にある．そこで，子どものいることが経済リスクをどの程度上げるのかをみるひとつの目安として，子どもの有無によって相対的貧困率（以降，貧困率）がどの程度異なるのかをみた（図3-2）[2]．

30代・40代世帯主の世帯からみてみよう．日本は，子どもがいる世帯8.8%，子どもがいない世帯9.4%と貧困率の差は小さい．両世帯の間で違いが小さいのは，ドイツ，フランス，台湾であるが，そのなかで日本の貧困率は両世帯とも相対的に高いことが特徴的である．

---

[1] 2001年，30代・40代既婚カップルを対象に，夫婦のみ世帯は13.8%と，比較対象国中子どものいない割合は日本が最も低い．他国の対応する値（2000年）は，アメリカ27.1%，イギリス29.4%，フランス21.4%，ドイツ31.3%，イタリア20.3%，スウェーデン19.0%，台湾16.8%であった．

[2] 子どもの有無別貧困率を解釈するにあたって，子どもが産まれたので貧困リスクが高くなった場合と，貧困リスクがもともと高いところに子どもが産まれた場合が混在することは，注意しなくてはならない．

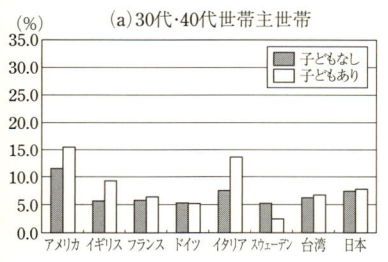

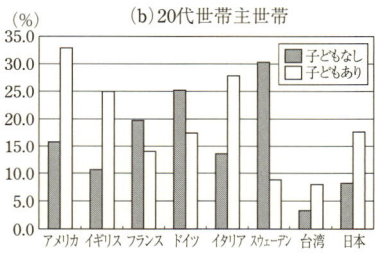

図 3-2 子どもの有無別 貧困率（2000年）
出所：国民生活基礎調査（日本），LIS（他国）．

一方，子どもの有無によって貧困率が最も大きく異なるのは，イタリア，イギリス，アメリカであり，これらの国は市場を重んずる自由主義的福祉国家と家族の機能に大きく依拠する家族主義的福祉国家とされ，普遍的な家族政策という点では限定的である．日本は家族機能が大きいイタリアと類似していることが指摘されているが（西岡 2003），子どもの有無による貧困率の差は小さい．ここで注目すべきはスウェーデンの値である．スウェーデンは，子どものいる世帯の貧困率のほうが低く，子どものいない貧困率のほうが高い．児童福祉対策をはじめとするスウェーデンの充実した家族政策は子どもをもつことで恩恵を受ける一方，子どものいない世帯についてはその恩恵から除外される．子どものいない世帯の経済的リスクが高いのは，充実した家族政策のもうひとつの結果ともいえるかもしれない．子どものいる世帯といない世帯の再分配を強調する家族政策を展開するフランスでは，両世帯の貧困率の差は小さい．一方，スウェーデンと比較すると，両世帯の貧困率はフランスのほうがいずれも高く，社会全体の再分配政策の観点からみると，スウェーデンはフランスよりも良好である．

図 3-2(b)は 20 代世帯主を対象とした結果である．ここでの結果はすでに述べたように，まだ子どもをもたないケース（センサー）を比

較的多く含むため,過渡期にある世帯であることを考慮にいれつつ,結果を解釈しなくてはならない.日本は30代・40代の結果とは大きく異なり,20代における子どもの有無別貧困率の差が大きくなる.他国も20代のほうが子どもの有無別貧困率が高く,その差も大きい傾向にある.それでも,世帯主年齢層による子どもの有無別貧困リスクの違いは日本が大きく,若年層の間で子どもをもつことの経済コストが比較的大きいことが想像される.

日本では,子どものいない夫婦のみ世帯の割合は,結婚期間が15年以上たった夫婦の間でも6%と少数派である(国立社会保障・人口問題研究所 2006a).つまり,結婚した夫婦の多数はいつか子どもを授かる.しかし,晩婚化,晩産化の流れに逆らうかのように比較的早く子どもをもつ夫婦の貧困率は高い.若年層の晩婚化が進む一方で,できちゃった婚(おめでた婚)で代表されるような若くして親になった層の経済状況は厳しい.『平成17年度 出生に関する統計の概要』(厚生労働省 2006)によると,2004年時点で,結婚期間が妊娠期間より短い出生が第1子出生に占める割合は母親が15〜19歳83%,20〜24歳63%である.20代前半の母親のうち3分の2が「できちゃった婚」で,10代については8割以上の多数派が妊娠を契機とした結婚である.ここでは,子どもをもつか否かの選択をする間もなく親になるものが少なからずいる.彼/彼女らは子どもをもつことを出産・子育てコストを考慮して選択したという手続きを踏んでいないぶん,年齢が若く十分なスキルも蓄積されないままに結婚へと見切り発車し,その結果家計がさらに苦しくなる.経済的に苦しいために子どもをもたないことが裏付けられるためには,子どものいる世帯のほうが子どものいない世帯よりも貧困リスクが低いことが予想される.しかしその予想に反して,現実はそうではない.子どもが幼く賃金が比較的低い若年家族の経済リスクを下げるために,幼い子がいる世帯への経済

支援が必要である．その意味で児童手当等をもって幼い子をもつ世帯を支援することもひとつの手であり，子どもがいない世帯との経済格差を縮小する政策にもなりうる．しかし，少子化対策として，出産を促す対策の一環として，児童手当を位置づけることは正しくない．なぜなら，ここでみたように，経済的に高いリスクにさらされているのは幼い子をもつ若い世帯であり，子どものいない世帯との再分配政策が求められているからである．

　アメリカ，イギリス，イタリアといった30代，40代でも大きな貧困率の差を呈した国は20代ではさらに大きな貧困率の差が認められる．一方，フランス，ドイツ，スウェーデンについては，子どもをもつことによる貧困リスクは低く抑えられており，それは若年層において特に明らかである．特にスウェーデンは1990年代の厳しい経済状況から立ち直っておらず，子どものいない世帯の貧困率はかなり高いが，子どものいる世帯での貧困率は低い．スウェーデンの子どものいない世帯の高い貧困率から，若い夫婦は経済的に苦しいので子どもをもとうとしないとも解釈できる．

　子どもの有無に伴う経済的リスクの違いの背景として考えられるもうひとつの要因は，母親の就労である．特に日本では，幼い子のいる母親の就労率が限定的であることが指摘されてきた（白波瀬 2005b）．夫はまだ若くて給料が低く家計は苦しいが，幼い子がいて思うように働きにでることができない．生活が苦しくとも，妻が働いて家計を助けることもできずに，生活を切り詰めて何とか夫一人の稼ぎで生計を立てていく．そこには，子育てと仕事の両立に苦しむ若い母親たちの姿がある．図3-3は，図3-2と同様に，30代・40代世帯主と20代世帯主の子どもの有無別母親就労率である．

　30代・40代からみると，どの国も子どものいる世帯の母親就労率は低く，日本の母親就労率は台湾とドイツの値と似ており，イタリア

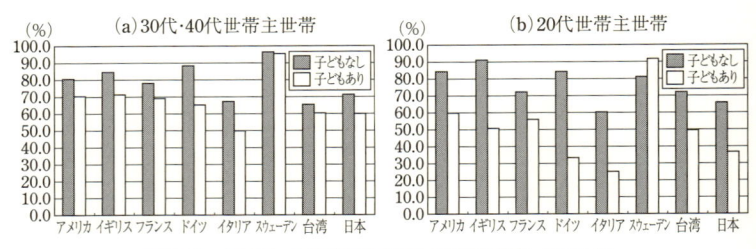

図 3-3　子どもの有無別 既婚女性就労率（2000 年）
出所：国民生活基礎調査（日本），LIS（各国）．

では日本より母親の就労率が低い．一方，スウェーデンでは両世帯の間で母親就労率の差はほとんどなく，子どもの有無にかかわらず9割以上の母親が就労している．子どもの有無によって大きく母親就労率が異なる国はドイツとイタリアである．日本もその差は1割程度と大きい部類に属するが，その程度はアメリカと最も近い．日本の30代・40代世帯主世帯の母親は7割程度が仕事を持っており，子どもがいても6割程度は就労している．しかし，20代に限定すると，日本の子どものいる世帯の母親就労が大きく低下する．どの国も幼い子をもつ母親の就労率は低下するものの，子どもの有無に伴う母親就労率の差が特に大きくなるのが，ドイツ，イギリス，イタリア，そして日本である．ドイツにいたっては，20代世帯主世帯の母親就労率は子どものいない既婚女性の就労率の半分以下となる．イタリアでは，働く母親割合は子どものいない既婚女性の4分の1程度になる．ドイツ，イタリア，日本はいわゆる家族機能に大きく依拠した福祉政策が展開されている福祉国家である（大沢真理 2007；Esping-Andersen 1999；白波瀬 2003ab）．イギリスはエスピン・アンデルセンによると，自由主義的福祉国家と位置づけられるが，母親の就労率は子どものいない既婚女性の半分程度に低下する．そこには，10代の妊娠に伴うイギリスの貧困問題がある（Lewis 2001）．

子どもがいるかいないかによって世帯の経済状況は異なる．それは日本に限ったことではない．欧米，台湾とも共通して，子どもがいることに伴い，母親の就労率は抑えられ，家計も苦しくなる．しかし，子どものいる世帯といってもその中身は一様ではない．

(2) 子どものいる世帯

　図3-4は，子どものいる世帯の世帯構造分布である．日本を含むどの国も子どものいる世帯の過半数が両親と未婚子からなる核家族世帯である．日本の核家族割合は75％とイタリアに次いで高い．核家族割合が最も低い国は台湾で，三世代家族が3分の1以上と高いことが特徴である．次いで核家族世帯割合が低いのはアメリカの61.5％で，そのぶん母子家庭が2割弱いる．イギリスとスウェーデンも母子家庭世帯割合が高く，2割を超える．同じ一人親世帯といえども父子家庭世帯割合はどの国も低く，スウェーデンの3.8％が比較対象国中最も高い．日本に戻ると，17歳以下の子どもがいる世帯は二人親である場合がほとんどである．近年，格差の拡大，貧困の上昇に多大な注目が集まるなか，母子家庭にもその重要な背景として注目が集まっている．しかし，図3-4から，日本における子どものいる世帯は二人親の核家族世帯割合が高く，一人親（母子，父子）世帯の割合は全体からみるとまだ少数派である．したがって，子どもの貧困を語る際に母子家庭に注目が集まるが，貧困に陥っている子どもは二人親世帯にいる場合が全体からみると多数派であるので，子どもの貧困問題を語る際には母子家庭だけの問題ではないことを，ここで強調しておきたい．

　日本の子どものいる世帯の経済状況をみると，未就学児の幼い子のいる世帯の間で貧困率の上昇が大きい（白波瀬 2008a）．図3-5は未就学児のいる世帯の貧困率に関する時系列変化である．他国と比べても日本は，未就学児のいる世帯における貧困率の上昇が一貫しており，

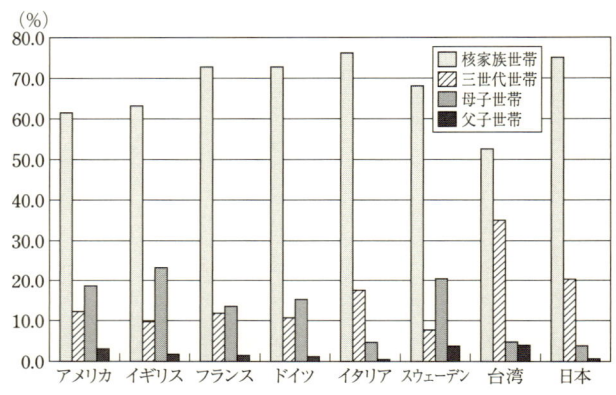

図 3-4　各国の子どものいる世帯の世帯構造分布（2000 年）
注：17 歳以下の子どものいる 49 歳以下世帯主世帯を対象．
出所：国民生活基礎調査（日本），LIS（他国）．

かつ大きい．イギリスも未就学児のいる世帯の貧困率が 1990 年半ばから 2000 年にかけて 10% から 15% へと上昇が目立つが，日本のように 1980 年代半ば 9%，1990 年代半ば 11%，2001 年 14% と一様に上昇した国は他にみられない．同じアジアの台湾も，貧困率は 1990 年代半ばから特に上昇の傾向にあるが，未就学児のいる世帯の貧困率は 2000 年 7% と日本の半分である．貧困率そのものは全体として低いスウェーデンであるが，1990 年代の経済停滞の打撃は大きく，特に子どものいない世帯や未就学児のいる世帯の経済を直撃した．近年の経済の回復に伴い貧困率は全体として低下しつつある一方で，未就学児のいる世帯の貧困率は 1990 年半ば以降上昇の傾向にある．その背景にはすでにのべたように若年労働市場が悪化していることと，社会階層の底辺へと流入する移民問題が絡んでいる（Bäckman 2005）．福祉国家のチャンピオンとして評価が高いスウェーデンであるが，そこには日本とも共通する若年労働市場の問題がある．

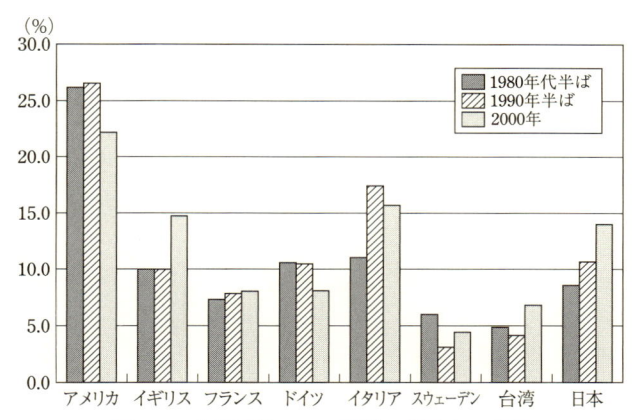

図 3-5 未就学児のいる世帯の貧困率の変化
出所：国民生活基礎調査（日本），LIS（他国）．

　貧困率で代表される経済リスクの高さの背景には，家計を補助すべき母親就労が困難な状況が考えられる．家計が苦しくとも，幼い子を抱えて働きに出ることができない．ここでは，特に幼い子をもつ母親の就労支援が整備されていない政策上の問題が浮き彫りになる．図3-6 は 2000 年の末子年齢別母親就労率である．日本は未就学児のいる世帯の母親就労率が最も低く，4 割に満たない．末子が小学校に上がると母親の就労率は大きく上昇して 6 割になり，末子が高校生以上になると 4 分の 3 ほどの母親が仕事をもつ．このような末子年齢ごとに線形的に上昇する母親の就労率はドイツでもみられるが，就労率そのものは日本のほうが若干低い．一方，末子年齢にかかわらず高い母親就労率を呈しているのがスウェーデンであり，逆に，どの末子年齢層においても母親就労率が低いのはイタリアである．

　しかし，母親の就労率が低いからといって，家計への貢献度が同様に低いとは限らない．そこで，二人親世帯の家計に占める母親収入割合をみると，日本は未就学児のいる世帯の母親収入割合が相対的に低

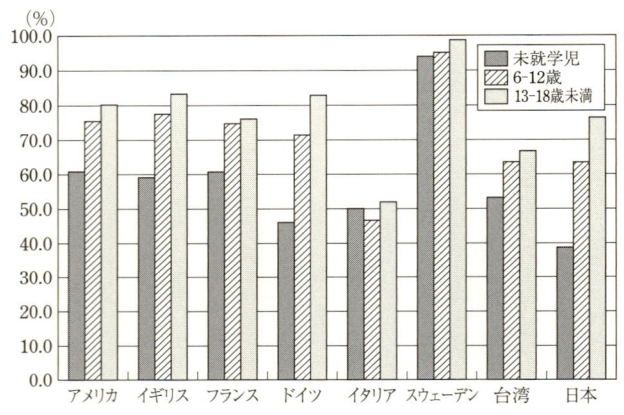

図 3-6 各国の末子年齢別 母親就労率（2000 年）
出所：国民生活基礎調査（日本），LIS（他国）．

い（図 3-7）．ドイツは日本以上に未就学児のいる世帯の母親収入割合が低く，その背景のひとつとしてドイツで近年上昇しているパートタイム就労の増加がある．末子年齢ごとに世帯収入に占める母親収入割合の変化をみると，日本は末子年齢が上がるにつれ母親の収入割合がほぼ線形的に上昇している．未就学児のいる世帯の母親収入割合が日本よりも低いドイツは，日本に類似したパターンがみられ，特に小学生の子どもとそれ以前の子どもとの差が大きい．母親就労率も図 3-6 でみたように，日本は未就学児のいる世帯の母親就労が相対的に低いが，家計への貢献度という点ではドイツと並んで母親収入割合の低さが目立つ．働くかどうかといったことよりも，実際にどの程度の経済的貢献があるのかが，母親就労の実質的な意味となる．

　誰が幼い子を育てながら仕事をするのか．女性の高学歴化が進む一方で，継続的な就労パターンがそれほど浸透しておらず，結婚・出産による退職が目立つ．既婚女性の就労は夫の収入と密接に関連し（樋口 1991; 2001; 岩間 2008），それはダグラス・有沢の法則として指摘

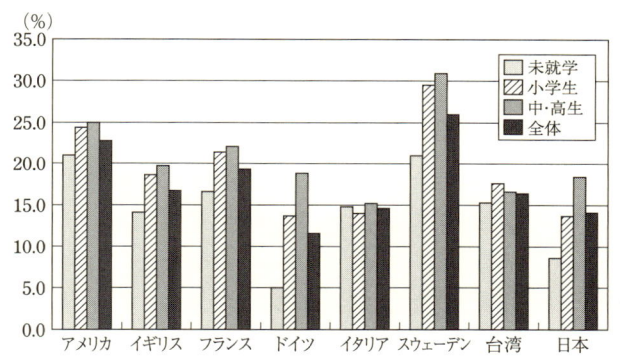

図 3-7　二人親世帯の末子年齢別 母親収入割合（2000 年）
出所：国民生活基礎調査（日本），LIS（他国）．

されてきた．小原美紀（2001）は夫の収入が及ぼす効果の低下を指摘し，ダグラス・有沢の法則の妥当性に対して異議を申し立てた．また，松浦克己・白波瀬佐和子（2002）は夫の収入が妻の就労を規定するが，その効果の大きさは子どもが生まれたことによる妻の労働参加に対するマイナス効果に比べて小さいと指摘する．夫の収入効果は1990年代終わりにおいても定性的に認められるが，子どもの有無による効果に比べて定量的には小さい．

　夫の収入が低ければ妻の就労は促される．しかし，幼い子を抱えながら仕事を続けることには大きな困難を伴う．その背景には日本の子育て支援環境の不備があり，企業に対するファミリーフレンドリー政策（脇坂 2006；冨田 2005）やワーク・ライフ・バランス（大沢真知子 2006；山口・樋口 2008）の重要性が指摘されていることからも想像できる．夫の収入が低ければ家計を補助すべく妻の就労が必要になる．しかし，仕事に就くことに伴い派生する子育てコストに見合うだけの仕事が見つからなければ，仕事に就くことで高いコストが新たに発生することになる．母親が仕事にでると，家計を助けるどころか新

たに派生した子育て費用のために赤字になってしまう．言い換えれば，子どもを育てながら働くことで生じるコストに見合うだけの仕事が保障されない限り，既婚女性の断続的な就労パターンは少なくならないであろうし，家庭と仕事の間の溝は依然として埋まらない．

図3-5でみたように，日本での未就学児のいる世帯における貧困率の上昇度が高いことの理由として，低所得でたとえ経済的に必要でも母親が働くことに困難が伴うこと，また近年上昇している離婚率の上昇に伴い母子家庭が増加したことの大きく2つが考えられる．そこで次に，母子家庭に焦点を移してみよう．

(3) 母子世帯の増加と貧困リスクの上昇

「平成18年度 全国母子世帯等調査」[3]（厚生労働省 2007a）によると，母子世帯になった理由が離婚である場合が8割であり，未婚の母は6.7%である．20年以上以前には母子世帯といえばその3分の1強が死別であったが，2006年，同値は1割にも満たなくなり，母子家庭の増加は離婚率の上昇[4]と連動している．父子家庭もかつては死別を契機としたものが4割と多かったが，その後離婚による場合が上昇し，2006年父子家庭の4分の3は離婚を契機とする．母子家庭の85%は就労しており，その6割近くは臨時・パート，派遣といった非正規職である．仕事の内容は，事務，販売，サービス業が多く，

---

3) 本調査での母子世帯とは，「父のいない児童（満20歳未満の子どもであって，未婚のもの）がその母によって養育されている世帯」と定義されている．
4) 日本の離婚率は，1960年の7万件から20年後の1980年には2倍になり，1983年の18万件で最初のピークを迎え，その後1990年まで減少する．その後離婚数は急激に上昇し，2004年の27万件までになった．その後，2006年には25万7000件（普通離婚率2.04‰）と近年は低下している（国立社会保障・人口問題研究所 2008）が，長期的なトレンドとしてみると，1960年以来上昇傾向にある．

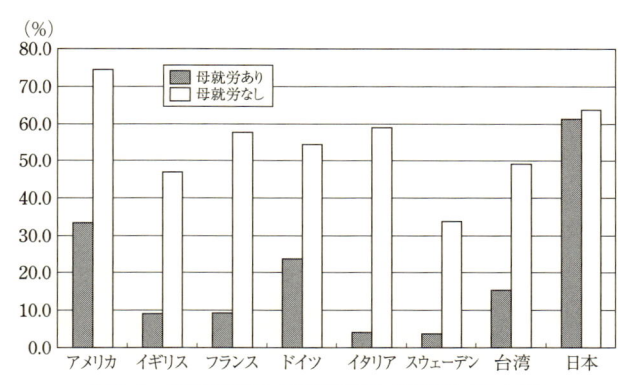

図 3-8 母子世帯の母親就労別 貧困率（2000 年）
出所：国民生活基礎調査（日本），LIS（他国）．

特に臨時・パートとしてサービス業に従事するものは4分の1近くいる．このような母子家庭における母親の高い就労率は，すでに指摘されている（Ezawa and Fujiwara 2005；藤原 2003；湯澤 2004）．しかし，ここでの高い就労率は母子家庭の貧困率を低下させるように機能していない．

図3-8は母子家庭における母親の仕事の有無別，貧困率である．ここでの最も大きな発見は，日本だけが母親の仕事の有無によって貧困率に差がほとんどないことである．他国は，母親が仕事をすることで世帯の貧困率を下げている．子どものいる世帯の貧困率が低いスウェーデンでも，母親が仕事に就かなければ貧困率は3割以上に跳ね上がる．しかし日本は，母親が働いていない場合の貧困率64％，母親が就労している場合には61％とその差はわずか3ポイントである．ここから，母子家庭の母親の8割以上が仕事をしているが，そのことが貧困リスクを下げることにはなっていないことがわかる．働けど働けど楽にならない，いわゆるワーキングプアの典型のひとつが母子家庭である．

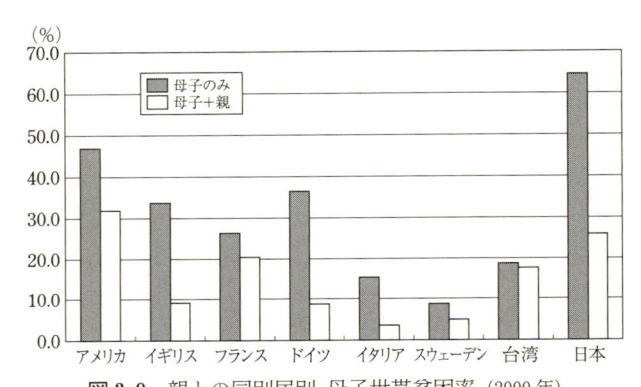

図 3-9 親との同別居別 母子世帯貧困率（2000 年）
注：親同居か否かはあくまで母子・父子が世帯主となっている場合から判断．
出所：国民生活基礎調査（日本），LIS（他国）．

　日本の場合，母子家庭といっても母親と未婚の子だけで生活している場合だけでなく，母親の親元に戻っていくケースも少なくない．2006 年，母子家庭の 3 分の 2 は母親と未婚の子のみの世帯であるが，あとの 3 分の 1 は親をはじめとするきょうだいや祖父母などの親族と同居している（厚生労働省 2007a）．親と同居することで，子育て支援を同じ世帯の中で得ることができるメリットがあるとともに，経済的にも安定することができる．図 3-9 は親との同別居の違いによって貧困率がどのように違うのかをみたものである．

　ここでの重要な知見は，日本は特に，親との同別居によって母子世帯の貧困率が大きく異なることである．母子世帯のみの場合は，貧困率が 65％ と比較対象国の中で最も高いが，親と同居の母子世帯の値は 25％ と大きく低下する．母親の仕事の有無によって母子世帯の貧困率は大きく違わないが，親と同居するか否かによって母子世帯の貧困率は違う．母親の就労というよりも親元に戻ることで経済的保障を獲得しているのが日本の現状である．

　同じアジアの台湾では親との同居が母子家庭にとっての貧困を回避

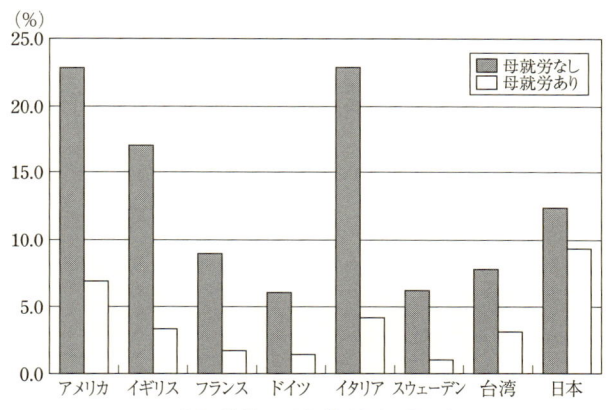

図 3-10 二人親世帯の母親就労別 貧困率（2000年）
出所：国民生活基礎調査（日本），LIS（他国）．

する方法として日本ほど機能していない．子どものいる世帯割合は日本と台湾で違わないが，台湾は母親の就労によって貧困回避を行う傾向にあり，一方，日本は母親の就労というより親同居によって貧困リスクを回避する傾向がある．日本型福祉社会論によって再三強調されてきた家族による福祉機能の大きさは，母子家庭の貧困についてみても現代日本において認められる．しかし家族機能が大きいからといってそれをアジアに共通するリスク回避方法であると結論づけることはできない．なぜなら同じアジアの台湾では，母子家庭の貧困回避は親との同居というより母親の就労によるところが大きいからである．

母親の就労が家計の経済リスクをどれほど低くするのかを推測するために，未就学児のいる二人親世帯に限って，母親による仕事の有無別に貧困率をみてみた（図3-10）．ここでも日本の違いが最も小さいことが明らかである．幼い子どものいる世帯で母親が就労していても，それは臨時やパートといった非正規就労が多く家計の補助にはなるが，貧困リスクを実質的に低下する機能は限定的である．母親就労が世帯

の経済的福利度を規定するうえの効果が最も低いのが日本である.

　実は母親就労の低い家計効果が,子育てコストを払いながらも働こうとしない背景にある.子どもを育てつつも働きつづけるような就労パターンを社会として期待するならば,まず男女賃金格差を縮小し,夫婦がともに働くことで子育てコストを吸収できるくらいの賃金を保障することが肝要となる.

(4) 低所得層の子どもたち

　母子世帯の貧困率は高い（白波瀬 2006a；阿部・大石 2005）.しかし,母子家庭だけが貧困リスクにさらされているわけではない.各国の世帯の等価可処分所得中央値の5割に満たない貧困層の世帯構造をみてみよう.表3-1は子どものいる世帯のタイプである.

　もちろんここでの結果は全体社会の世帯構造に左右され,母子世帯が全体社会のごく少数でしかない場合は,貧困層においても母子世帯割合は低く抑えられる.したがって,表3-1の結果は全体社会の周辺分布と無関係ではないことを留意されたい.日本の貧困層における母子世帯割合は2割程度と台湾の値と最も近い.イタリアの貧困母子世帯割合は日本や台湾以上に低く5％に満たない.一方,日本やイタリアの貧困層の多数派を核家族世帯が占める.台湾は核家族世帯が3分の1,三世代世帯が3分の1である.

　欧米については,貧困層における母子世帯割合が高くなる.ドイツの64％が最も高く,イギリスとスウェーデンの過半数が続く.次に,フランス,アメリカの順である.確かに,欧米において,貧困問題は母子家庭問題ともいえる.しかし,それでも母子家庭だけが貧困層を占めるわけではなく,核家族世帯や三世代世帯といった二人親世帯の割合も決して無視できない.特に,全体社会において母子家庭割合がまだ限定的なイタリア,台湾,日本において,子どもの貧困は母子家

表 3-1 子どものいる世帯の貧困層の世帯構造分布
(%)

	アメリカ	イギリス	フランス	ドイツ	イタリア	スウェーデン	台湾	日本
核家族世帯	40.5	38.8	43.2	31.5	76.9	38.6	37.3	66.2
三世代世帯	6.4	2.6	4.7	1.7	17.3	2.1	33.7	11.8
母子世帯	43.7	54.3	47.8	63.6	4.4	54.1	14.2	19.8
父子世帯	3.6	3.4	4.3	3.2	0.4	5.1	7.9	2.1
その他	5.8	1.0	0.0	0.0	1.1	0.0	6.8	0.1

出所:2001 年国民生活基礎調査 (日本), 2000 年 LIS (他国).

庭に限ったことではなく,親が二人そろっていても貧困リスクは決して他人ごとではない.

貧困層だけを取り上げて社会問題を語るのではなく,貧困問題を全体社会の問題として取り組むべき根拠がここにある.確かに,母子家庭や父子家庭において近年貧困率の上昇が認められる.特に父子家庭の経済的困難の上昇は見落とせない(白波瀬 2006a).父子家庭のきっかけはかつて死別によるところが多かった.たとえ離婚したとしても,その多くが親と同居することで子育てを親に代替してもらい,自らは仕事を継続する.そこでは一人親になったことで経済的に困窮するという状況はそれほど多くなかった.しかし,いま,離婚による父子家庭が増えて,そこではできちゃった婚をはじめとする若くして結婚したが生活は安定せず,そのうち妻は家をでて子どもと取り残された,という状況がある.一人親の経済問題は母子家庭に限ったものではない.

3 子育て支援に対するニーズの国際比較

本節では,2005 年,日本,フランス,スウェーデン,アメリカ,韓国の 20 歳から 49 歳の男女を対象に内閣府が実施した「少子化社会に関する国際意識調査」(以降,少子化国際調査)分析結果を中心に

議論する[5]．結婚や子育ての社会における位置づけが異なる国に生活する人々が，社会的な子育て支援に対して何を期待しているかを考察する．

(1) 子育て支援ニーズの階層差

「育児を支援する施策を国が実施すべきである」と政府が子育てを支援することを強く期待したのは，日本（96.6％），韓国（95.0％），スウェーデン（93.7％）であり，フランスも88.6％の多数派が子育て支援の政府役割を強く期待している．アメリカは66.1％と3分の2が政府に期待しつつも，その値は他国に比べると高くない．公的な子育て支援策がすでに限定的な状況で，人々が子育て支援を政府に期待する程度もそれほど高くない．公的な支援が少ないからといって必ずしも人々は無いものねだりをするわけではない．すでにある社会的，経済的，政治的枠組みの中で，人々のニーズが形成されている．

そこでここでは，各国の所得階層を低・中・高の3カテゴリーに分けて，子育て支援に対するニーズにどのような階層差がみられるのかを検討する．子育て支援へのニーズは，「どのような育児支援策が重要か」という問いに対する答えを代替変数とする．例えば，経済的な育児支援が重要だと多くのものが回答した場合には，経済的な育児支援へのニーズが高いと解釈する．育児支援策の選択肢として15項目が提示されており，調査対象者は5つまで選択することができる．15項目とは，①保育所の時間延長など，多様な保育サービスの充実，②ベビーシッターや保育ママなど，家庭保育を充実させること，③企業のファミリーフレンドリー政策を充実させること，④フレックスタイムやパートタイム労働の導入など，柔軟な働き方を推し進めること，

---

[5] 詳しい調査の内容については，内閣府政策統括官（2006）を参照のこと．

⑤児童手当など，子育ての経済的負担を軽減するための手当ての充実，⑥扶養控除など，子育ての経済的負担を軽減するための税制上の措置，⑦育児休業をとりやすい職場環境の整備，⑧男性に対する一定期間の育児休暇の義務づけ，⑨育児休業中の所得保障の充実，⑩出産・育児による退職後の職場復帰の保障の充実，⑪小児医療の充実，⑫教育費の支援，軽減，⑬子どもを産み育てることの喜び，楽しさの啓発，⑭公園など，子どもを安心して育てられる環境の整備，⑮子どもに対する犯罪の防止など，地域における治安の確保，である．

日本で政策課題として子育てに伴う経済的負担が挙げられているように，スウェーデンを含むどの国においても子育てに伴う経済的負担が大きいと回答していた（白波瀬 2006c）．しかし，子育てに伴う経済的負担感が共通して高いといえども，必ずしも共通の子育て支援策を指向するわけではない．表3-2は，各国で重要な政策だとした回答割合が高い項目3つを示した．日本と韓国が高いニーズを示した育児支援策は共通しており，児童手当等の経済的支援と多様な保育サービス，教育費の軽減が重要な子育て支援策として挙げられた．他国は柔軟な働き方が重要な子育て支援策であると表明している．特にアメリカにおいては，職場環境の整備が重要な子育て支援策として提示されていた．

表3-3は，重要だと思う子育て支援策に統計的に有意な所得階層差が認められた項目である．子育て支援ニーズに有意な所得階層差が多く認められた国はフランスである．所得階層が低いほど児童手当等の支援策が重要だとする一方で，高所得層では柔軟な働き方や多様な保育サービスへのニーズが高い．フランス，スウェーデン，韓国において，経済的な支援は低所得層に顕著に高いニーズが認められた．しかし日本では，所得階層が低いものも高いものも一様に，経済的支援へのニーズは高い．事実，表3-2の日本で重要な子育て支援策として高

表 3-2　育児支援として重要な施策上位　　　　　　　(%)

日　本
子育ての経済的負担を軽減するための手当の充実	68.5
保育所の時間延長など，多様な保育サービスの充実	56.3
教育費の支援，軽減	43.4

韓　国
保育所の時間延長など，多様な保育サービスの充実	60.6
教育費の支援，軽減	58.1
子育ての経済的負担を軽減するための手当の充実	52.2

アメリカ
フレックスタイム等の，柔軟な働き方を推し進めること	44.9
保育所の時間延長など，多様な保育サービスの充実	36.4
企業のファミリーフレンドリー政策を充実させること	35.6

フランス
フレックスタイム等の，柔軟な働き方を推し進めること	52.7
子育ての経済的負担を軽減するための手当の充実	47.4
子育ての経済的負担を軽減するための税制上の措置	42.0

スウェーデン
フレックスタイム等の，柔軟な働き方を推し進めること	60.7
育児休業を取りやすい職場環境の整備	44.7
子育ての経済的負担を軽減するための手当の充実	41.4

出所：少子化社会に関する国際比較調査 (2005年).

いニーズが認められた3つの政策項目に関しては，5%水準で有意な階層差が認められない．有意な階層差が認められたのは男性の育児休業の義務化と安全な子育て環境の整備であり，これらは全体的には比較的低いニーズしか認められなかった．他国に比べ，重要だとする子育て支援政策についての階層差があまり認められないのが日本の特徴である．児童手当をはじめとする経済的な支援，多様な保育サービス，そして教育支援は，高所得層も低所得層も同様に高いニーズを示した．

言い換えれば，日本は子育て支援策の具体的な項目へのニーズが層化していない．貧しくても，豊かでも，現金給付や保育サービスの充実が強く求められている．5%水準で所得階層の差を検定したので有

表 3-3 有意な所得階層差を呈した育児支援策ニーズ

日 本
　男性に対する一定期間の育児休暇の義務付け
　安心して育てられる環境の整備

韓 国
　子育ての経済的負担を軽減するための手当の充実
　子育ての経済的負担を軽減するための税制上の措置
　育児休業を取りやすい職場環境の整備

アメリカ
　フレックスタイム等の，柔軟な働き方を推し進めること
　出産・育児による退職後の職場復帰の保障の充実

フランス
　保育所の時間延長など，多様な保育サービスの充実
　フレックスタイム等の，柔軟な働き方を推し進めること
　子育ての経済的負担を軽減するための手当の充実
　男性に対する一定期間の育児休暇の義務付け
　子どもに対する犯罪の防止など，地域における治安の確保

スウェーデン
　ベビーシッターや保育ママなど，家庭保育を充実させること
　子育ての経済的負担を軽減するための手当の充実
　男性に対する一定期間の育児休暇の義務付け
　出産・育児による退職後の職場復帰の保障の充実

出所：少子化社会に関する国際比較調査（2005年）．

意差とはならなかったが，教育費の軽減を訴えたのは低所得層ではなく高所得層に多く認められた．貧しいから教育費負担の軽減を訴えるというよりも，高額な教育費用を投資している高所得層で教育費負担の軽減を求めている．子育てコストとは，絶対的というよりも相対的であることがこの調査結果から推測できる．

　日本以外の国では，貧しい層は現金給付といった経済的支援を期待し，豊かな層は働き方や職場復帰の保障，あるいは税制を通した子育てコストの軽減を指向するといった所得階層に伴う子育て支援策へのニーズが階層化している．日本は子どものいる世帯における経済格差

がアメリカと同程度ほど認められたにもかかわらず，人々の意識が実際の経済格差ほど階層化していない．この点は，世論調査の結果を実際の政策立案の根拠として活用する際に慎重であるべきことを示唆している．

(2) 子どもの数の階層性

階層化していない子育て支援ニーズの背景を探るために，世帯収入10分位ごとに平均子ども数をみてみた（図3-11）[6]．意識と子ども数が世帯収入によってどの程度階層化しているのかを探ることがここでの狙いである．

「貧乏人の子沢山」ということわざがある．生活が貧しいものに限って子どもが多い．そこでは，「経済的に苦しいから子どもを産まない」という因果関係は適合しない．どの国も所得階層が高くなるほど平均子ども数が少なくなっていることが，図3-11より確かめられる．しかし，日本は所得階層別の平均子ども数の下がり方が他国に比べて緩やかであり，経済状況によって子ども数が他国に比べて大きく変わらないことが特徴的である．日本でも欧米と同様に，経済状況がよくなるにつれて平均的な子ども数が減る．子ども数が比較的多いのは低所得層であり，そこでは経済的に苦しいから子どもを産まないという単純な意思決定モデルはあてはまらない．一方，高所得層は経済的に豊かであるが子ども数は比較的少なく，子ども一人当たりの子育て投資額が高いことが予想される．事実，日本の高学歴同士の子育て費用が高いことが，2005年SSM調査結果から確認された（白波瀬 2008b）．

---

6) 比較的安定期にある既婚世帯を対象にするため，30代・40代世帯主に限定した．

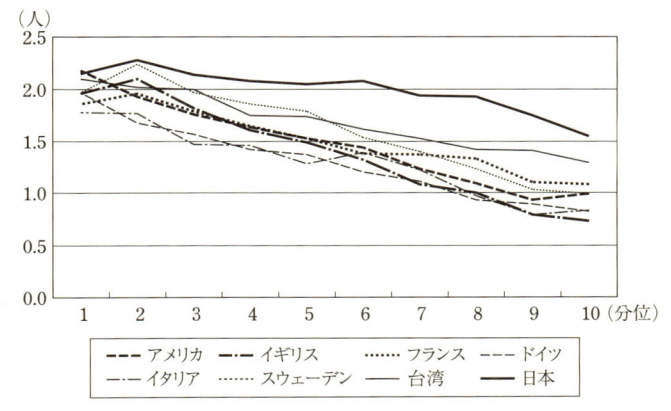

図 3-11 世帯可処分所得 10 分位別 平均子ども数
出所：2001 年国民生活基礎調査（日本），2000 年 LIS（他国）．

　日本の平均子ども数は，他国に比べて世帯収入階層ごとに大きく変わらない．結婚期間が 15 年以上の夫婦を対象に完結出生児数をみると，近年，子ども 3 人以上の多子世帯が減少することで平均完結出生児数は減少しており，子ども二人世帯が 56％，子ども一人世帯が 12％ と，子どもゼロ世帯は近年上昇傾向にあるものの 6％ 程度の少数派である．日本において子ども数の分散は比較的小さく，このことが子育て支援ニーズ意識の階層化を不明瞭にしているひとつの原因といえるかもしれない．子育ての中身も子ども一人あたりに投資する教育費も世帯の経済状況によって異なる一方で，平均的な子ども数は経済状況によってそれほど違わない．何が子育て支援として重要かと問われると，人々は一様に経済的に大変だと回答する．子育ての中身が階層化している一方で，意識がそれに対応して階層化していない．子育てに対する意識と実際にねじれがあることが，政府の政策効果を不明瞭にすることになっている．

3　子どものいる世帯の経済格差

4　子どものいる世帯の格差

　子どものいる世帯の経済格差の程度や趨勢，子育て支援策への期待を検討してきた．わが国では，特に，幼い子のいる世帯で経済格差が広がっており，その背景には母子家庭のみならず二人親世帯の苦しい家計が浮かび上がってきた．近年幼い子のいる世帯でも母親の就労率は上昇している．しかし，彼女らが就く仕事は非正規就労が多く，賃金も低くて，家計への貢献度も限定的である．幼い子をかかえる親自身もまだ若く，十分なスキルを蓄積しないままに労働市場に参入して周辺的な就労につくものも少なくない．ジェンダーのみならず年齢によって分断された労働市場の弊害が，子どものいる世帯の経済格差として表面化していた．ワーキングプアの問題は，母子家庭といった一人親世帯だけでなく二人親世帯でも認められる．貧困の問題を一人親世帯に特定することなく，ひろくマクロな視点をもって捉える必要性がある．

　日本では若年層の幼い子をもつ世帯の高い貧困リスクが明らかで，そこには若い既婚女性の恵まれない労働市場における実態も浮かび上がってきた．苦しいから子どもを産めないとするのは，実のところ，低所得層であるとは限らない．事実，低所得層のほうが平均的な子ども数が多く，経済的に苦しいから出産を控えるといった意思決定構造はここでは当てはまらない．経済的に苦しい層がたくさんの子どもを抱えているならば，子どもの有無や子ども数に応じた手当てといった形の経済支援が求められる．子どもにお金がかかるからと産み控えているのは比較的経済的に豊かな層である．そこでは将来に向かって子どもにさまざまな投資を惜しまない親がおり，彼／彼女らは低所得層と同じくらい子育ての経済的負担を感じ，教育費の引き下げを訴える．だからこそ，子どものいない世帯といる世帯，子どもが多い世帯と少

ない世帯との間での再分配政策が必要となる．ここでは児童手当のような現金給付も想定されるが，諸手当はあくまでも子どものいる世帯といない世帯の間の再分配政策の一環であり，少子化を改善するための手段として位置づけられるべきではない．

　若くして結婚し子どもをもつ，比較的低所得層世帯への再分配政策の必要性をのべたが，もうひとつ見落とされがちであるのが，10代，20代前半の予期しない妊娠への対応である．日本では妊娠すればかなり高い割合で結婚する．それは母子家庭のなかで未婚の母がその多くを占めるアメリカとは状況が異なっている．本章で提示した図3-11は30代，40代に限定したが，比較的若い層のほうが平均子ども数が多い．経済格差の観点からすると，この若い計画外妊娠こそが貧困リスクと隣合わせとなる．それはまさにイギリスやアメリカにおける10代の妊娠が貧困と隣り合わせの構図であることと一致する．かつて，長い保守政権から労働党政権へと移ったブレア政権は，10代の妊娠と密接に関連する子どもの貧困率の高さに対して，教育こそがその解決だと声を大にして叫んだ．格差問題において教育の重要性を強調するのは正しいが，今必要とされているのは，単なる一般的な教育というよりは徹底した性教育である．結婚しないカップルが多く，婚外子が多いスウェーデンで，子どものいる世帯の貧困率が20代の若い世帯で低い背景には，充実した児童福祉サービスに加えて，学校教育に組み込まれたスウェーデンの性教育がある．事実，スウェーデンにおいて，10代の妊娠はそれほど多くない．

　幼い子をもつ若い世帯の苦しい経済状況は，晩婚化の傾向にあるなか，若くして子どもを育てながらキャリアアップを目指すことが同時に可能な雇用支援の欠如とも関係している．生活が苦しく夫婦で働いて生計を立てようとも，幼い子がいて思うように働きにでることができない．そこには，子育て支援サービスの提供と同時に，子育てコス

トに見合うだけの生活費の保障が求められている.

　幼い子のいる世帯を貧困リスクから守るためには，妊娠，出産に関する基礎知識を体系的に学校教育の中で提供すること，子どものいる世帯といない世帯，子どもが多い世帯と少ない世帯との間の再分配政策を強化すること，そして就労と貧困回避がうまく連動するように雇用政策を見直していくことが必要とされる．子どもをもつものともたないもののニーズの違いは，時として拮抗的な関係で捉えられることがある．しかし，たとえ，子どもを産まない人生であっても，マクロな世代関係の外にいるわけではない．世代間の再分配は，子どもの有無にかかわらずめぐりめぐって自分に戻ってくる．長いライフコースという時間軸の中で，一時点的な損得論だけで子育て支援や世代間支援を位置づけるべきではない．

　子どものいる経済格差を検討してきて，幼い子のいる世帯の貧困リスクの上昇が明らかになった．幼い子をもつ比較的若い層は，ファミリーステージの過渡期にあり，出産・子育てに備えるだけの十分な体制にないケースが少なくない．また，子どもといっても，未就学児だけでなく，小学，中学，高校，大学，そしてその後と，親としてのかかわりは長期化する傾向にある．生活が苦しいかとたずねたところ，幼い子どもの親よりも中高生の親に苦しいと訴えるものがより多く認められた（白波瀬 2006e）．本章では，貧困率の上昇が最も顕著であった未就学児のいる世帯の分析が中心となったが，子どものいる世帯の経済格差を検討する際には，小学生，中学生，高校生，大学生といった年齢的に高い子どものいる世帯も無視できない．比較的年齢の高い子のいる世帯の経済的問題がそれほど顕在化しない背景には，子どもの親の多くが年功序列型賃金体系に支えられ中核労働者として保護されてきた経緯があった．しかし今後，年功賃金型から業績主義型へと賃金構造が変わり，非正規就労，失業の長期化が進むなか，幼い子

のみならず，比較的年齢が高い子がいる世帯にも貧困リスクが高まる可能性は低くない．

4 巣立てぬ若者

　前章では，18歳未満の子のいる世帯に着目して経済格差を検討した．10歳の子も10年経てば成人を迎える．少子化のもうひとつの要因である晩婚化は，親元を離れる時期を遅らせることにもなる．本章では，未婚の成人子に着目して雇用問題ともからませながら，彼／彼女らの経済的福利について議論する．

1　高揚する若者論

　若者論が盛んである．フリーターにニート．これまで最終学歴を終えたら労働市場へと問題なく移行していた状況から，仕事にうまく就けないものが増え，たとえ仕事に就けたとしても正規の職ではない場合が多くなってきた．そもそもフリーターとはだれをいうのか．「若者の人間力を高めるための国民会議」（厚生労働省）での定義は，「非労働力人口のうち，15～34歳で，通学，家事もしていないもの」とする．しかしその定義はあいまいな場合が多い（小杉 2003）．フリーターの数は，2006年で187万人とされる（厚生労働省 2007b）．フリーターは仕事がないわけではない．仕事の形態がアルバイトであったり，パートであったり，派遣であったりと，有期契約によるブツ切りの雇用形態であることがフリーターの立場を不安定にする．それでも仕事があるので，文句はいえない．正規にはない「自由さ」もあるし，何とか食べていける．これを小杉は「自由の代償」と捉える．しかし，働けど働けど，生活は苦しく，食べていくのもままならない．ワーキ

ングプアの登場である（岩田 2007；湯浅 2008）．もっとも正規雇用だからといって，ワーキングプアと無縁とはいえない（小林 2008）．若者の雇用市場の不条理が指摘される（雨宮 2007；森岡孝二 2005）．

　仕事を持たないものも多くなった．教育を受けているわけでもなく，仕事にも就いていない「ニート」（NEET: Not currently engaged in Employment, Education, or Training）の存在が指摘される（玄田・曲沼 2004）．ニートはもともと 2000 年にイギリスの教育・職能省（Department of Education and Skills）が刊行した報告書 *Transforming Youth Work* で初めて登場し，その定義は 16〜18 歳を対象（16 歳が義務教育修了年次）に，「仕事に就いていないもの，求職中のもの，子育てやその他の家族の面倒をみているもの，無給の休職中であるもの，病気・障害をもつもの，ボランティアや無給のコミュニティワークに従事するもの」であった．2004 年，該当年齢の 9％ が NEET であるとされているが（Kingston 2004），イギリスでのニートに対する注目度は日本には大きく及ばない．ニート発祥の地，イギリスとは違って，日本のニート定義に「引きこもり」的要素が加味されていることから，心情的な議論へと発展する危険が見え隠れし，そこに「ニートって言うな！」と切り返したのが本田由紀・内藤朝雄・後藤和智（2006）であった．

　ここでの一連の若者論議で気になるのは，あたかも現代の若者が抱える問題がこれまでには存在しえなかったことであるかのような若者問題の「新しさ」の誇張である．これは一連の格差論とも共通するが，格差の問題や若者の問題は 21 世紀に入って急に出現したものではない．構造的な歪みが社会的に弱いものを狙い，顕在化する状況は何も今にはじまったことではない．たしかに問題の中身に全く変化がないとはいわないが，高校を退学し，不本意な仕事にしか就けずに転職を繰り返すものがこれまで皆無だったわけではない．

これまで，日本の若年の失業率は OECD 諸国の中できわめて低い値であった．しかし，そうばかりはいっていられなくなった．若者をとりまく環境は変化し，何よりも若者自身の生き方が変わってきた．それを，若者の無責任論やこれまでの生き方にこだわらない新たな価値観から議論する者もいる．例えば，パラサイト・シングル論の立役者のひとりである山田昌弘（1999）は，若年失業は豊かな親の後ろ盾をもった贅沢病であるとして，若者の意識の変化を強調する．一方，太田聡一（2000; 2002）や玄田有史（2001）は若年雇用の問題の原因を需要側にみる．事実，黒澤昌子・玄田有史（2001）は，最近の若者が仕事に対するこだわりを持たなくなった事実は認められないとし，太田聡一（2002）も一連の若年雇用問題を若者の意識の変化から説明することはできないと述べる．

　若年の雇用問題は，国際的にみて日本独自のことではない．事実，小杉礼子（2003）は，高い失業率と有期雇用割合が欧米の若年の間で共通にみられるとする一方で，若年雇用問題の設定自体，日本と欧米とでは大きく異なっていると指摘する．日本のフリーターと似た現象が欧米でも見られるにもかかわらず，日本的コンテクストをもってわが国独自の問題として捉えられる傾向にあった．ひとつの理由として小杉（2003）は，日本とヨーロッパで大学の専門性と卒業後の職業との関係が大きく異なることをあげる．具体的には，日本においてキャリア形成は正社員として雇われて初めて開始されるが，ヨーロッパでは正社員として雇用されなくともキャリア形成をはじめることができる．職業能力を獲得する機会が正社員雇用後はじめて提供される日本と，それ以前にも提供されるヨーロッパの違いが，若年雇用問題の捉え方の背景にある．

2 移行期にある成人未婚子

1990年代以降の若年論争では,労働問題の枠組みにせよ少子化問題の枠組みにせよ,若者個人に焦点があたる傾向にあった.そのような流れのなか,若年層の晩婚化・未婚化について,世帯との関係で論じたのがパラサイト・シングル論である(宮本・岩上・山田 1997；山田 1999).そこでは若年が親世帯との関係で捉えられ,少子化と関連づけて議論されたユニークさがある.ただ,親にパラサイトできる勝ち組とパラサイトできない負け組という構造が一体どの程度妥当なのか(山田 2004a).坂本和靖(2004)は,「優雅なパラサイト・シングル像」だけでは捉えられない実態をパネル調査結果をもとに明らかにし,白波瀬(2004；2005a)も多様な成人未婚子の実態をもって,イメージ先行型の議論に警告を発する.1990年代半ばまで,出生率の低下の多くを説明するのは,若年層の未婚化・晩婚化であった(廣嶋 2000).どうして結婚しようとしないのか.現代の若者像へのはじめの問いかけは,そこにあった.

子どもの数が減少して,老夫婦だけが取り残される(エンプティ・ネスト:「空の巣」).それは平均寿命が伸びた高齢社会の新たな高齢期の過ごし方とみなされた.子どもの側から親世帯との関係をみると,子自身が新たな世帯を形成する準備段階と捉えることができる.宮本みち子(1996；2000)は脱青年期の出現として,子どもが成人に達してから親が高齢期に達するまでの中期親子関係にいち早く注目した研究者のひとりである.欧米での独り立ちできぬ若者が親元に戻ってくる状況が「エンプティ・ネストの神話化」として,日本に紹介された(Jones and Wallace 1992).

親元を離れる離家の時期の遅れが若年層の未婚化,晩婚化に大きく影響する.目減りした給料であくせくと新たな世帯を形成するよりも,

いまいる親元で暮らしていたほうがずっと楽である．そこでは，親にパラサイトする若者の増加が少子化を生むと問題視された．滋野由紀子・大日康史（1997）や北村行伸・坂本和靖（2002）は，親との同居や経済状況が良好な場合，女性の結婚選択確率が低下すると示唆する．しかし，離家の遅れが晩婚化・未婚化によるのか，あるいは，晩婚化・未婚化が離家の遅れを促すのか．離家行動と結婚行動の間に何らかの関係があることは確かであるが，両者の厳密な因果関係は明らかでない（鈴木 2003）．

鈴木透（Suzuki 2001）は離家時期の遅れを「第3回世帯動態調査」（国立社会保障・人口問題研究所 1999）を用いて明らかにし，その理由として結婚の遅れのみならず，都市化が成熟したことによって学業や就業によって親元を離れる契機が少なくなったことを指摘する．2004年に実施された「第5回世帯動態調査」では，若い世代ほど離家の時期が一般に遅れる傾向にあるが，最近はその遅れが停滞気味であることが示された（西岡ほか 2006）．進学，就職，結婚は依然，離家の主な契機であり，1970年から74年生まれの若い世代の男性3分の2以上は進学や就職を機に結婚前に親元を離れる．一方，これまで，女性の7割程度は結婚まで親元を離れることがなかったが，若い世代の間では4分の1弱が進学を契機に親元を離れ，結婚によってはじめて親元を離れるものは4割強になった（国立社会保障・人口問題研究所 2006b; 西岡ほか 2006）．

欧米でも独り立ちできない若者は重要な社会問題である．2002年の『ニューズウィーク』でもいかに現代の若者が親に依存するようになったかが特集された（Tyre 2002）．20世紀の初頭，ホール（Hall 1904）が「青年期」にはじめて着目したときとは異なり，青年期は長期化し複雑化している（Furstenberg et al. 2005）．経済リスクを貧困という観点から捉えると，南欧の若年の間で貧困率が高い（Kangas and Palme 2000; Smeeding and Phillips 2002). イギリスでは10代後半の若年層に高い貧困率は,それ以前の年少時期での高い貧困率と相関がある (Jones 2002). それは,貧困状況がライフステージを通して長期的に継続していることを意味する. また,貧困率は若年層の間で最も高く,北欧でも親元を離れる離家と若年層の貧困との間に高い相関がみられる (Aassve, Iacovou, and Mencarini 2006).

高学歴化,平均結婚年齢の遅れ,世帯サイズの低下(きょうだい数の低下)は,日本だけでなく,欧米とも共通する人口現象である. しかし,若年問題の捉え方は日本と欧米では異なる. 欧米での1980年代,福祉国家再編の必要性が訴えられ,若年失業者の上昇は,完全雇用をひとつの柱とした福祉国家体制の揺らぎを示すものであった (Esping-Andersen 1999; Korpi and Palme 1998; Pierson 2001). 若年雇用問題が福祉国家論の枠組みで議論され,新たな福祉国家再編を促す契機となったのが,ヨーロッパの状況である. 一方,日本における若年問題は少子化との関連で注目が集まった. 1990年代に入りバブル経済が崩壊したのをきっかけに,10代後半から20代前半を中心とした若年失業率も加速度的に上昇していった. それは就職氷河期[1]やロストジェネレーション(朝日新聞「ロストジェネレーション」取材班 2007)という形で,人々の関心を集めていった. もっとも欧米に比べると,若年失業率はまだ低い. ただ,1990年代に入って若年失業率が一貫して上昇しているのは日本とドイツである. 結論を先取りして強調しておきたいのは,格差を含め,若者をとりまく問題は,決して日本独自の問題ではなく,欧米とも共通した社会問題であるという点である.

そこで,本章では,若者を世帯との関係から捉え,若者が親と同居

---

[1] 『就職ジャーナル』1992年11月号で掲載された用語.

することが全体の経済格差とどのような関係にあるのかを検討する．本章で分析の対象とする若者とは，20歳以上の未婚者で，かつ学生を除くものをさす．ただ，晩婚化が進行するなか，20歳以上といえども，ライフサイクルの中でその中身は多様である．そこで本章では，若年未婚者として20歳以上に着目すると同時に，20代・30代の比較的若い成人未婚者と40代以上の成人未婚者に分けて議論を進める．2006年の平均初婚年齢は夫32.0歳，妻29.6歳であり，未婚率も20代前半では男女ともに9割と高く，20代後半においても男性7割，女性5割以上が未婚である．このように未婚者が多数派である20代，30代の成人未婚者を前期成人未婚者，40代以降の成人未婚者を後期成人未婚者として区別する．事実，成人未婚子が40歳を超えると，同居する親の健康状態に問題があると訴える割合が上昇し，成人未婚子自身の世帯における位置づけにも変化がみられる（白波瀬 2005a；2006e）．これまで世話をうける側にいた子が，親を世話する側へと移行し，また，親元に居続ける成人子自身の社会経済的状況も変わっていく．本章で分析するデータは一時点の横断的データであるので静的な比較に留まるものの，本分析結果をベースに若年期をよりダイナミックに考察する．

3 若者の失業と未婚化・晩婚化

表4-1は，年齢階級別の未婚率である．欧米との比較で日本の年齢階級別未婚率をみてみると，日本は特に女性30代後半以降の未婚率が低い．日本の男性については，欧米と比べてそれほど大きな違いは認められず，表4-1から得られる知見をあえて言うならば，アメリカの未婚率が20代以降最も低いことである．高婚姻・高離婚の国といわれるゆえんである．事実，アメリカの婚姻率は2006年に7.3と，

表 4-1　各国の年齢階層別 未婚率 (2000年)　　　　(%)

年代	アメリカ 男性	アメリカ 女性	イギリス 男性	イギリス 女性	フランス 男性	フランス 女性	ドイツ 男性	ドイツ 女性	イタリア 男性	イタリア 女性	スウェーデン 男性	スウェーデン 女性	日本 男性	日本 女性
15-19	98.5	95.9	99.9	99.3	99.9	99.7	99.9	99.8	99.9	99.1	99.9	99.5	99.5	99.1
20-24	83.7	72.8	95.5	88.4	97.3	91.2	94.7	85.3	97.1	87.2	97.9	93.4	92.9	88.0
25-29	51.7	38.9	73.5	57.9	75.1	61.2	75.8	56.9	78.8	56.4	86.9	74.9	69.4	54.0
30-34	30.1	22.0	44.7	31.4	48.3	38.0	49.0	31.5	45.4	28.1	64.4	50.5	42.9	26.6
35-39	20.3	14.3	28.0	18.7	33.5	25.4	29.1	17.5	25.1	16.3	47.7	36.2	26.2	13.9
40-44	15.7	11.8	16.4	10.7	22.2	16.4	18.2	10.8	16.2	11.4	35.5	25.8	18.7	8.6
45-49	12.0	10.0	11.8	7.2	14.8	11.4	12.6	7.5	11.8	8.8	26.6	18.6	14.8	6.3
50-54	6.6	6.9	9.1	5.1	10.3	8.4	9.2	5.4	9.2	7.5	19.4	12.5	10.3	5.3
55-59	5.7	5.6	7.9	4.6	8.4	6.9	7.7	4.8	8.5	7.4	13.8	8.5	6.1	4.3
60-64	5.3	4.2	7.1	4.8	8.7	6.5	6.3	5.0	7.9	7.6	10.9	6.7	3.9	3.9
65-69	5.2	3.5	7.3	5.4	8.8	6.8	4.7	5.9	7.6	8.7	10.2	6.0	2.3	4.0
70-74	3.3	3.9	7.5	6.3	8.4	7.4	3.5	7.7	7.3	10.0	10.3	6.0	1.7	4.0
75-	4.2	3.5	6.1	7.6	7.2	7.9	4.2	11.5	6.3	11.1	9.5	7.7	1.0	2.6

注：アメリカはCensus, 日本は国勢調査, その他は *Demographic Yearbook* (UN) による.

どの比較対象国よりも高く, 離婚率も 3.6 と高い (国立社会保障・人口問題研究所 2008)[2]. 参考までに, 日本の婚姻率は 2005 年で 5.8, 離婚率は 2.0 である. スウェーデンは婚姻率 4.8 (2001 年) と離婚率 2.2 であるが, 法律婚を選択せずとも実質的な婚姻関係を結ぶ選択肢があるので, 婚姻関係にあるもの, 婚姻関係を解消したものはここでの値よりも高いと推測される.

図 4-1 は, 欧米 6 カ国と日本の 20〜24 歳若年の失業率の推移である. まず, 男性からみると (図 4-1(a)), 1990 年代後半から失業率の上昇が大きいが, それでもヨーロッパに比べると日本の若年男性失業率は低い. 1990 年代に入って大きく上昇したスウェーデンの若年失業率は, 1990 年代の深刻な経済停滞の状況を物語っている. 男性ほ

---

[2] 婚姻率, 離婚率ともに 10 月 1 日現在人口を分母とした 1,000 に対する値である. 日本の場合, 婚姻率, 離婚率の分母は, 1947 年以降, 日本人人口とする.

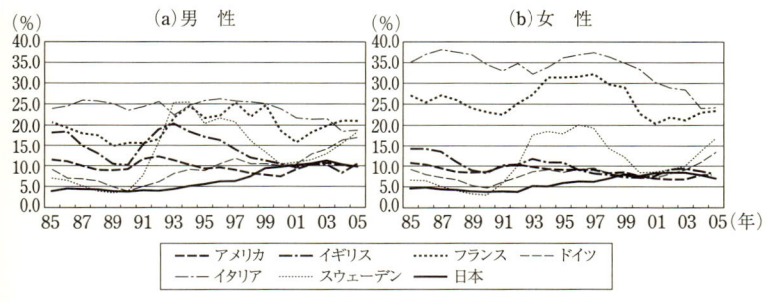

図 4-1 各国の若年（20-24歳）失業率の推移
出所：*Labor Force Statistics*（OECD）.

どではないにしろ，スウェーデン女性の失業率も同様に上昇した（図4-1(b)）．その後スウェーデン経済が回復するにつれて，若年失業率も低下していったが，2000年に入り再び若年失業率の上昇がみられる．第1章でもみたように，若年の雇用問題をはじめとする高い経済リスクはスウェーデンで緊急を要する社会問題である．イタリアとフランスの若年女性の失業率は，1990年代後半以降，改善がみられるものの高い．以上から，若年の雇用問題のひとつを失業率で測るとすると，日本の若年失業率の程度は欧米に比べるとまだ低いほうであるが，失業率で代表される若年の雇用問題は欧米とも共有できる社会問題である．欧米と比べて日本の若年失業率がまだ低いので若年問題はそれほど深刻ではないということではなく，若者は経済の不況を直接受け，経済的リスクが高い点で他国と共通することが重要である．

4 若者はどこにいるのか

若年の晩婚化や未婚化，雇用問題は，若年を個人として着目する．しかし，われわれはひとりで生活しているわけではなく，家族と同居

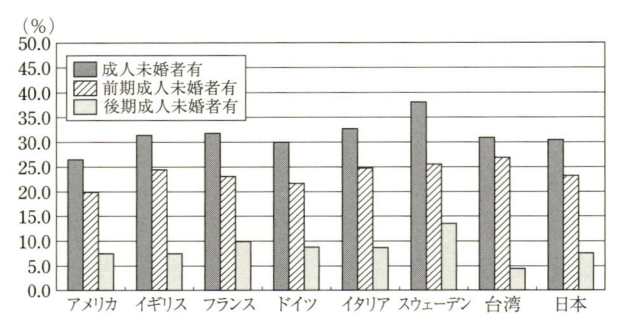

図4-2 各国の成人未婚者のいる世帯割合（2000年）
出所：国民生活基礎調査（日本），LIS（他国）．

する場合が少なくない．日本では，親元を離れる主たるきっかけとして，就学，就職，そして結婚がある．就学や就職は都市化の影響をうけて，親元を離れる契機とあまりならなくなってきた（Suzuki 2001）．事実，親元を離れて大学に進学する者も減少傾向にある．また，比較福祉国家研究や，人口学的枠組みからも日本との類似性が指摘されるイタリアでも，18～30歳の約8割が経済的理由から親からの独立が難しいと訴える（朝日新聞 2006年8月8日）．イタリアでは1990年代からの景気低迷が追いうちをかけ，短期雇用契約へと企業がシフトしたことで，若年の経済状況が相対的に悪化した．

成人未婚者は一体どこにいるのか．世帯構造から検討してみよう[3]．図4-2は，学生を除く成人未婚者のいる世帯割合である．2001年時点で日本の成人未婚者のいる世帯は3割で，ドイツ，台湾と同程度で

---

[3] 本書の分析単位は世帯である．したがって本章での分析でも，成人未婚者が世帯員としているかどうかで，成人未婚者のいる世帯を特定化していく．成人未婚者個人からみた世帯構造ではないので，解釈に際しては注意されたい．また，成人未婚者が複数いる場合もある．その場合には，データに最初に出現するもの（世帯員番号が最も若いもの）で代表させた．

あり，フランスの31.8%，イタリアの32.7%とも似通っている．アメリカは26.7%と比較対象国の中で最も低く，スウェーデンの38.1%が最も高い．さらに，成人未婚者を20代，30代の前期成人未婚者と40歳以降の後期成人未婚者に区別してみてみよう．前期成人未婚者の割合が最も高いのは台湾であり，最も低いのはスウェーデンである．日本はイギリスに次いで前期成人未婚者が相対的に多い．ここに認められる前期成人未婚者の成人未婚者全体に占める割合の違いは，各国の世帯構造分布の違いに加えて，人口高齢化（エイジング）のステージが異なることにもよる．事実，人口高齢化が日本や欧米ほどには進行していない台湾は，成人未婚者といえどもそのステージはまだ若い．一方，スウェーデンにおいては後期成人未婚者の相対的な割合が高い．これは，壮年期，高齢期において生涯未婚でひとり暮らしを継続する者が多いことにもよる．すでにのべたようにスウェーデンは，結婚するかしないかによって法律上の不利益を被ることがないよう設定されているために，実質的な生活スタイルはカップルであることも少なくない．したがって，未婚だといっていても実際は事実上の配偶者がいることも多く，後期成人未婚者が実質的に生涯未婚を貫いてきたかは一概にはいえない．

図4-3は，成人未婚者のいる世帯の構造分布である．日本は，成人未婚者のいる世帯の2割がひとり暮らしであり，8割近くの多数派が親と同居，あるいはきょうだい同士で生活するなど複数で世帯を形成する．つまり，いま注目されている若者のほとんどがひとり暮らしというよりも親や親族と同居しており，若者を社会的にも経済的にも完全に独立した個人として議論するには不十分である．日本以上に成人未婚者のひとり暮らし割合が低いのは，台湾（13.7%）とイタリア（19.4%）である．南欧は家族主義的福祉国家（Esping-Andersen 1999）として日本との共通点が指摘されるが（西岡 2003），そのひと

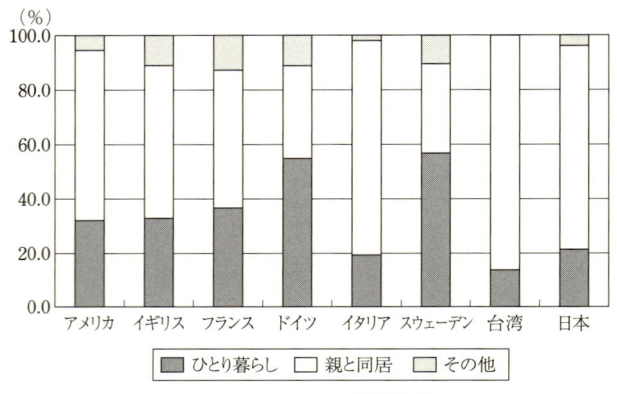

図 4-3 成人未婚子のいる世帯構造（2000 年）
出所：国民生活基礎調査（日本），LIS（他国）．

つに成人未婚者が親元にとどまる傾向にある点が挙げられる．大人への移行が親元からの離家とともに実現されているとすると，若者の独り立ちが遅れているのが日本であり，イタリアである．ともにアジアに位置する台湾と日本は，未婚である以上たとえ成人しても親と同居する場合が多数派である．

前期と後期の成人未婚者の間の世帯構造の違いも無視できない（表4-2）．前期成人未婚者の多くが親と同居しているが，後期成人未婚者となるとひとり暮らし割合が相対的に増える．前期と後期の間でひとり暮らし割合が最も大きく上昇するのは，台湾とイタリアでその増加率は4倍にものぼる．一方日本は，前期成人未婚者の間でのひとり暮らし割合が低い点で台湾，イタリアと似通っているものの，後期成人未婚者の間でのひとり暮らし割合は両国ほど上昇しない．全体世帯に占める成人未婚者のいる世帯割合は，日本で，1986 年の 25％ から2001 年の 30％ へと上昇した．彼／彼女らのいる世帯構造は，1980 年代半ばから 1990 年半ば，2001 年にかけて，それほど大きな変化は認

表 4-2 前期・後期成人未婚者のいる世帯構造分布（2000年） (%)

	アメリカ	イギリス	フランス	ドイツ	イタリア	スウェーデン	台湾	日本
前期成人未婚者								
ひとり暮らし	24.1	23.3	28.1	44.4	9.1	50.3	8.3	15.4
家族同居	70.1	64.2	57.5	42.6	89.2	38.3	91.6	82.2
その他	5.8	12.5	14.5	13.0	1.7	11.4	0.0	2.4
後期成人未婚者								
ひとり暮らし	49.6	60.1	52.6	77.7	47.0	64.7	44.1	38.7
家族同居	45.9	32.9	39.0	14.3	49.6	26.8	55.9	52.1
その他	4.5	7.0	8.5	8.0	3.4	8.6	0.0	9.1

出所：国民生活基礎調査（日本），LIS（他国）．

表 4-3 前期・後期成人未婚者のいる世帯構造分布の変化

(%)

	1986年	1995年	2001年
前期成人未婚者のいる世帯			
ひとり暮らし	14.5	18.2	15.4
親と同居	83.3	80.0	82.2
その他	2.2	1.8	2.4
後期成人未婚者のいる世帯			
ひとり暮らし	49.1	42.6	38.7
親と同居	39.9	49.4	52.1
その他	11.1	8.1	9.1

出所：国民生活基礎調査．

められない．

　表4-3は，日本における前期成人未婚者と後期成人未婚者のいる世帯の構造分布の変化である．前期成人未婚者のいる世帯構造の変化にそれほど目立った特徴はみあたらず，8割以上の多数派が親元で生活している．一方，後期成人未婚者のいる世帯に着目すると，親と同居する世帯割合が一貫して上昇している．1980年代なかば，成人未婚者の半数ちかくがひとり暮らしであった．しかしその割合は減少し，

図 4-4 世帯収入 10 分位別 成人未婚者がいる割合（2000 年）
出所：国民生活基礎調査（日本），LIS（他国）．

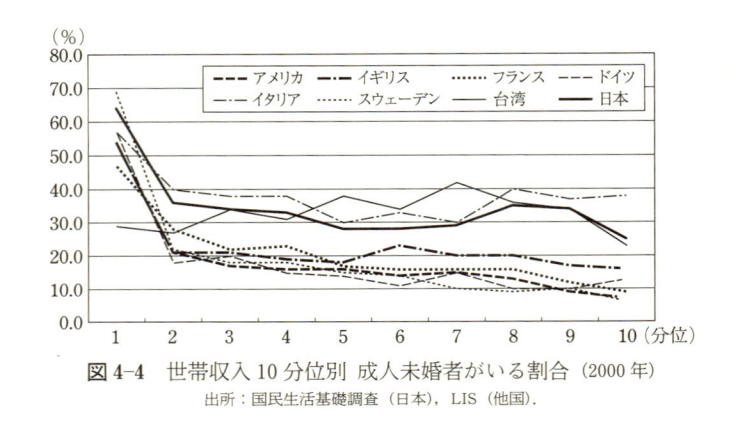

2001 年時点で，後期成人未婚者のいる世帯の過半数は親との同居世帯である．以上の結果から，近年日本における 40 歳以上の成人未婚者は親元に継続的に居続ける場合が多くなったと推測される[4]．

どの所得階層に成人未婚子が多いのか．図 4-4 は，世帯所得 10 分位別の成人未婚者のいる世帯割合である．成人未婚者が同居する場合には，成人未婚者による収入を引いて世帯収入を算出した．成人未婚者のいる世帯は低所得層に多い傾向が，日本を含むすべての国において認められる．しかし，イタリア，台湾，日本，という全体として成人未婚子が親と同居する傾向にある国においては，高所得層においても成人未婚者のいる世帯は相対的に高い．特に，日本においては，第 8，9 分位の高所得層において 2 つ目の山が認められる．イギリスでも上位 3 カ国には及ばないが，高所得層にも成人未婚子のいる世帯が

---

[4] 世帯移動についての詳しい検討は，パネル調査によってはじめて明らかにすることができる．だれが後期成人未婚期へ突入していくのかについての詳しい検討は，分析可能なデータの整備を待たなければならない．

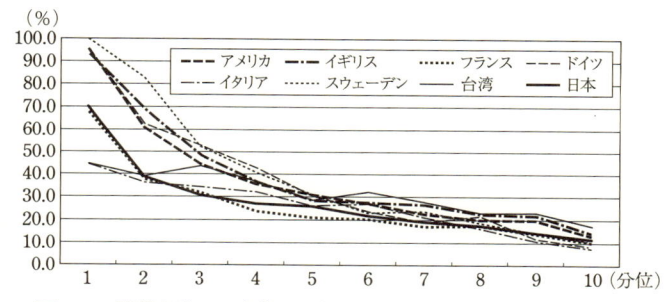

図 4-5 世帯収入 10 分位別 成人未婚者のいる世帯の成人未婚者収入割合（2000 年）
出所：国民生活基礎調査（日本），LIS（他国）．

比較的多い．一方，アメリカ，フランス，ドイツ，スウェーデンでは，成人未婚子のいる世帯と世帯収入は逆相関の関係にある．もっとも，第 1，2 分位の低所得層に成人未婚子のいる世帯が多く認められるのは，ひとり暮らし世帯が多いこととも関連している．図 4-4 における日本の特徴は，成人未婚子のいる世帯割合に低所得層と高所得層の 2 つの山が認められることで，これはイタリアにも似たパターンである．中間層に成人未婚者がいないわけではないので，成人未婚者が二極分解しているという見解は少々単純すぎるが，成人未婚者のいる世帯が豊かな層だけに限らず多様であることが，ここでも確認された．

図 4-5 でみる通り，日本を含むどの国も，成人未婚子収入以外の世帯収入と成人未婚子による収入割合は逆相関する．ただ，台湾，イタリア，そしてフランスは日本と同様に，成人未婚子による世帯収入割合が比較的低いのが特徴である．イタリア，台湾ほどではないが，日本の低所得層における成人未婚子の収入比は，ドイツやスウェーデンに比べて低く，低所得層でも経済的に親に依存する者もいる．もっとも，所得階層別に成人未婚者の収入割合は逆相関しているので，親と同居することで成人未婚子が家計を支える役割を担っている．同じ成

人未婚者がいる世帯であっても，世帯の経済状況によって，世帯における成人未婚子自身の位置づけが異なる．この点は，日本だけでなく他国においても共通する．

5 親と同居する成人未婚子

ここでは少し日本に絞って，成人未婚者のいる世帯の経済的位置づけについて検討してみよう．図4-6は，前期と後期に分けた成人未婚者のいる世帯の世帯収入に占める成人未婚子収入割合の変化である．まず，前期成人未婚者についてみると，成人未婚者の所得比はどの層においても一様に上昇しており，特定の層で成人未婚子の収入割合が上昇しているわけではない．後期成人未婚子のいる世帯についてみると，特に低所得層における成人未婚子自身の収入割合が高いのが特徴的である．成人未婚子による収入割合が上昇する背景には，親の加齢に伴い親自身の収入が相対的に減少することもあり，成人未婚子が40歳を超えると家計を成人未婚子が支える状況がうかがわれる．前期成人未婚子は親元に留まるか，別世帯を形成するかの過渡期にあり，家計においてもまだ親に依存する者が少なくない．しかし，後期成人未婚期に突入すると，親の健康状態や経済状況も変化するに伴って，いつまでも親に頼ってばかりはいられない．同じ成人未婚者といえども，家計における経済的役割がライフステージによって異なることが，図4-6からわかる．

ただ，後期成人未婚期に突入したからといって，突然，親を扶養する立場になるわけではない．事実，高所得層では前期成人未婚子同様に収入割合が低く，後期成人層においても親と同居することで経済的保障を享受する者がいる．その一方で，自らが家計を支える役割を担っている者が低所得層を中心にいて，後期成人未婚者の高い収入割合

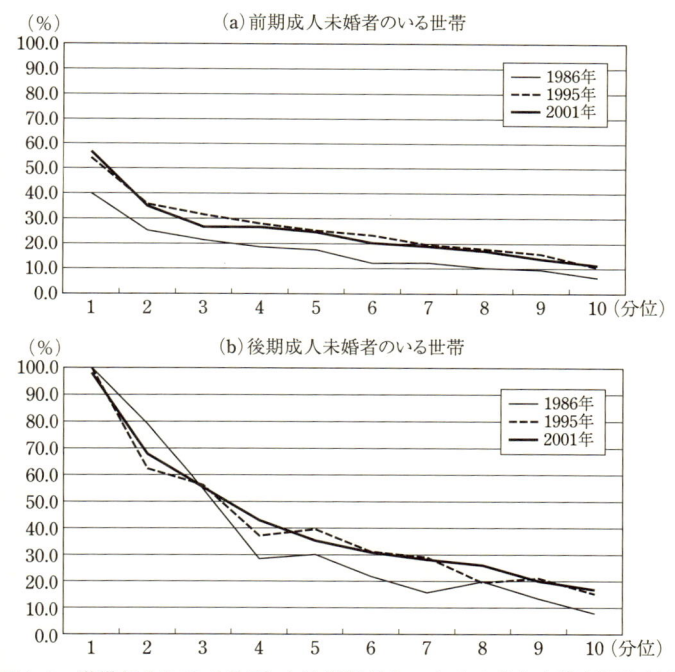

図 4-6 世帯収入* 10 分位別 全体世帯収入に占める成人未婚者収入割合
出所：国民生活基礎調査．
注：*世帯収入から成人未婚者収入を除く．

となって現れる．また，後期成人未婚者の世帯に占める所得割合は中間層でその上昇が認められる．全体として離家の遅れに伴う親と同居する成人未婚子の増加は，低所得層か高所得層かの二極分解のなかで進行するというよりも，中間層を巻き込んだ社会全体の変化として顕在化している．

　成人未婚者の有無が世帯にとっての経済リスクにどのような影響を及ぼすのか．成人未婚者のいない世帯でさまざまなライフステージに

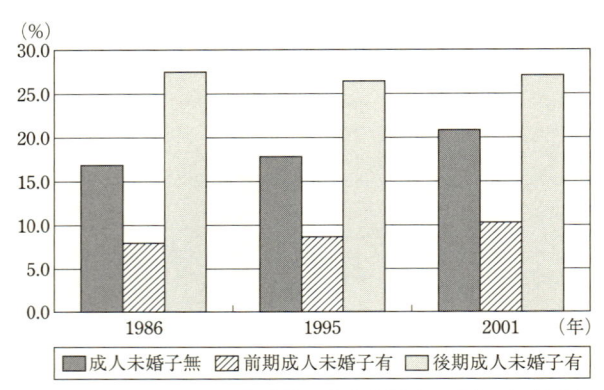

図 4-7 世帯主 50 歳以上世帯の成人未婚者の有無別 貧困率
出所：国民生活基礎調査.

いるものが混在することを考慮にいれるため，世帯主 50 歳以上の世帯に限定して分析する．図 4-7 は，前期・後期成人未婚者のいる世帯構造別貧困率である．ここでの最も重要な知見は，同じ成人未婚者でもそのライフステージによって貧困率で代表される経済リスクが異なることにある．前期成人未婚者がいる世帯はいない世帯に比べて貧困率は低いが，後期成人未婚者になると成人未婚者がいない世帯に比べて貧困率が高くなる．

後期成人未婚者のいる世帯の貧困率が成人未婚者のいない世帯よりも高いということは，後期成人未婚者が親世帯に留まることが必ずしも経済的に恵まれているからというわけではないことを示す．たしかに，前期成人未婚者がいる世帯は貧困率が低く，そのひとつの原因として成人未婚者も含め世帯の有業者数が比較的多くなることがある（白波瀬・大石・清野 2001）．成人未婚者が親と同居していても，彼／彼女らの多くは仕事を持っており，それは家計にとっては働き手としてカウントされる．しかしながら，40 歳以上の成人未婚者が親元に留まることは，働き手として家計の助けになるとは必ずしもいえな

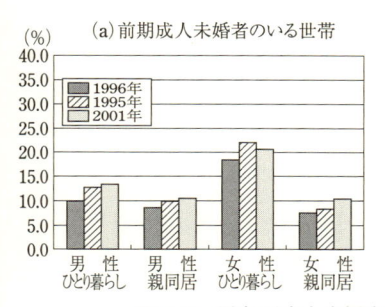

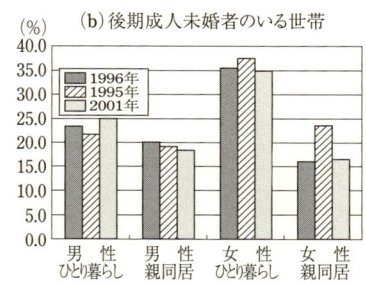

図 4-8　男女別成人未婚者のいる世帯構造別　貧困率
出所：国民生活基礎調査．

いし，何よりもこれまで子どもに世話を提供していた親が引退期を迎える．ここで検討すべき点は，だれが親世帯に留まるのか，成人未婚者との同居期間が長期化する親の経済状況がどのようなものなのか，である．横断的データを用いた本分析結果から推測しても，親子の同居期間の長期化は経済リスクを低めることにならず，親元を巣立てぬ子，子を手放せぬ親といった悪循環がうかがわれる[5]．

図 4-8 は，男女別にみたひとり暮らしの成人未婚者と親と同居する成人未婚者の貧困率の変化である．前期成人未婚者の間では，男女の違いはそれほど大きくない．ひとりで暮らすことは男女ともに貧困リスクが高く，特に，成人未婚男性のひとり暮らしの間での貧困率の上昇が気になる．後期成人未婚者になると，いずれの世帯類型でも前期成人未婚者よりも貧困率は高くなる．同じひとり暮らしでも貧困率の上昇度は男性のほうが女性よりも高く，貧困率そのものは成人未婚女

---

[5] ここでは，後期成人未婚者がずっと同じ世帯に留まることを仮定している．いったん親元を離れ，再び親元に戻ってくるケースも考えられるが，そこでの詳細な世帯動態は本データからは明らかにできない．いったん家を出たあと親元に戻るきっかけは，離婚や失業といった好ましからぬ出来事と関連することが多いと想定される．

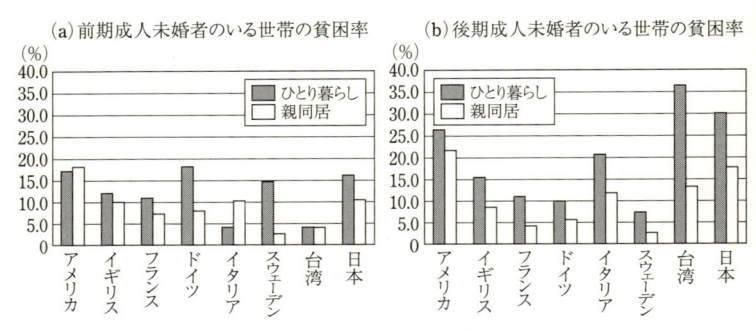

図4-9 前期・後期成人未婚者のいる世帯の貧困率（2000年）
出所：国民生活基礎調査（日本），LIS（他国）．

性のひとり暮らしが高いものの，変化としては男性のほうが大きい．女性で生涯未婚でひとり暮らしをすることに高い貧困リスクが伴う事実は軽んじることができないが，男性の間でも生涯未婚でひとり暮らしをすることに伴う貧困リスクが上昇していることを見落とすことができない．

　以上，日本の成人未婚者に着目して，経済リスクの変化をみてきた．ここで，国際比較の観点から，成人未婚者の経済リスクを検討してみよう．図4-9は前期成人未婚子(a)と後期成人未婚子(b)の貧困率をひとり暮らし世帯と親と同居する世帯に分けてみた結果である．前期成人期については，アメリカとイタリア以外，ひとり暮らしは親と同居するものに比べて貧困率が高く，親との同居が成人未婚子の貧困対応として機能していることが考えられる．後期になると，前期よりも国ごとの違いが大きくなる．特に，台湾は前期成人未婚者のいる世帯のうち，ひとり暮らしか親と同居しているかにかかわらず，成人未婚者のいる世帯の貧困率は低く押さえられている．しかし，後期成人未婚者のいる世帯に目を向けると，台湾は特に貧困率の上昇程度がきわめて大きい．イタリアは特にひとり暮らしの間での貧困率の上昇が高く，

日本もイタリアの上昇率ほどではないが，後期成人未婚子の貧困率が高い．生涯独身でひとり暮らしすることがきわめて少なく，そのことがスティグマとしての位置づけが強い国において，後期成人未婚子は経済的リスクと隣り合わせである場合が多い．

　貧困率そのものに加えて，前期から後期の成人未婚者間での貧困率の違いは，イタリア，台湾，日本で高く，この3つの国はいずれも家族機能に大きく依拠した福祉国家である点で共通する．特に台湾においては，前期成人層と後期成人層の貧困率の違いがきわめて大きく，後期成人未婚者として生活することが社会の中でひとつのスティグマとなっており，高い貧困リスクと隣合わせである．ここでの日本の特徴を考えると，ひとり暮らしの高い貧困率もさることながら，親と同居する成人未婚子の貧困率が後期になって一層高くなることが注目される．家族機能をベースとして福祉国家を設計している国においては，ライフステージが進むと，親族と同居することによって自動的に貧困リスクを回避することを期待することが難しくなる．特に，日本においては，親と同居する後期成人未婚子世帯の貧困率に上昇が認められる．特定の年齢になって結婚をし，自らの世帯を構えるという一般的なライフコースから外れた場合の経済的ペナルティが，人生の後期になって一層明らかになってくる．それは，成人未婚子個人のみならず彼／彼女らをとりまく世帯の相対的な経済水準の低下としても顕在化してくる．

　ひとり暮らしに比べると，親と同居する成人未婚子世帯の貧困率は一般に低い傾向にある．したがって，家族との同居は成人未婚子にとって貧困回避の手段として位置づけられる．しかし，親と同居しているからといって即，貧困から無縁となるわけではなく，親子ともに貧困層に陥る可能性があることも忘れてはならない．図4-5でもみたように，成人未婚子収入の世帯収入に占める割合は低所得層[6]ほど高

い傾向にある．そこでは，成人未婚子が親と同居することで経済的恩恵を受けるというよりも，成人未婚子と同居する親の側が経済的恩恵を受けている状況がある．

6 親との同居がもつ意味

これまで経済格差を中心に成人未婚者のいる世帯を検討してきた．しかし，親と同居することが経済的のみならず，社会的にも一体どのような意味をもつのか．本章を締めくくるにあたって，何が親との同居を規定し，親との同別居が若者たちの将来の結婚にどのような意味をもつのかを検討する．本節で用いるデータは，東京大学社会科学研究所が2007年に実施した「働き方とライフスタイルの変化に関する全国調査」である[7]．本分析では20〜34歳男女を対象にした若年パネルと35〜40歳男女を対象とする壮年パネル調査の結合データを用いる．詳しい調査内容については，石田ほか (2007) を参照のこと．

本分析では，20歳以上の未婚者を対象とし，これまでの分析との整合性を保つために，調査時点で学生であるものは分析から除いた．調査時点で，成人未婚者のうち，親と同居するものは77.2%で，親と別居するもののうち78.8%がひとり暮らしである．まず，だれが親と同居するのか．親との同居を規定する要因を検討する．親と同居するか否かを従属変数とする分析に説明変数として投入した変数は，年齢，父親の学歴（義務教育のみ修了をベースとして，高卒ダミー，大卒以上ダミーを投入），15歳時の父親の職業（ブルーカラー職をベ

---

6) ここでいう世帯収入とは，成人未婚子がいる場合，成人未婚子による収入を引いた値である．
7) 本研究は，科学研究費補助金 (基盤研究(S))「現代日本の若年者の労働と意識の変容に関する総合的研究」(課題番号 18103003) の成果の一部である．

ースとして,専門・管理職ダミー,ホワイトカラー職ダミー),15歳時の父親の家事・育児参加(家事も育児も母親任せとしていた＝1,その他＝0),現在の暮らし向き(豊か＝5〜貧しい＝1),本人学歴(父学歴と同様の高卒,大卒以上ダミー変数),仕事の有無,1日あたりの仕事時間,本人職種(ブルーカラー職をベースとした,専門・管理職ダミー,事務・販売職を中心とするホワイトカラー職ダミー),本人所得(最も高い500万円以上の所得をベースとし,154万円以下,155-299万円,300-499万円の3つの所得カテゴリー[8])である.

ここでの説明変数群は,親に関する要因と子どもに関する要因の2つの側面からなる.出身階層を含む親の社会経済的地位に関する変数は,15歳時の父親の学歴,職業,15歳時に父親がどの程度家事・育児に参加していたか,そして暮らし向き意識である.第1の変数群はいわゆるパラサイト・シングル論に対応し,父親の学歴が高く,父親の職業がブルーカラーよりも専門・管理職であったほうが親と同居しやすく,現在の暮らし向きが豊かだとみなしているほど親と同居しやすい.さらに,パラサイト・シングル論で暗黙のうちに仮定されていた母親が専業主婦であることを検証するために,調査時点での母親の仕事の有無を投入した.ここでの仮説は,母親が専業主婦であると成人子は親と同居しやすいとする.

成人未婚子の側の変数は,仕事の有無,仕事時間,本人の学歴,本人の職種,そして本人の収入である.ここで検証される仮説は,若者の相対的経済状況の悪化が親元から巣立つことのできない若者を生むという見解に対応する(Bell *et al.* 2007).仕事を持つものほど同居しにくく,学歴が高く,専門・管理職に就いて収入が高いほど親と別

---

8) 個人所得は階級値で質問されている.そこで中位点をとって連続変数として平均を求め,欠損値には平均値を投入した.

居しやすい．ただ，時間については，パラサイト・シングル論のもとで，経済的のみならず時間的な恩恵を親から受けることが想定され，さらに専業主婦としての母親を暗黙のうちに仮定している．そこで，労働時間が長いほど親との同居が促される．

表4-4は，親と同居するか否かを従属変数とするロジット分析の結果である．男性についてみてみると，親の社会経済的地位を示す変数で有意な効果を示したのは，現在の暮らし向きと15歳時の父親の家事・育児参加変数である．たしかに，いまの暮らし向きが良好であると表明したものほど親と同居する傾向にあり，世帯の経済的状況は同居を規定する重要な要因である．一方，父親の家事・育児参加については，父親が家事・育児を母親任せにしていたものほど親と同居する傾向にある．これは母親専業主婦仮説を支持するものであり，母親が15歳時において家事・育児を一手に担っていたものほど，そのまま親元に留まる傾向が強いことをいう．一方，女性については，15歳時の父親の家事・育児参加について有意な効果が認められなかったが，現時点での母親の仕事の有無が有意な効果を呈した．現時点で母親が仕事を持つものほど成人未婚女性は親と同居しない．これは白波瀬（2004）が示したように，親との同居に関して子どものジェンダーが世帯内役割と関係しており，母親が仕事をもっている場合に，日常的な家事役割代替を期待されるのが成人女性である傾向が確認された．つまり，母親が専業主婦であることはパラサイト・シングルとなるうえで前提となるが，女性については母親が仕事を持つ場合に母親の代替機能を担わなくてはならない新たな役割が課されることになる．それを避けるべく，成人未婚女性は母親が仕事をもつ場合に同居を控える傾向にある．

男女ともに，自らの収入が低いと親と同居する傾向が強い．特に男性は自らの収入が親との同居確率とマイナスの相関を示す．言い換え

表 4-4　親との同居に関するロジット分析

	男性	女性
	係数	係数
年　齢	0.006	−0.025
父高卒ダミー	−0.012	0.412
父大卒ダミー	−0.184	0.521
父専門・管理	−0.155	0.250
父ホワイト職	0.382	0.169
15歳時父生存ダミー	−0.335	−0.416
父の家事・育児参加ダミー	0.898**	0.253
母親仕事有ダミー	−0.019	−0.544*
生活の暮らしむき	0.599**	0.645**
本人高卒ダミー	−0.130	7.534
本人大卒ダミー	−0.708	7.068
仕事の有無	0.580	−0.031
仕事時間（1日）	−0.044	−0.070
本人専門職ダミー	−0.483	−0.074
本人ホワイトカラー職ダミー	−0.666*	0.280
本人所得1ダミー	1.706**	1.663**
本人所得2ダミー	1.455**	0.959
本人所得3ダミー	0.949**	0.193
定　数	−1.096	−7.163
−2対数尤度	618.876	720.958
Cox & Snell R^2	0.120	0.122

出所：働き方とライフスタイルの変化に関する全国調査 2007（東京大学社会科学研究所）．

注：本人所得カテゴリー：1＝0-154万円，2＝155-299万円，3＝300-499．
　　*5%水準で有意，**1%水準で有意．

れば，親との同居の背景には，自らの居を別途構えるだけの経済的基盤の不備がある．独立した世帯を形成するだけの経済的保障は，若者を物理的に自立させるうえでも不可欠である．ここでも子どもの経済状況が悪いほど親との同居傾向が強まるという仮説は支持されたとみてよい．親との同居については，果たして経済的要因が重要であった．

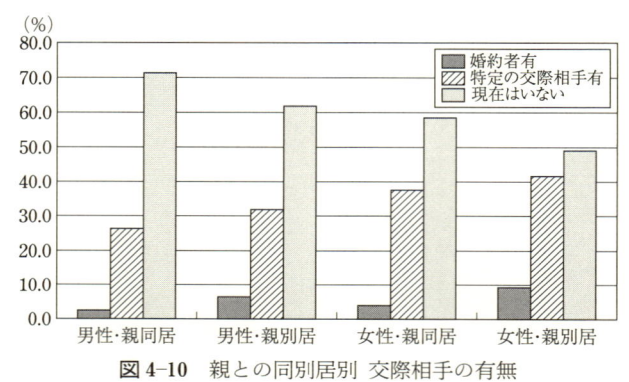

図 4-10 親との同別居別 交際相手の有無

出所:働き方とライフスタイルの変化に関する全国調査 2007(東京大学社会科学研究所).

それに加えて,表 4-4 で興味深い結果は,男性は 15 歳時の父親の家庭へのかかわり方に,女性は現時点での母親就労に同居確率が影響されている点である.親子同居は意識の問題というよりも経済的状況が大きな影響を及ぼす.さらに意識というよりも,幼いころの母親とのかかわり,現時点での母親の家庭内の位置が成人未婚男女それぞれの同居しやすさに有意な影響を及ぼす.親との同居は経済的であると同時に,役割規範を含めた世帯内の役割構造と無関係ではない.

親との同別居で結婚に対する態度にどの程度の違いがみられるのか.親との同別居別に現在特定の交際相手がいるかどうかをみてみよう.図 4-10 より,男女ともに親と同居する成人未婚子のほうが,特定の交際相手がいないと答えた割合が高い.親と同居している者と別居している者の間の交際相手無割合の違いの程度は,男女間で似通っている.親と同居する成人未婚男性の 7 割以上,成人未婚女性の 6 割程度が特定の交際相手がいないとしている.この値を高いとみるのか,妥当だとみるのかを判断できる材料はいまない.しかし,特定の交際相手がないと 10 人のうち 6,7 人以上が答えるのは,決して低いとはい

表 4-5 親との同別居別 結婚の意志 (%)

	男性		女性	
	親と同居	親と別居	親と同居	親と別居
ぜひ結婚したい	35.2	41.3	44.5	36.7
できれば結婚したい	38.3	37.1	36.1	36.2
結婚しなくてもしてもよい	13.8	12.9	11.9	16.1
結婚したくない	2.7	3.2	1.8	4.6
結婚について考えていない	10.0	5.6	5.7	6.4
Pearson の χ^2	7.1		10.5*	

出所:働き方とライフスタイルの変化に関する全国調査 2007(東京大学社会科学研究所).
注:* 5% 水準で統計的に有意.

えないであろう.

　結婚の意志はどうか.表 4-5 に示したように,男女間で親との同別居に伴う効果が異なる.成人未婚男性の間では,親と同居するものは親と別居するものより「ぜひ結婚したい」と答える割合が低い.逆に,成人未婚女性は,親と同居するものの方が結婚願望が強い.これは,親との同居が意味するところが,男女の間で異なることを示唆する.女性は,親との同居は結婚前の準備時期であり,強い結婚願望となってあらわれる.しかし男性にとって親との同居は結婚を代替するような位置づけを持ち,結婚する必要性を感じないことに通じる.

　実際,独身の理由をみると(表 4-6),結婚する必要性を感じないとしたものが親と同居する男性の間で高い.一方,女性は親との同別居にかかわらず,結婚する必要性を感じないと答えたものが 3 分の 1 程度いる.独身の理由について大きな男女差を示したのは,経済状況の不安と結婚資金の不足である.男性は,結婚後の経済不安や結婚資金が足りないから独身でいると答えたものが女性よりも多い.親元にとどまる成人未婚子の間でも,夫が家計を支える稼得者役割を遂行すべきというジェンダー規範が見え隠れする.

表 4-6 親との同別居別 独身でいる理由 (%)

	男性		女性	
	親と同居	親と別居	親と同居	親と別居
結婚する必要性を感じない	38.1	29.9**	33.1	35.0
家の居心地がいいから	12.3	1.7**	22.1	5.5**
結婚後の経済状況に不安があるから	34.4	37.5	16.4	17.7
結婚資金がたりないから	20.8	24.0	12.4	13.2

出所:働き方とライフスタイルの変化に関する全国調査 2007(東京大学社会科学研究所).
注:**1% 水準で有意.

7 巣立てぬ若者

　若者は成人期への移行というライフステージの過渡期にあり,日本では十分に検討されてこなかったテーマである.しかし,人の一生は連続しており,子どもから大人へと移行するうえに,成人未婚子の問題は過渡期だからこそ重要である.若年期は通り過ぎるだけの時期でなく,いかに通り過ぎるのかがその後の人生に大きく影響してくる.学業を終え本格的な社会の一員となる第一歩としての就職活動の時期が就職氷河期であったロストジェネレーションは,その後の職歴にも時代の不運がつきまとう(小林 2008;朝日新聞「ロストジェネレーション」取材班 2007).この時期をどうくぐりぬけるか.たまたま景気がよいときに社会の門をたたいたものと,景気がどん底のときに門をたたいたものとでは,個人の資質とは関係なく,社会の風当たりは違うだろうし,若者が目の当たりにする社会の景色も違う.

　成人未婚子も,どの時代を通り,どのような親元で養われ,どのような諸制度の下で生活するのかによって,彼/彼女らの位置づけは異なる.若年層の失業は,日本のみならず,すでに欧米では深刻な社会問題として 1980 年代以降議論されてきた.その意味で,若年雇用の

問題は欧米と共有できるところにきたといえる．しかし，同じ若年雇用の問題も社会によってその捉え方が異なる．日本は若者を，パラサイト・シングル，フリーター，ニートで語ることが多く，イメージ先行型の議論に偏りがちだ．いまの若年問題に対する議論を一時的な流行りに終わらせないためにも，その実態把握と問題のメカニズムを明らかにするような地道な研究蓄積が求められる．

最終学歴を終えた成人期のはじまりは自らの世帯を形成して独り立ちする時期にあり，人生の過渡期である．その意味で不安定であり，かつ彼ら自身まだ十分なスキルや資力を持ち合わせていないので，マクロな経済に影響を受けやすい．その不利な立場は他の年齢層よりも高い失業率となって現れ，高い転職率や低賃金問題として表面化する．それは，日本だけでなく欧米社会にも共通する若者のありようである．しかし，同じ不安定なライフステージにあるとしても，その経済的リスクの程度は国によって異なる．特に，イタリア，台湾，日本といった家族機能に大きく依存し，かつ家族によるケアが強く期待される国においては，生涯独身で生活することに伴う貧困リスクが高い．人生の過渡期にあり比較的若い前期成人未婚層では，国の間の違いはそれほど大きくない．しかし，後期成人未婚層となると，イタリア，台湾，日本の貧困率の上昇が目立った．生涯独身を通してひとりで暮らすことが，個人の生き方として標準から大きくかけ離れ，諸制度からもスティグマとして扱われる．生き方の格差が経済格差となって大きく顕在化しやすいのが，家族規範が強く，家族機能に対する期待も大きい国でみられた点は重要である．

子どもが親元を離れて独立しないのは，経済的な理由によることが多い．親元を離れようとしないのは，決して若者の贅沢病ではなく，離れるだけの経済的基盤が不十分であるからである．そこで必要となるのは，親との同居に伴う利点を抑える政策よりも，別居を現実的な

選択肢とするような,住宅政策や最低賃金保障政策である.日本は年齢を基準にさまざまな制度が設計されており,年齢階層という点ではきわめて保守的である.若い時期に標準的な人生カレンダーから外れてしまうと,その後の軌道修正がきわめて難しい国が日本であり,台湾であり,イタリアである.年齢に基づくライフコースモデルが固定的な社会が,南欧やアジアである.それぞれの国で年齢をベースとした制度設計が基礎となり,この年齢階層(age stratification)が成人未婚子と親との関係を規定する(Hogan and Astone 1986).イタリア,台湾,日本といった家族規範が強く,親元を離れることが婚姻と密接に関係している国において,未婚期間が長期化することに伴う経済リスクの高さがあった.生涯結婚せずにひとりで暮らすことのスティグマの強さが高い貧困率となって現れ,標準型を外れたことへのペナルティが高くなる.ペナルティの高い国における成人未婚者たちは,結婚離れという形で高いペナルティを表明し,その結果として出生率が低下し続ける.家族はこれまでどおり,たとえ子どもが標準型を外れたとしても世話を焼き続けるのだが,親自身が加齢して家族・世帯の生活保障機能が低下する.そこでは,子どもの面倒を好きでみつづけるというよりも,年金で家計を支え,巣立てぬ子どもの面倒をみるケースがでてくる.また,家族の役割が比較的大きい南欧の若年の間で貧困率が高い(Parisi 2008).これは結局,親元を離れることに伴って貧困リスクが急激に高くなるためであり,この高い貧困リスクを見据えて,若者らは結局独り立ちできるまで親元に留まる選択をする.

経済のグローバル化が進み,若者の相対的賃金が低下するなか,結婚に踏み出すうえで経済的保障が必要である.事実,世帯を構えるには経済的に不安だと訴える者が多く,本人の収入が低いほど親と同居しやすい.先立つものがなければ親からの独立もままならない.晩婚

化のみならず，未婚化の事実をひとつの生き方として正面から認め，この変化に沿ったニーズを制度に反映させることが必要になる．若者がいかにうまく人生の過渡期をくぐりぬけることができるのか．これは，若者個人，あるいはその家族の問題のみならず，社会全体にとっての課題であり，これからの少子高齢社会全体の格差をも左右する．

5 母親が働くこと
人々の意識とその背景にある制度

　これまで経済格差の実態を中心に検討してきた．しかし，不平等の実態と不平等に関する人々の意識は必ずしも一対一対応ではない．いくら人々が世の中は平等だと叫ぼうが，実際に不平等がないわけではない．そこで本章では，日本社会の基本単位のひとつである家庭におけるジェンダー役割に対する意識に注目する．第2章，第3章では女性就労について社会全体の経済格差と子どもとの関連を通して検討し，第4章では親と同居する成人未婚子の家庭内役割のジェンダー差に言及した．そこで本章では，母親が働くことを人々はどのように捉え，またその背景にある制度がどのように設定されてきたのかについて考察する．

1 意識と実態

　意識と実態，両者は独立ではないが，同一でもない．第1章でも経済格差の程度と人々の階層帰属意識の散らばりについて議論した．1980年前後，日本が総中流社会論に沸いたころも，経済格差がゼロであったわけではない．南亮進は，1950年から1970年代にかけての平等化の原因を高度経済成長にみる．農村人口が大量に都市へと移動し，都市部の失業率が低下し企業規模間格差が縮小して，平等化が促された．その結果，1970年ごろ，日本は一億総中流を成し遂げたと，平等化のメカニズムを説く（南 2007）．しかし，1970年代はじめのジニ係数は0.314であり，一億総中流であることを裏づける値である

とは必ずしもいえない．たしかに，一億総中流論争の背景には日本経済が発展して，経済全体のパイが拡大して所得水準の底上げがあった．この変化によって，「我々も中流の生活ができるようになった」と人々は認識した．つまり，戦後の復興期を経て奇跡の高度経済成長を成し遂げた変化の読み替えが，一億総中流社会論であった．しかしここで注意すべきことは，それはあくまで変化の読み替えであり，実際に皆が中流であったかどうかとは区別しなければならないことである．

人々の意識は実態を反映するが，実態そのものではない．間々田 (1990) は，人々の中意識は経済成長や生活水準とはあまり関係がないとする．しかし，近頃高揚する人々の不平等感がなんら根拠のない「思い」だけともいえない（白波瀬 2007c；石田 2003）．一方，近年の格差拡大論や不平等化論については，マスコミによる煽りも手伝って，少々過剰反応気味であることも否定できない．平等化にせよ，不平等化にせよ，人々の意識の高揚は，時として事実認識そのものに大きな下駄をはかすことにもなりかねないからである．不平等だと思って世の中を見れば不平等に見える．しかし，世の中まんざらでもないと思えば，そんなに不平等があるようにも思えない．どちらも事実であるが，どちらが正しいともいえない．いずれの場合も，意識と実態を区別して捉えなくてはならない．人々が不平等になったと感じたからといって，実際にそれと同程度の不平等化があったとは限らない．何をもって不平等化を測るかという技術的な問題もあるが，ここでは何をもって不平等化したと人々が認識したかが問題で，人々が感じた対象と全体社会の不平等化指標が表す結果が必ずしも整合しているとは限らない点こそが重要である．

本章では，日本の家族，ひいては日本経済の仕組みの基層的なメカニズムのひとつである性別役割分業に注目する．高度経済成長時代，企業戦士としての夫を支える妻がいた（落合 1994；大沢真理 1993；

上野 1990).そのころ,既婚女性の無業化が進み,夫の給料で一家が生活できる男性世帯主型世帯が主流となる.それは,日本の福祉国家を支える前提となり,女性の一生が男性と連動して保障される社会保障体系の形成へと結びついた(大沢真理 2007).夫が家計を支え,妻が家の面倒をみる.強固な性別役割分業体制は,日本経済の奇跡的発展を可能にしたが,少子高齢化を生む背景にもなった.女性の高学歴化が進んでも「夫は外,妻は内」の分業体制が依然継続され,高学歴の専業主婦を生む土壌が生まれる(Brinton 1993;大沢真知子 1993).その反省が,社会保障制度をはじめとする社会の諸制度の前提をジェンダー中立的にする男女共同参画社会の構築に向けての動きとなった(大沢真理 2002).そこでは,ジェンダーという言葉が市民権を得て,生物学的性差に一義的に付与された役割構造を見直し,硬直的役割構造の打破を訴えるべきとされた.しかし,市場原理を追求し新自由主義の提唱が高まると,保守的役割構造への大きなゆりもどしが生まれて,「ジェンダーバッシング」が登場する.硬直的な役割構造を前提とした諸制度の見直しは,良き「おんならしさ,おとこらしさ」を否定するものであると,人々の危機感を煽った.おんならしくて何が悪い! 男も女も同室で着替えをさせるようなジェンダーフリーなどあるまじきこと.ジェンダーフリーに対するいわれなき誤解がモンスター化する.

　高度経済成長を達成したのは半世紀前.1980年代半ばには,女性の基礎年金が保障されて,専業主婦優遇体制が確立される.つづくバブル経済期,その後の低成長期と時代が進もうとも,夫と子どもの世話に専従する専業主婦に対する熱い想いは世の中の美徳として根強いこだわりでありつづける(白波瀬 2005a).性別役割分業に対する強い想いは,一体どの程度日本特有であるのか.本章では,性別役割分業や母親の就労を中心とした人々の意識を,他国と比較して検討する.

本章で分析するデータは，2002年 International Social Survey Program：Family and Changing Gender Roles（以降，2002年 ISSP）である．本調査には日本を含む39カ国が参加しており，日本を国際比較するうえで貴重なミクロデータのひとつである[1]．ジェンダー役割をテーマとした社会調査としては3回目で，2回目は1994年に実施された．ここでの分析は高齢層と区別し子育てとの関係で母親就労に着目することから，18歳から49歳の対象者に限定する．調査対象国が年によって若干異なり，2002年 ISSP にイタリアが含まれていないので，本章では南欧のもうひとつの国としてスペインを比較対象国に加える．

2　性別役割分業から福祉国家を比較する
——母親就労に対する人々の意識

　婚外子割合が低く，結婚と出産がきわめて密接な関係にある日本の出生率低下の要因は，大きく2つに分けることができる．ひとつは若年層が結婚しない晩婚化・未婚化によるもので，もうひとつは結婚したカップルが子どもを生まないことによる．結婚したカップルの間での出生率の低下が最近認められるが，出生率低下の主たる原因は結婚しようとしない若者らの結婚行動によるところが多い[2]．どうして彼

---

[1]　本データは各国で実施された全国調査に，共通の質問をモジュールとして加えて作成されている．本章の分析対象国サンプルサイズは，アメリカ1,171，イギリス1,960，フランス1,903，ドイツ1,367，スペイン2,471，スウェーデン1,080，台湾1,983，日本1,132である．このうち18歳から49歳の男女に限定すると，アメリカ745，イギリス1,064，フランス1,210，ドイツ772，スペイン1,459，スウェーデン600，台湾1,325，日本522，となる．全国の対象年齢を母集団とした代表性のある調査であるが，サンプルサイズが十分に大きくないことは分析結果をみるにあたって留意されたい．

[2]　1990年半ば以降，合計特殊出生率の低下を説明する要因として既婚カップル

／彼女らは結婚しようとしないのか．山田（1999）は，親元で暮らすリッチな成人未婚子を「パラサイト・シングル」と巧妙なネーミングで表現し，結婚はもはや豊かな生活を保証するものでないと見切りをつけ，親元を離れようとしない若者たちを少子化の主たる原因とみる．結婚に魅力を見出せなくなったのは，経済的な側面ばかりではない．結婚したら否応なく妻に振りかかる家庭責任を一手に引き受けなければならない結婚のありようも，若年層，特に若年女性の結婚離れを促すひとつの理由である．未婚者のほうが，既婚者よりも子育て不安を強くもつ傾向がみられる（白波瀬 2006cd）．

確固たる性別役割分業体制は，若年層を晩婚化，未婚化へと促すだけでなく，女性が高学歴を取得し就労を継続してキャリアを蓄積することが難しい状況を生む．女性の高学歴化は1960年代以降進展し，2007年3月の高校卒業者114万7000人のうち大学等の高等教育機関に進学したものは男女合わせて51.2%の過去最高となった（文部科学省 2008）．そのうち女性の大学進学率38.8%と短大進学率12.8%とあわせると，男性の大学等進学率46.9%を上回る．しかし，日本女性の年齢別就労パターンはM字型を呈し断続的な働き方が依然優勢で，高学歴を取得しても出産を機に労働市場から退出する女性が多数派である．結婚を機に就業を中止する割合は減少したが，出産は女性の就労継続を阻む最も大きな要因である（今田 1996；今田・池田 2006）．

1985年男女雇用均等法（「雇用の分野における男女の均等な機会および待遇の確保等女子労働者の福祉の増進に関する法律」）が成立し，

の出生率の低下の効果が上昇した（金子 2004；廣嶋 2000；岩澤 2002）．しかし，合計特殊出生率そのものを規定する際に，若年層の既婚率は依然として大きな効果をもち，若年層の未婚化・晩婚化の効果は決して過少評価できない．

男性と同様の昇進機会が提供される総合職への門戸が女性にも開かれた．大企業を中心に女性の管理職登用が増加しているが，それでも管理職に占める女性割合は低い．「女性雇用管理基本調査」によると，2006年，管理職に占める女性の割合は，係長相当職10.5％，課長相当職3.6％，部長相当職2.0％，とまだわずかである（厚生労働省 2007c）．近年女性管理職が増えてきたといわれるが，その上昇程度が最も大きいのは係長相当職で，1995年の4.7％から2006年には10.5％へと上昇した．同様に，課長相当職については2.0％から3.6％，部長相当職については1.5％から2.0％と，管理職レベルが高くなるほど上昇程度は小さくなる．男女賃金格差も2007年時点で男性の所定内給与を100とした場合の女性の所定内給与は64.9と，賃金格差の程度は改善の方向にあるものの欧米に比べて格差の程度は大きい（厚生労働省 2008a）．このような労働市場における女性の恵まれない地位は，女性の断続的な就労パターンと関係している．「21世紀出生児縦断調査結果」によると，出産半年後母親の就労率は25.1％であり，1年後の追跡調査時において就労していた母親割合は30.4％であった（厚生労働省 2008b）．依然，女性の多数派が出産を機に労働市場から退出している．

　女性の高学歴化が進展したにもかかわらず女性の就労パターンが継続的にならないのは，性別役割分業体制を前提とした雇用慣行と関連する．女性に対して総合職を開放しても，継続的に就業するものは少ない．長時間働き，突然の移動命令を文句ひとついわずに受け入れなければならない働き方は，子どもを育てながら仕事をするうえで困難を伴う．それでも3割程度と少数派だが，出産後も仕事を続けている女性もいる．彼女らが継続して仕事を続けることができた背景には，子育てを支援してもらった家族・親族がいた（白波瀬 2002b）．就業を継続した者の中で，家族・親族から支援を受けた者の割合は学歴程

度や企業規模にかかわらず多い．仕事と家庭の両立が家族・親族による支援に依拠する程度は依然大きい．

2007年4月時点，全国の保育園待機児童数は1万7,926人で，特に埼玉，東京，神奈川，大阪，兵庫など大都市を中心に待機児童数が多い（厚生労働省 2007d）．1991年，育児休業制度が成立したが，育児休業制度を利用して就業を継続する者はまだ多数派となっていない．もっとも育児休業制度を利用して就労を継続するものが増えてはいるが，その取得者は大きく女性に偏っている．2006年，育児休業を取得したもののうち女性が97.2%，男性2.8%と，男性の育児休業取得者はごく少数に過ぎない．松田茂樹（2008）は，男性の育児休業取得が進まない理由として，男性の働き方にあった制度設計がなされていないと述べる．その背後には硬直的な雇用慣行と夫婦間の賃金格差がある．2001年度改正で育児休業中の所得補償が40%となったといえども，父親が育児休業を取得することによる家計の損失は母親の場合より大きい．育児休業制度を単に提供するだけでなく，性別役割分業体制を前提とした妻の働き方を見直し，雇用慣行に対する考え方の転換が必要となってくる．いま注目を集めているのは，ワーク・ライフ・バランスである（大沢真知子 2006; 山口・樋口 2008）．

3　日本と比較する国の事情

日本と比較検討する国を，家族政策に関連させながら簡単に紹介しておこう．ここで比較の対象とする国は，アメリカ，イギリス，フランス，ドイツ，スウェーデン，スペイン，台湾，日本である[3]．これ

---

3) 2002年ISSPデータにはイタリアが参加していないので，分析結果についてイタリアの言及はないが，他章ではイタリアを比較対象国としている関係上，イタリアについても簡単に言及する．

らを比較福祉国家論の立場から位置づけると (Esping-Andersen 1999), アメリカ, イギリスは自由主義型福祉国家, フランス, ドイツは保守主義型福祉国家, スウェーデンは社会民主主義型福祉国家で, スペインはイタリアと並んで家族主義型福祉国家とされる. 台湾はアジアの国として比較対象国に加えた. なお, エスピン・アンデルセンによって提唱された欧米を中心とした福祉国家類型に対し, アジアを入れた新たな比較福祉国家論の展開が見られる (Goodman, White, and Kwon 1998; 武川 2006; 岩間・ユ 2007). 中国, 台湾, 韓国といったアジアを比較対象に加えることで, ヨーロッパを中心に展開された比較福祉国家論に新たな分析視角を加えることができるのだろうか. アジアだから特殊だとみるのは, 少々短絡的である. ヨーロッパの中で国の違いがあるように, アジアと一言でいってもその発展段階や社会制度の枠組みに違いがあり, それらを考慮する必要がある (武川 2006).

アメリカは社会サービスの枠組みでの普遍的な家族政策を基本的に持たない. 家族の問題はきわめてプライベートなことであり, 政府が介入すべきでないという姿勢が制度設計の基層にある. そのためアメリカでは, 子どもをもつ世帯全体を対象とした普遍的な家族政策は展開されておらず, 特別のニーズをもつ家族にターゲットを当てた政策が中心となる. TANF (Temporary Assistance for Needy Families) はそのひとつである (白波瀬 2003b). また, 子をもつ母親が有給で育児休暇を取得することが保障されていない. 2000年に成立した育児休暇制度は基本的に無給であり, 50人以上の事業所に働くものを対象とし, 働く女性の半数近くがこの条件を満たすことができない. さらに, 経済的な理由から, 母親の多くは無給の育児休暇を取得しない (白波瀬 2007b). アメリカの家族政策は税制を中心に展開されているが, その規模は福祉国家としての先進国であるヨーロッパ

に及ばない．

　1980年代以降，アメリカでは幼い子どもをもつ母親が継続して就労するようになったが，就労する母親や子育てのあり方に大きな格差が存在する（白波瀬 2007b）．イギリスも，女性就労，家族に対する支援という点ではアメリカと同様限定的である．しかし，アメリカと異なって既婚女性に占めるパートタイム就労割合が高いことが，イギリスの特徴である．アメリカのパートタイム就労は，学生をはじめとする若年層に多くみられるが，イギリスでは日本と同様に中高年女性の就労再開のための雇用機会として活用される場合が多い（Shirahase 1995）．中高年女性のパートタイム就労への移行はキャリア上の後退を意味し，女性労働力の増加は労働市場における女性の地位の向上へと必ずしも結びついていない（Joshi and Paci 1998）．しかしながら，家庭と仕事の両立を実現させる方法は結局のところパートタイム就労に限られているために，労働市場におけるジェンダー格差は温存されている．

　イギリスは明示的な人口政策を展開していないにもかかわらず，2006年には 1.87 と比較的高い出生率を維持している．その背景には，10代の妊娠や移民の比較的高い出生率があり，貧困問題として深刻な社会問題とも隣り合わせである．高学歴で高収入の女性は出産を遅らせる傾向にある一方で，十分な教育を受ける前に妊娠した若年女性は安定した雇用なしに家庭に留まり第2子，第3子出産の確率が高くなる．出産行動に関して社会的地位による二極分化が進行しており（Ekert-Jaffe *et al.* 2002），政府による家族政策へのニーズが高まることは間違いない（Sigle-Rushton 2008）．

　一方，フランスは包括的な家族政策を展開し，家族政策の諸制度に投入する費用も高い．婚姻状況，年齢，人種にかかわらず全ての母親が一連の家族給付を受けることができる．それらは，妊娠中の医療給

付，出産休暇手当，一人親手当，障害をもつ子のための特別教育手当，新学期手当や3歳から21歳の3人以上の子をもつ親への家族補足手当，である．このように充実した現金給付に加えて，フランスでは充実した保育サービスが提供されている．3歳から5歳の子のための保育園の多くが公立で，子どもを預けるための親への負担はほとんどない．また，自宅で子どもの世話をする際の補助として，在宅子育て給付もある．公的な保育サービスに関わるコストの一部は，働く親から所得に応じて徴収される．親は高いコストを払う一方で，その見返りとして政府による質の高い子育て支援を受けることができる．子をもつ女性ともたない女性の間の賃金格差は小さく，子をもつことによる機会費用はフランスの充実した家族政策に支えられて低く抑えられている．

1990年代はじめの経済停滞から立ち直ったスウェーデンも，保育サービスに対して多くの予算をあてている国である．1960年代に女性労働参加が急激に上昇したことを機に全国保育サービス委員会が発足，保育サービスは政府が中心になって提供されている．保育サービスは自治体が供給主体となるが，1970年代，1980年代は保育サービスの供給が高まるニーズに追いつかず待機児童の解消に頭を悩ました．そこで，働く親や教育を受ける親が必要とする場合には，すぐ保育サービスを提供することを義務づける法令が1995年に導入された．家族政策はスウェーデンの福祉国家の根幹ともいうべき位置を占める．全ての子どもが保育サービスを受けることが保障され，どのような状況にある子も排除されるべきでないことが，スウェーデンにおける家族政策理念の根底にある．さらに最近では，単なる保育サービスというよりも教育的な要素が積極的に子育て支援の一貫として取り入れられている．事実，1996年，公的な保育施策の担い手は，健康社会問題省（Ministry of Health and Social Affairs）から文部科学省（Ministry of Education and Science) へと移行した. 1歳から5歳の子どもの80%以上が公立の保育所におり, 6歳から9歳の学童期にある子の4分の3が学童保育サービスを受けている. スウェーデンは, 男女平等を福祉国家の中心理念のひとつにおきつつ, 子どもの福利厚生の維持・向上を重要な政策理念として位置づけている（白波瀬2005b）. 結婚という形態を完全に選択性として, 子育てにも父親が積極的に参加するよう政策的な圧力を加えつつ, 仕事と家庭の両立を目指している. しかしそれでも, 男女平等達成へはまだ道半ばである（Leira 1993）.

家族支援として層の厚いフランスとスウェーデンを比べると, スウェーデンの家族政策は就労と密接にリンクした政策が展開されている点が特徴的である. 祖父母からの支援についても, 祖父母ら自身の就労が念頭において設計されており, 孫の世話をみるための休暇制度がある. ここでは働くか働かないかの選択を個人にゆだねたうえで政策を展開するというよりも, 社会的な政策自体が働くことを前提として設計されている. そのため, 働くのをやめて子どもを育てる選択は十分に考慮されているとはいえない. 働かない選択をとる自由度が低いデメリットはあるが, 働くことを前提とするからこそユニバーサルな政策展開が可能となる側面も否めない.

一方フランスでは, スウェーデンに比べると就労と家族政策は原則, 切り離して位置づけられており, 親が望めば家庭で子どもを育てたり, あるいは家庭に子育てヘルパーを雇い入れたりすることが可能であり, そのための支援メニューもある. 子どもをもつことで経済的な不利を被らないような再分配機能を重視した子育て支援策となっており, そのメニューの豊富さには目を見張る. しかし, 子どもをもつ世帯内での経済格差は無視できず, 母親の就労状況や世帯の経済状況は親のニーズを差別化する. 事実, 高所得層はコストが高くとも個人を雇い入

れて子育てを依頼する場合が多いのに対して,中・低所得層は集団の保育を利用する傾向にある(日本労働研究機構欧州事務所 2003).その意味で,スウェーデンではユニバーサルという名のもとで子育てメニューも高い質を確保しつつ標準化されている.一方フランスでは,親の多様なニーズに対応する形で政策が展開されている.ただし,家族給付が中心である家族手当は 2004 年になってはじめて第1子から支給されるようになり,子どもが3人以上になると加算されて手当額は高くなる.フランスが人口促進的な家族政策を展開しているといわれるゆえんである.

ドイツは,福祉国家として労使協調型の保守主義型と位置づけられ,伝統的な家族機能への依存度は高い.特に旧西ドイツ側の社会体制は,家族機能に大きく依存するという点で日本と共通する.ドイツの 1990 年の東西統合は,社会主義体制の東側が西側の資本主義体制に移行する形で実現された.両者で大きく異なる家族の意味,女性の位置づけは,経済的格差のみならず母親就労のあり方にも依然実質的な相違を残す.統一後も東西の間で母親就労パターンが異なり,西側の場合は 10 人のうち 6 人が,東側では 4 分の 3 が出産後 3 年以内に仕事を再開している.さらに西側の方が,育児休暇取得後にパートタイムに転向することが多い一方で,東側の女性はフルタイムで仕事を続けるケースが多い.東側女性の失業率が高いのは積極的な求職活動をすることにも起因しており,東側女性の方が西側女性よりも高い就労意欲を呈する(European Industrial Relations Observatory 2004).3 歳未満児を対象とした家庭外保育サービスの提供状況も東西で大きく異なり,東側は 3 歳未満児の 50% が家庭外保育を受けている反面,西側は 5% に過ぎない.西側ドイツでは親が子どもを育てるべきという規範が強く,伝統的な家族機能に依存する家族のあり方に対するこだわりがある.

家族による生活保障機能に依存するのは，保守主義型福祉国家のドイツだけでなく家族主義型福祉国家の南欧にも見られる（Esping-Andersen 1999）．イタリアは親との同居期間が長く，出生率がきわめて低い国として，人口学的には日本と共通点をもつ（西岡 2003）．イタリアは日本と同様に急速な少子高齢化を経験しており，労働力をいかに確保するかは重要な政策課題である．今日イタリアでも女性労働は潜在的な労働力として注目されているが，近年急速に上昇した女性の高学歴化は，結婚しようとせず，子どもを産もうとしない女性のキャリア志向を促し，これまで女性によって担われてきた家族機能を遂行しえなくなった（Palomba 2003）．さらに，若年失業率の高さと住宅コストの高さは，若者の独り立ちを遅らせることになって晩婚化を促し，その結果として出生率が低下する．結婚の遅れは第1子出産年齢を遅らせて，2人目，3人目の出産の壁になる．

　イタリアと同様に，スペインでも成人期への移行の遅れが目立つ．きわめて低い出生率は人口高齢化を促し，世代間のアンバランスに対して危機感が高まる．若年労働市場は停滞し，住宅コストも高く，ここでも若者の独り立ちを阻む経済構造がある（Delgado, Meil, and Lopez 2008）．スペインは南欧の中でも貧しい国として位置づけられ，1975年までのフランコ政権では家族政策は事実上存在しなかった．1980年代に入って，社会保障制度が急激に整備され，男女平等政策や地域分権等も進んだがその効果をみるまでにはまだ至っていない．1990年代終わりには，きわめて低い出生率と低い女性労働参加率を受けて，スペインでも仕事と家庭の両立政策が展開されるようになった．それでも，政府から家族への財政的支援政策が本格的に展開されるのは2000年に入ってからである．EU国中もっとも低い出生率の背景には，総合的な家族政策が不足していることがある（Bradshaw and Finch 2002）．

台湾も日本同様，出生率が低下し人口の高齢化が懸念されている．1960年代半ばから2000年にかけての出生率の低下は中国やインドと比べても大きく，急速な出生率低下を説明する主たる要因は，女性の高学歴化と労働参加率の上昇である（Narayan 2006）．女性の労働力参加は日本に比べて低いが，日本と同様に，子育てコストの高さと若年労働市場の悪化が若年層の結婚離れを引き起こしている．

4 性別役割分業に対する意識と実態

すでにみたように，スウェーデンは普遍的福祉政策を展開し，ジェンダー平等を積極的に盛り込んだ家族政策が展開されている．それでも，ジェンダー格差問題が解消されたわけではない．たしかにジェンダー格差の程度という点では，スウェーデンの突出した成果を目の当たりにすることができる．事実，2005年内閣府が実施した「少子化社会に関する国際意識調査」[4] 結果によると，スウェーデンの回答者の9割以上の圧倒的多数が，「自分の国は子育てしやすい」としていた（内閣府政策統括官 2006）．子育て支援策もジェンダー平等の理念に沿って展開され，そこには夫婦ともに働くモデルが前提とされており，雇用政策と連動している．ジェンダー平等を阻むジェンダー意識について，まず，確認してみよう．図5-1は，「男は仕事，女は家庭」に対する意見の分布である．

スウェーデンの9割近くが性別役割分業体制に対して否定的である．しかし，家族機能に大きく依拠している福祉国家であるドイツ（76％）やスペイン（81％）も多数派が性別役割分業に対して否定的

---

[4] この調査は，各国の15歳から49歳の男女を対象に実施された（詳しい調査の内容については，内閣府政策統括官（2006）を参照のこと）．

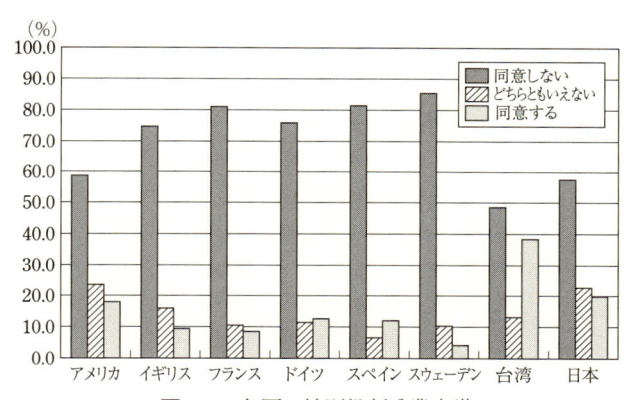

図 5-1　各国の性別役割分業意識
出所：2002 年 ISSP，18-49 歳を対象．

な見解を示しており，実際の福祉国家類型と人々の意識が必ずしも連動しているとはいえない．日本は否定的意見が 58％ と過半数であり，肯定的な意見を表明したものも 2 割程度いる．また，どちらともいえないと答えたものが 2 割以上いる点は見落とせない．日本の意識分布と最も近い結果を示したのがアメリカである．4 分の 1 近くが「どちらとも」いえないと「ゆれる想い」を呈し，同意するとしたものも 2 割弱いる．自由主義的市場原理はジェンダー中立的価値観とは必ずしも同居していない．ジェンダー意識からいうと日本は同じアジアの台湾と自由主義型福祉国家のアメリカに最も近い．図 5-1 からいえることは，比較福祉国家類型論でいわれているように，実際にその国で生活する人々の意識は社会制度枠組みを一方的に反映しているわけではなく，意識と制度が単純に連動していないことである．

では，何が性別役割分業意識を規定するのか．表 5-1 は，性別役割分業に対する回答を「まったくそう思う」(5 点) から「まったくそう思わない」(1 点) までをスケール化して，各国データをプールし

表 5-1 性別役割分業意識の規定要因

	係数（全体）	係数（男性）	係数（女性）
定　数	2.500**	3.118**	2.229**
年　齢	0.005	−0.016	0.015
年齢 2 乗	0.000	0.000	0.000
男性ダミー	0.296**		
高卒ダミー	−0.248**	−0.194**	−0.294**
大卒ダミー	−0.468**	−0.466**	−0.464**
14 歳時の母就労	−0.110**	−0.104*	−0.110**
既婚ダミー	0.100**	0.053	0.074
未就学児の有無	0.083*	0.129*	0.036
フルタイムダミー	−0.177	−0.271	0.002
パートダミー	−0.149	−0.383	0.057
自営ダミー	−0.021	−0.131	0.172
本人所得（対数）	−0.010	0.023	−0.041*
本人以外所得（対数）	−0.023**	−0.028**	−0.012
アメリカダミー	−0.050	−0.166	0.057
イギリスダミー	−0.173*	−0.276*	−0.075
フランスダミー	−0.539**	−0.610**	−0.461**
ドイツダミー	−0.412**	−0.407**	−0.399**
スペインダミー	−0.482**	−0.576**	−0.358**
スウェーデンダミー	−0.645**	−0.778**	−0.526**
台湾ダミー	0.695**	0.588**	0.790**
R^2 値	0.204	0.182	0.199

出所：2002 年 ISSP.
注：*5% 水準で有意，**1% 水準で有意．

て OLS 重回帰分析をした結果である．独立変数として投入したのは，本人年齢，年齢 2 乗，本人学歴（義務教育のみ修了をレファレンスとする高卒ダミー，大卒ダミー），14 歳時の母親就労状況，配偶関係（有配偶者を 1 として，その他をゼロとする），未就学児の有無，本人の就労状況（無業をベースとする，フルタイム就労，パートタイム就労，自営業就労ダミー），本人収入，本人以外の収入（配偶者の収入と見立てる），日本をベースとする国別ダミーである．

ここでの重要な知見は 2 つある．ひとつは，意識構造のジェンダー

差である.男性についてみると,学歴や14歳時の本人母親の仕事の有無,未就学児の有無に加えて,本人以外の収入(多くが妻の収入)によってジェンダー意識が決定されているのに対し,女性は本人の収入状況によってジェンダー意識が規定されている.男性は母や妻といった身近な女性の実際の行為(働いていたとか働いている)によってジェンダー意識が規定されているが,女性は学歴や収入といった自らの属性によってジェンダー意識が規定される傾向にある(白波瀬 2005a).男女ともに幼いころ母親が仕事を持っていたかどうかが,その後の意識構造に影響をもたらしている点も見落とせない.

2点目は,日本との違いについてである.日本と有意に異なる性別役割分業観を示したのが,フランス,ドイツ,スペイン,スウェーデン,台湾である.前者4カ国は,性別役割分業観が日本よりも有意に否定的であり,台湾は日本よりも有意に肯定的である.しかし,アメリカとイギリスについては,日本と有意に異なる性別役割分業意識傾向は見出せなかった.日本が特別保守的な性別役割意識を持っているわけではない.次に,国別に人々の意識構造を詳しくみてみよう.

表5-2から得られる最も重要な発見は,日本のジェンダー意識が学歴や就労状況といった要因によって階層化されていないことである.日本においてはジェンダー差だけが有意な効果を呈し,全体的に,男性は女性に比べて性別役割分業に対して賛同する傾向にある.しかし,男女それぞれのなかで,ジェンダー意識は属性等の違いと直接的に連動していない.このジェンダー意識の非階層性は,意識の中身を不明瞭にして,さらには人々のニーズをあいまいにする(白波瀬 2006c).子育て支援政策に対するニーズを国際比較した場合,富めるものも貧しいものもおしなべて,子どもの教育コストが高いことに不満を示し,子育て費用の支援を要求していた(白波瀬 2006c).日本では,意識,政策へのニーズが個人の属性によって十分階層化していない.一方,

表 5-2 各国の性別役割分業意識に関する規定要因

	アメリカ			イギリス			スウェーデン			スペイン		
	係数(全体)	係数(男性)	係数(女性)	係数(全体)	係数(男性)	係数(女性)	係数(全体)	係数(男性)	係数(女性)	係数(全体)	係数(男性)	係数(女性)
定数	2.128*	2.462	2.675*	1.017	1.523	0.900	1.981**	2.821**	1.555	2.698**	3.231**	2.090**
年齢	0.001	-0.031	-0.012	0.077*	0.068	0.080	-0.005	-0.058	0.024	-0.033	-0.061	-0.005
年齢2乗	0.000	0.001	0.000	-0.001*	-0.001	-0.001	0.000	0.001	0.000	0.001	0.001	0.000
男性ダミー	-0.339**			0.383**			0.252**			0.257**		
高卒ダミー	-0.260	-0.238	-0.233	-0.041	0.073	-0.119	-0.221*	-0.200	-0.292**	-0.318**	-0.282**	-0.346**
大卒ダミー	-0.425**	-0.439	-0.351	-0.197**	-0.198	-0.175*	-0.306**	-0.257	-0.331**	-0.487**	-0.558**	-0.391**
14歳時の母就労	-0.040	-0.004	-0.119	-0.200**	-0.309**	-0.138	-0.170**	-0.091	-0.216*	-0.033	0.012	-0.051
既婚ダミー	0.076	-0.072	0.084	-0.053	0.095	0.068	0.080	-0.035	0.154	0.000	0.013	-0.105
未就学児ダミー	0.246	0.420		1.423**	1.947*	-0.201*	-0.019	-0.093	0.062	0.255*	0.252*	0.219
フルタイムダミー	0.939	0.610	1.652*	1.458**	1.671	1.284	0.237	-0.515	1.897	1.492**	1.845*	1.468
パートタイムダミー	0.823	0.344	1.598*	1.606**	2.137*	1.393*	0.250	-0.533	1.854	1.477**	1.746*	1.544*
自営ダミー	1.240*	1.276	1.720*	-0.184**	-0.213*	1.459*	0.411	-0.485	2.374**	1.394**	1.718**	1.399
本人所得(対数)	-0.102	-0.029	-0.194*	-0.028**	-0.046**	-0.177*	-0.039	0.063	-0.217	-0.263**	-0.286**	-0.277*
本人以外所得(対数)	-0.018	0.000	-0.032			0.003	-0.029**	-0.050**	0.001	-0.042**	-0.050**	-0.005
R^2 値	0.043	0.067	0.033	0.104	0.107	0.105	0.107	0.126	0.145	0.138	0.156	0.135

	フランス			ドイツ		
	係数(全体)	係数(男性)	係数(女性)	係数(全体)	係数(男性)	係数(女性)
定数	3.068**	3.962*	2.931**	2.346**	2.864**	2.082
年齢	-0.055	-0.076	-0.057	0.006	-0.005	0.036
年齢2乗	0.001	0.001	0.001	0.000	0.000	-0.001
男性ダミー	0.271**			0.392**		
高卒ダミー	-0.272**	-0.209	-0.301**	-0.344**	-0.465*	-0.204
大卒ダミー	-0.476**	-0.608**	-0.417**	-0.512**	-0.529**	-0.489**
14歳時の母就労	-0.122	-0.237	-0.087	-0.254**	-0.238	-0.273*
既婚ダミー	0.246**	0.406*	0.167	0.464**	0.535**	0.406*
未就学児ダミー	0.182*	0.089	0.184*	0.054	0.119	-0.036
フルタイムダミー	0.222	-1.411	1.087	-0.304	-0.135	0.049
パートタイムダミー	0.153	-1.784	0.981	-0.390	-0.296	0.000
自営ダミー	0.552	-0.791	1.294	-0.437	-0.172	-0.165
本人所得(対数)	-0.088	0.153	-0.210	0.009	-0.009	-0.057
本人以外所得(対数)	-0.045**	-0.053**	-0.035*	-0.033	-0.017	-0.068**
R^2 値	0.136	0.149	0.131*	0.126	0.101	0.132

	台湾			日本		
	係数(全体)	係数(男性)	係数(女性)	係数(全体)	係数(男性)	係数(女性)
定数	2.407**	3.280**	2.029**	1.944	3.059	0.919
年齢	0.048	0.010	0.065	0.030	0.014	0.074
年齢2乗	-0.001	0.000	-0.001	0.000	0.000	-0.001
男性ダミー	0.347**			0.504**		
高卒ダミー	-0.319**	-0.111	-0.472**	0.099	0.244	-0.124
大卒ダミー	-0.715**	-0.561**	-0.756**	-0.078	0.167	-0.507
14歳時の母就労	-0.013	-0.062	0.052	-0.046	-0.043	-0.050
既婚ダミー	-0.168	-0.223	-0.206	0.115	-0.252	-0.067
未就学児ダミー	-0.021	0.130	-0.130	0.084	-0.088	0.308
フルタイムダミー	0.156	-0.470	1.578	-1.306	-3.896	-0.290
パートタイムダミー	-0.241	-0.812	1.176	-0.508	-3.024	0.302
自営ダミー	-0.308	-0.231	1.618	1.072	3.844	0.341
本人所得(対数)	-0.031	0.053	-0.176	0.095	0.376	-0.019
本人以外所得(対数)	-0.005	-0.015	0.006	-0.032	-0.055	0.013
R^2 値	0.132	0.095	0.166	0.065	0.076	0.078

出所：2002 年 ISSP.

注：*5% 水準で有意，**1% 水準で有意．

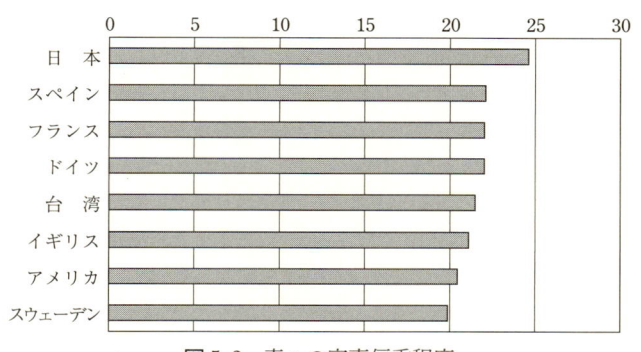

図 5-2 妻への家事偏重程度
出所:2002 年 ISSP,18-49 歳を対象.

アメリカやフランスでは,経済的に豊かなものは税制上の優遇措置を指向し,低所得層は児童手当等の現金給付を志向するというように,ニーズの階層化が日本よりも明確である(白波瀬 2008a).

実際の家庭内性別役割分業の程度をみてみよう(図 5-2).性別役割分業の程度は,洗濯,修理,病人の世話,買い物,掃除,食事の準備,の 6 項目について,「常に妻が担当する」「大体は妻」「夫婦一緒に」「大体は夫」「常に夫が担当する」を 5 から 1 までスケール化して,それを合算した値を性別役割分業程度とした.値が高いほど,妻に偏重した家庭内分業が行われているとする.最も高い分業程度を示したのは日本の 24.6 ポイントであり,最も低い分業程度はスウェーデンの 20 ポイントであった.最も高い妻偏重度を示した項目が,日本と台湾は食事の準備であり,それ以外の 6 カ国は洗濯であった.夫が高い分担を呈したのが,どの国も修理である.日本に次いで高い妻偏重程度を呈したのが,スペイン,次いでフランスとドイツがほぼ同じ程度である.同じアジアの台湾は日本ほど家事が妻に偏っていない.スペイン,フランス,ドイツ,台湾の間での性別役割分業程度の違いは

5 母親が働くこと

ほとんどないと読むこともできる．たしかに，ジェンダー平等を政策理念に盛り込んでいるスウェーデンの妻偏重程度は低いが，それほど極端に低いというわけではない．図5-2をみる限り，福祉国家タイプにかかわらず，性別役割分業の偏りは共通に認められる．その意味で福祉国家におけるジェンダー格差の問題は普遍的である．表5-3は，性別役割分業度を規定する要因である．説明変数として投入した変数は，表5-1に同じである．

表5-3より，日本はどの国よりも妻への家事偏重程度が有意に高いことが確認された．性別役割分業観を支持する傾向は一般に高いが，日本でのジェンダー観が著しく保守的とはいえない．しかし，実際に家事分担の程度をみると，妻への大きな偏りが日本に認められる．事実，表5-3の国別ダミーはどれも有意で，符合がマイナスである．個人の属性や働き方を考慮にいれても，日本の性別役割分業はどの比較対象国よりも大きく妻に偏っている．もうひとつの重要な知見は，本人以外の収入効果である．男性の場合，本人以外の収入（多くが妻収入）が高くなるほど性別役割分業の女性偏重が緩和される傾向にあり，反対に女性の場合は，本人以外の収入（多くが夫収入）が高くなるほど，役割分業が妻に偏る傾向にある．家庭内の性別役割分業を規定する際に，互いの経済力が大きな影響力を持つ．本人の学歴が高いかどうかといった本人の属性に加え，相手との経済的な勢力関係によって家庭内の役割配分が決定されている．

国別の役割分業を規定する要因をみると（表5-4），日本とスペインという性別役割分業が妻に偏る傾向の高い国の間で，性別役割分業を規定する要因が複雑化している．スペイン女性は仕事や個人の収入が性別役割分業体制を規定する．仕事をしているものの方がしていないものよりも家事分担は妻に偏っており，単に妻の無業割合の高さが性別役割分業を明確にするわけではない．ただし，仕事をしていると

表 5-3 性別役割分業度の規定要因

	係数（全体）	係数（男性）	係数（女性）
定　数	25.954**	27.588**	21.952**
年　齢	−0.005	−0.262	0.070
年齢2乗	0.001	0.004	0.000
男性ダミー	−1.949**		
高卒ダミー	−0.620**	−0.635*	−0.781**
大卒ダミー	−0.848**	−0.808**	−1.030**
14歳時の母就労	−0.094	0.191	−0.286
未就学児の有無	0.458*	0.301	0.391*
フルタイムダミー	−1.923*	−4.099**	−0.470
パートダミー	−1.171	−3.536*	0.296
自営ダミー	−0.871	−3.305*	0.781
本人所得（対数）	0.077	0.602	−0.127
本人以外所得（対数）	−0.105**	−0.160**	0.207**
アメリカダミー	−3.811**	−5.950**	−3.193**
イギリスダミー	−3.429**	−4.283**	−3.470**
フランスダミー	−2.984**	−2.621**	−2.536**
ドイツダミー	−2.930**	−2.102**	−3.045**
スペインダミー	−2.901**	−2.575**	−2.196**
スウェーデンダミー	−4.751**	−4.605**	−5.207**
台湾ダミー	−3.253**	−4.023**	−3.672**
R^2値	0.210	0.198	0.202

出所：2002年 ISSP.
注：既婚者のみを対象.
　　*5%水準で有意，**1%水準で有意.

一言でいっても，本人の収入程度が重要で，家計への貢献度が高いと推測される高収入の仕事に就くことは，家庭内役割の分散化を促す．妻の労働参加が家事分担からの解放を単純に意味するわけではなく，収入で代表される家庭外就労の中身が実際の家庭内役割分担を規定する．

　日本独自の傾向として注目されるのは学歴の効果である．日本の女性の間では，学歴が高いほど性別役割分業が妻に偏る傾向が認められた．そこでは，妻学歴の効果そのものよりも，夫学歴との関係での婚

表 5-4 各国の性別役割分業度の規定要因

	アメリカ			イギリス			フランス			ドイツ		
	係数(全体)	係数(男性)	係数(女性)	係数(全体)	係数(男性)	係数(女性)	係数(全体)	係数(男性)	係数(女性)	係数(全体)	係数(男性)	係数(女性)
定　数	18.859**	23.817**	20.265**	18.300**	18.599**	11.198*	17.966**	16.893	19.202**	29.370**	22.025	29.269**
年　齢	0.061	-0.653	0.253	0.253	-0.286	0.398	0.301	0.147	0.192	0.283	-0.145	-0.448
年齢2乗	0.000	0.009	0.003	-0.003	0.004	-0.005	-0.003	-0.002	-0.001	0.004	0.002	0.007
男性ダミー	-3.447**			-1.809**			-1.823**			-1.610**		
高卒ダミー	0.698	0.819	-0.405	-0.584	-0.973	-0.825	0.060	-0.202	-0.207	-1.606*	-1.150	-1.480
大卒ダミー	-0.017	0.009	-1.110	-0.416	-0.598	-0.502	-0.509	-0.057	-0.682	-0.753	-0.595	-0.928
14歳時の母就労	-0.442	0.064	-0.465	-0.557	-0.615	-0.577	0.031	0.033	0.022	-0.253	0.235	-0.405
未就学児ダミー	-3.925	0.618	0.335	2.855	1.178*	0.118	1.008	-0.725	0.064	-4.127	0.814	0.558
フルタイムダミー	-3.133	-7.636**	3.076	3.081	1.344	5.159	2.122	-1.259	7.939*	-2.219	0.242	3.735
パートタイムダミー	-2.432	-6.052	3.904	5.043	-0.111	5.498	2.082	-1.307	8.362**	-3.511	2.040	4.640
自営ダミー	-0.052	-6.097*	4.888	-0.295	2.960	7.640*	0.401	0.645	8.659**	1.099	1.722	4.186
本人所得(対数)	0.355	1.185**	-0.452	-0.242	0.585	-0.705	-0.598	0.472	-1.370**	-0.003	0.293	-0.578
本人以外所得(対数)	0.100	0.102	0.208	-0.078	-0.095	0.446**	-0.202*	-0.084	-0.157	-0.181	-0.164	0.136
R^2値	0.288	0.322	0.177	0.134	0.33	0.207	0.186	0.078	0.186	0.117	0.134	0.105

	スペイン			スウェーデン			台湾			日本		
	係数(全体)	係数(男性)	係数(女性)	係数(全体)	係数(男性)	係数(女性)	係数(全体)	係数(男性)	係数(女性)	係数(全体)	係数(男性)	係数(女性)
定　数	28.646**	33.566**	23.501**	14.591**	9.833	13.102	24.819**	21.915**	23.873**	30.312**	31.034**	36.245**
年　齢	-0.201	-0.635	-0.270	0.322	0.775	0.322	-0.066	-0.175	0.028	-0.302	-0.297	-1.177*
年齢2乗	0.004	0.009	0.006	-0.003	-0.009	-0.003	0.002	0.004	0.000	0.004	0.004	0.016*
男性ダミー	-2.126**			-0.089			-1.802**			-1.557**		
高卒ダミー	-1.165**	-0.534	-1.699**	-0.273	0.058	-0.916	-0.486	-0.563	-0.180	1.250	-0.369	4.922**
大卒ダミー	-0.983	-1.270	-0.184	-0.978*	-1.728*	-0.644	-0.627	-1.032	0.069	1.281	0.078	4.126**
14歳時の母就労	0.651	0.839	0.691	-0.700	-0.421	-1.101*	0.010	0.024	0.207	-0.217	0.239	-0.611
未就学児ダミー	1.488	0.253	0.624**	2.719	-0.170	0.870	-2.625	0.302	-0.469	-4.408	0.386	2.128**
フルタイムダミー	1.784	-1.166	9.097**	3.763	-7.836	9.152	-3.226	-7.506	7.969	-2.555	-16.794**	8.284
パートタイムダミー	2.502	-1.882	9.782**	2.952	-9.605	10.205	-1.946	-6.165	5.732	-3.229		8.295*
自営ダミー	-0.016	-0.301	9.934*	-0.123	-7.764	9.166	0.085	-7.039	8.808	0.397	-16.037	8.797
本人所得(対数)	-0.670	-0.006	-1.831**	-0.509	0.449	-1.201	0.147	0.820	-0.881	0.220	1.705	-1.114*
本人以外所得(対数)	-0.309**	-0.366**	0.420*	0.043	-0.290	0.115	-0.197**	-0.177**	-0.206	0.017	-0.026	0.601*
R^2値	0.317	0.173	0.373	0.199	0.227	0.277	0.09	0.158	0.059	0.128	0.076	0.261

出所：2002 年 ISSP．
注：既婚者のみを対象．*5% 水準で有意．**1% 水準で有意．

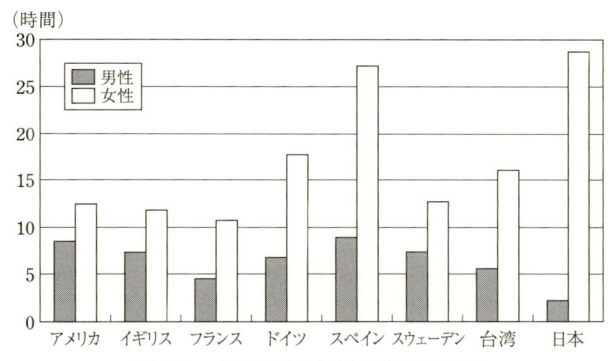

図 5-3 各国男女別 週平均家事時間
出所：2002 年 ISSP.

姻パターンと密接な関係がある（白波瀬 2005a）．高学歴カップルほど，性別役割分業が明確であるという皮肉な現実の背景には，高学歴・高収入男性の長時間労働がある．個人の属性としての学歴の効果は，単に個人の行為を左右するだけでなく，配偶者との組み合わせというもうひとつの効果を生む．その意味で日本では，夫婦それぞれの属性が組み合わせ効果となって性別役割分業の再生産を相乗する．日本社会の個人化が指摘される一方（山田 2004b；武川 2007），女性の高学歴が単なる専門職従事を促す効果だけでなく，高学歴同士の結婚という形で次世代への経済的，文化的資本移転を促す効果がある．学歴と性別役割分業の女性偏重の間のプラスの効果は日本でのみ認められた．その背景に，日本における高学歴女性の主婦割合の高さがある．

性別役割分担の程度を示すもうひとつの重要な指標は，家事時間である．図 5-3 は男女別の平均的週家事時間を示す．日本男性の家事時間の短さはすでに指摘されているところであるが，図 5-3 からも日本男性の平均的家事時間の短さが目立つ．一方女性については，日本が最も長く 28.7 時間であり，次いでスペインの 27.2 時間が続く．しか

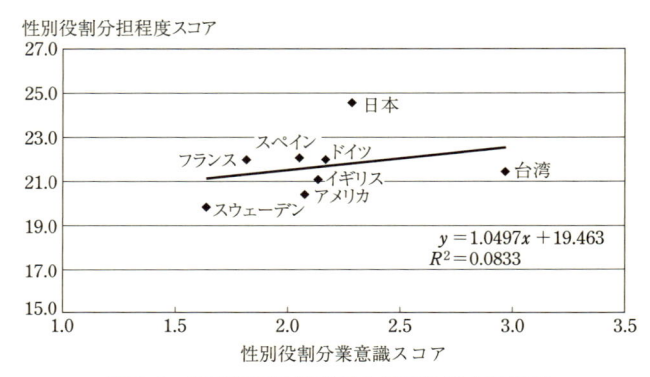

図 5-4 性別役割分業意識と性別役割分担程度
出所：2002 年 ISSP.
注：既婚者のみを対象.

グラフ中の回帰式: $y = 1.0497x + 19.463$, $R^2 = 0.0833$

し，スペインは男性の週平均家事労働時間が日本より長く 8.9 時間で，日本男性の 4 倍以上である．家事時間からみても性別役割分業が妻に偏っている程度は日本が最も高く，実態としての性別役割分業が最も妻に偏重する国である．一方，同じアジアといえども，台湾女性の家事時間は日本に比べてそれほど長くなく，むしろスペインやドイツといった家族機能に依拠するヨーロッパ福祉国家の方が女性の家事時間は長い．アジア対ヨーロッパというかたちで福祉国家を論じることの危険性を，性別役割分業程度からも読み取ることができる．

　以上，性別役割分業に対して意識と実態を別々に論じてきたが，両者は果たしてどの程度整合しているのか．図 5-4 は，性別役割分業意識と性別役割分担程度を，既婚者に限定してプロットした結果である．回帰線からのずれを意識と実態の乖離度とみなす．日本は台湾とともに，意識と実態のずれが大きい．日本は実際の分担程度より意識の上での性別役割分業が否定的であるのに対し，台湾は実際の分担程度より性別役割分業意識が肯定的である．しかし，回帰直線を引いてみる

と R^2 値は.08と低く,両者に高い相関があるとはいえない.両者はプラスの相関を示しているが相関の程度はそれほど高くなく,意識と実態を直接的に議論する際には注意を要する.

5 母親役割と専業主婦規範への強いこだわり

2007年9月,内閣府は「第5回 男女共同参画社会に関する世論調査」の結果,「夫は仕事,妻は家庭」に対して過半数が否定的な意見を表明したと報じた.同調査は1992年から実施されており,否定的な意見が過半数を超えたのははじめてだと,意識の変化を強調した.しかし,図5-1でみたように性別役割分業意識に関して日本だけが突出して肯定的というわけではない.日本に根強いひとつのジェンダー意識は,母親役割や専業主婦に対するこだわりである.図5-5は,未就学児をもつ母親の望ましい働き方に対する回答である.

子どもが幼いうちは仕事に就かず子育てに専念するのが望ましいと答えた割合が最も高く,過半数が専業主婦を支持するのが日本である.日本以外に幼い子をもつ母親は子育てに専念すべきとする意見が多かったのは,アメリカとイギリスといった自由主義型福祉国家である.日本同様に,性別役割分業程度が妻に偏る傾向を示したスペインは,幼い子をもつ母親の望ましい働き方はパートタイム就労であるとし,子育てに専念すべきと回答した割合は全体の4分の1程度と少ない.同じ性別役割分業程度が高い国でも,幼い子をもつ望ましい母親像が実態を支持する形で表明されている場合と,実態に反する理想像としての母親の働き方という形で表明されている場合がある.いうまでもなく,前者が日本であり後者がスペインである.

しかし,労働と家庭の男女平等理念を追求するスウェーデンでも,フルタイムで就労を継続すべきとは考えていない.出産後1年目は育

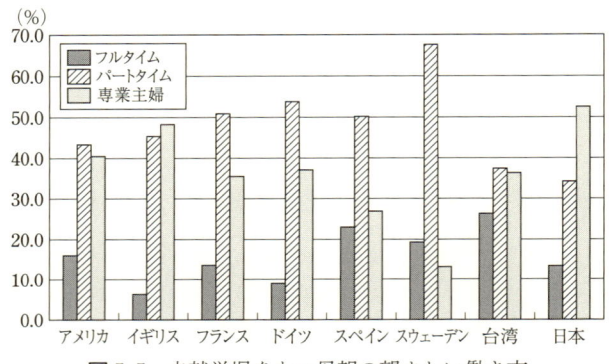

図 5-5 未就学児をもつ母親の望ましい働き方
出所：2002 年 ISSP.

児休業によって家庭育児が保障され，子どもが1歳になるとその後は家庭外保育へと比重が移り，子育て支援が家庭と家庭外保育の間で子どもの年齢とともに連動しながら展開される．母親就労についても，パートタイム就労によって子育てと仕事を両立させて，継続的な就労を柔軟に展開できるように労働環境が提供されている．ここでは，男女ともに労働者であることを前提として，家族政策が設計され，それに雇用政策も連動している．

未就学児の母親の働き方に対してどのような要因が影響を及ぼしているのか．表5-5は子育てに専念すべき（無業）を1として，その他（フルタイムとパートタイムをまとめた就労すべき）をゼロとするロジット分析の国別の結果である．表5-5から得られる最も重要な知見は，日本の意識構造が属性によってほとんど階層化していないという点である．高学歴であっても，仕事についていても，夫の収入が高くとも，おしなべて幼い子をもつ母親は子育てに専念すべきとする意見が多い．同様に，日本と同じくらい高い子育て専念規範を表示したアメリカとイギリスもその意識の中身を説明できる変数はここでのモデ

表 5-5 未就学児母親の望ましい働き方に関するロジット分析

	アメリカ			イギリス			フランス			ドイツ		
	係数(全体)	係数(男性)	係数(女性)	係数(全体)	係数(男性)	係数(女性)	係数(全体)	係数(男性)	係数(女性)	係数(全体)	係数(男性)	係数(女性)
年齢	-0.039	-0.206	0.027	-0.134	-0.403**	0.065	-0.092	-0.002	-0.124	-0.130	-0.123	-0.121
年齢2乗	0.001	0.002	0.000	0.002*	0.006**	0.000	0.002	0.000	0.003	0.001	0.001	0.001
男性ダミー	0.528**			0.464**			0.274			0.620**		
高卒ダミー	0.322	0.099	0.514	-0.028	-0.079	-0.044	-0.290	-0.522	-0.238	-0.461	-0.481	-0.232
大卒ダミー	0.483	0.401	0.448	-0.488**	-0.773**	-0.384	-0.584**	-1.080**	-0.409	0.007	0.047	0.014
14歳時の母就労	-0.411*	-0.857**	-0.053	-0.154	-0.478	-0.014	-0.252	-0.425	-0.147	-1.037	-1.216**	-0.764*
既婚ダミー	0.484**	0.379	0.664**	0.624**	0.658*	0.353	0.426**	0.387	0.321	1.104	0.911**	1.281**
未就学児ダミー	0.163	0.346	0.191	0.001	0.372	-0.379	0.340	0.320	0.296	-0.240	-0.251	-0.540
フルタイムダミー	-0.305	0.163	0.812	-0.215	-1.818	0.842	3.363**	-1.082	6.313**	-1.448	-3.887	4.063
パートタイムダミー	-0.094	0.433	0.846	0.033	-1.590	1.093	2.949**	-7.272	5.865**	-1.523	-8.764	3.936
自営ダミー	0.305	1.702	0.748	0.036	2.015	1.623	3.777**	-1.161	6.918**	-2.043	-4.490	3.416
本人所得(対数)	-0.025	0.016	-0.156	-0.101	0.148	-0.244	-0.634**	0.178	-1.081**	0.164	0.563	-0.696
本人以外所得(対数)	-0.042	-0.037	-0.055	-0.077**	-0.118**	-0.008	-0.110**	-0.084	-0.112**	-0.077	-0.056	-0.149
定数	0.149	3.715	-1.590	2.679	7.682**	-0.888	1.813	-0.320	2.253	3.069	3.465	3.393
R^2値	0.051	0.102	0.057	0.09	0.119	0.113	0.119	0.118	0.147	0.111	0.127	0.108

	スペイン			スウェーデン			台湾			日本		
	係数(全体)	係数(男性)	係数(女性)	係数(全体)	係数(男性)	係数(女性)	係数(全体)	係数(男性)	係数(女性)	係数(全体)	係数(男性)	係数(女性)
年齢	-0.117	-0.283*	-0.021	0.220	0.789	0.025	0.025	0.115	-0.070	0.135	0.250	-0.133
年齢2乗	0.002	0.005*	0.000	-0.002	-0.009	0.000	0.000	-0.002	0.001	-0.002	-0.004	0.002
男性ダミー	0.509**			-0.211			0.529**			0.217		
高卒ダミー	-0.245	-0.378	-0.166	-0.334	0.015	-0.663	-0.765**	-0.939**	-0.623*	0.157	0.316	0.423
大卒ダミー	-0.784**	-0.682*	-0.885**	-0.637	-0.525	-0.774	-1.267**	-1.351**	-1.187**	0.054	0.330	0.196
14歳時の母就労	0.120	0.020	0.265	-0.598**	-0.845	-0.409	-0.092	0.027	-0.231	-0.098	0.078	0.074
既婚ダミー	0.263	-0.252	0.474	-0.242	0.059	-0.517	-0.043	-0.274	0.059	0.601	1.337**	-0.640
未就学児ダミー	0.509**	1.027**	0.062	-0.361	-0.643	-0.158	0.015	-0.091	0.130	-0.196	-0.452	-0.278
フルタイムダミー	2.308	2.870	2.891	1.410	2.509	2.655	-0.549	-0.167	-1.306	-1.233	-1.224	4.122
パートタイムダミー	1.878	2.515	2.460	1.265	1.906	2.649	-1.240	-1.249	-1.492	-1.063	5.478	3.401
自営ダミー	3.116**	3.539	3.885	1.865	2.794	3.474	-0.516	0.081	-1.570	-1.427	-1.566	4.161
本人所得(対数)	-0.490*	-0.503	-0.622	-0.152	-0.216	-0.298	-0.013	-0.038	0.065	0.079	0.223	-0.691
本人以外所得(対数)	-0.127**	-0.140**	-0.080	-0.078	-0.119*	-0.043	-0.069**	-0.096**	-0.027	-0.034	-0.012	0.093
定数	1.577	4.473**	-0.014	-5.278**	-16.861*	-1.745	0.579	-0.010	1.479	-2.132	-5.504	2.546
R^2値	0.105	0.117	0.111	0.07	0.125	0.053	0.102	0.118	0.083	0.037	0.112	0.108

出所:2002年 ISSP.
注:*5%水準で有意, **1%水準で有意.

ルからはほとんど明らかでない．幼い子をもつ母親は子育てに専念できるのにこしたことはない．それが理想である．そのような見解が，日本，アメリカ，イギリスに認められる．しかし，特にアメリカは1980年代を中心に幼い子をもつ母親の就労参加が大きく上昇した．近年，高学歴女性が仕事を中断して子育てに専念すべく家庭に回帰する状況が指摘されているものの，どの程度安定した社会変化としてここでの家庭回帰を捉えることができるかは疑問である（Percheski 2008）．

3歳児神話をはじめとして，わが国では幼い子をもつ母親が仕事をもつことに抵抗が大きい（大日向 2000）．「三つ子の魂百まで」「3歳までは母親が育てるべき」などといった母親への大きな期待は，働きながら子どもを育てることをよしとしない土壌を生む．このような幼い子をもつ母親への強い役割期待に加えて，専業主婦そのものに対する強い想いもある（白波瀬 2003a；2005b）．図5-6は，「専業主婦は家庭の外で働くことと同じくらい価値がある（以降，専業主婦の充実度）」に対する意見である．台湾は8割，日本も7割以上が賛成だとしており，アメリカも過半数が賛成だとしている．一方，ドイツやスペインといった日本同様に比較的高い性別役割分業程度を示した国々は，専業主婦は外で仕事を持つほどには価値がないと否定的な見解を示している．特に，スペインでは幼い子どもがいても子育てに専念せずに，パートタイム就労という形で働くことが望ましいとする意見が多く，専業主婦に対する評価はそれほど高くない．

一方日本は，性別役割分担程度と長い妻の家事時間という実態を正当化するかのように，幼い子をもつ母親への高い役割期待や専業主婦であることへの高い評価といった一連の価値構造が連動している．価値意識そのものの中身は具体的な属性によって差異化していないが，全体的な意識構造そのものがもっとも整合的に連動しているのが日本

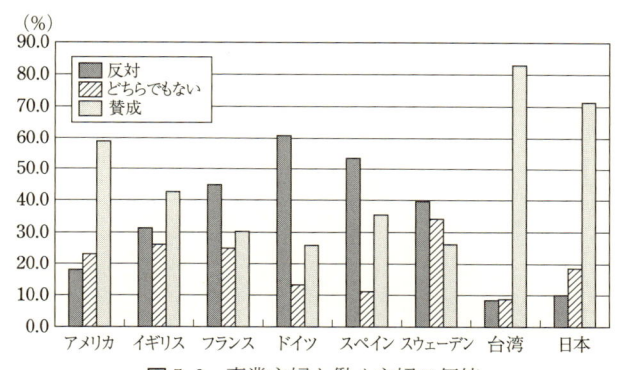

図 5-6 専業主婦と働く主婦の価値

注:「専業主婦は働くことと同じくらい価値がある」に対する考え方.
出所:2002年 ISSP.

である．意識の未分化と全体的な整合性の間には一体何があるのか．ひとつには子育てに専念し，専業主婦であることを評価できる具体的な根拠として，家計の管理が妻にゆだねられている現状がある（表5-6）．日本だけが妻が家計を管理すると答えた割合が6割と圧倒的に高い．対応する値は台湾でも3分の1，スペインは2割程度である．もっとも，だれが家計を実際に支えているかとその家計をだれが管理するかの間には齟齬がある．前者は夫が専従して，後者の役割は妻が一手に引き受ける．かつてフェミニズム運動が台頭する前，アメリカの専業主婦は家計の担い手でないと同時にその家計を管理するのも夫である場合がほとんどであった．ライシャワーが日本においてどうしてフェミニズム運動が盛り上がらないかの理由のひとつに，日本の主婦は財布を握っていてうちでの実権を持っていることがあると指摘した（Reischawer 1977）．ただし，ここでの実権がどの程度の実質的な勢力であるかは疑問の余地がある．お金を持ってくるのは夫であるので，そのお金をいかに管理しようともそれはあくまで雇われ会計士

表 5-6　家計の管理者分布　(%)

	妻	夫	夫婦一緒	夫婦別	合計
アメリカ	17.7	8.6	59.3	14.5	100.0
イギリス	8.1	7.0	54.8	30.1	100.0
フランス	1.9	2.1	65.2	30.8	100.0
西側ドイツ	6.2	5.4	73.3	15.1	100.0
スペイン	19.6	5.0	70.5	5.0	100.0
スウェーデン	2.8	1.4	68.4	27.4	100.0
台　湾	33.6	11.5	23.4	31.6	100.0
日　本	60.1	11.2	17.2	11.5	100.0

出所：2002年 ISSP.

であって，実質的な管理者にはなれない．それは，雇い主がいなければそもそも会計士として雇われない「みせかけの勢力」といえる．ただし，みせかけといえども，まったく実権がなくて勢力を持たないわけではない．たとえ一部分だとしてもある程度の勢力をもつ．このメカニズムが専業主婦に対して比較的高い価値を支持する背景にある．

6　ジェンダーからみた格差と規範

国によって異なる制度と人々の意識の関係は一様ではない．日本は専業主婦であることに肯定的であり，幼い子をもつ母親が子育てに専念することを望ましいとし，家計の管理を妻が担うことが多い．ここでは，日本の明確に分断されたジェンダー役割構造を正当化するかのように，専業主婦や母親役割が規定されている．このような人々の意識の中身は経済状況や働き方によって階層化しておらず，富めるものも貧しいものも子育て費用がかさむと経済的負担を訴え，政府からの経済支援を要求する．一方，実態のうえでは日本と同程度に妻・母親に偏る家庭内責任を問題視するかのように，専業主婦であることの価値が低く，幼い子をもちつつ母親が仕事をすることをよしとする傾向

を示す国もある．その意味で似通った実態の背景にある人々のニーズや政策的な方向性の中身は，各国の政策理念やこだわりによっても異なる．

　日本の特徴は，意識の上では性別役割分業をそれほど肯定していないにもかかわらず，実際には妻に大きく偏った性別役割分業体制が維持される意識と実態の乖離である．夫が仕事，妻が家庭という考え方はよいとは思わない，しかし幼い子がいる場合は母親が子育てに専念することが望ましいし，専業主婦であることも外で仕事をもつことと同じくらい価値がある，と多くの日本人は考える．つまり，意識と一言でいってもその中身は，既存の実態を問題視して理想の姿を表明する場合（例えば，性別役割分業意識）と，既存の体制を正当化する（例えば，専業主婦観や母親役割意識等）場合の2つがある．ここでの組み合わせは，国によって異なる．例えば，スペインでは実態レベルの性別役割分業程度が高いが，スウェーデンと同じくらい性別役割分業に対して否定的であり，専業主婦であることにもそれほど高い価値を見出していない．そこでは，既存の体制があるべき姿と大きく異なることを表明する意味合いが込められていた．

　一方，幼い子をもつ母親の働き方に対して，実態としては1980年代以降幼い子をもつ母親の継続的就労参加が上昇したアメリカで，日本での回答とほぼ同じ割合のものが子育てに専念したほうが望ましいと表明している．また，子育てと家庭の両立をはかる手立てがパートタイム就労に限定される傾向にあるイギリスでも，日本と同じくらい子育てに専念することが望ましいとする．そこでは，日本もイギリスもアメリカも，未就学児の母親の働き方としての理想が一見似通っているようだが，実際の制度との関係から解釈すると人々の表明した意識の背景にあるメカニズムが異なる．

　日本は同じアジアに位置する台湾や家族機能に依拠するドイツ，ス

ペインよりも性別役割分業が明確である．そのことが結局のところ若い人たちの結婚離れの一因になっているのではないかと考えられるが，現状を正当化する見方も根強い．専業主婦に対するこだわりや母親役割への期待は高い．一方，日本の意識構造は個人の属性によって階層化しにくいという特徴をもち，それは一様に高い専業主婦へのこだわりと母親役割への期待となって現れている．さらに日本では特にこれらの意識の中身がぼんやりとしていて，特定の属性とのリンクが見えにくい．とらえどころのない人々の意識はモンスター化して，強い信念となる．ここで厄介なことは，具体的に制度を構築する場合，人々の意識からみたニーズが見えにくく具体的な政策とリンクしにくいことにある．では，一体我々に何ができるのか．ひとつは政策を設計する場合の発想の大きな転換と，政策目標に優先順位をつけたメリハリであろう．専業主婦であることや母親役割に対する強いこだわりを無下に否定するのは望ましくない．専業主婦であることや母親役割に専従することを望ましくないとする，確固たる根拠はないのだから．もっというと，女性が高学歴化することが継続的就労を追求することであると一義的に意味づけることも今一度考え直してもよい．具体的にいうと，長い一生のなかで，家庭役割に専従し，子育てに翻弄される時期があってもよい．ただ，重要なのは，一生仕事にかかわり続けられる柔軟な制度設計であろう．そこで，横のつながりのみならず，縦のつながりがある柔軟な社会を提唱したい．横のつながりとは，一時点的にさまざまな立場にいる人々がつながることをいい，縦のつながりとは，時間を伴ったつながりをさす．

　例えば，フランスは高い出生率が維持されている一方で，女性のフルタイム就労率は高いが，性別役割分業の程度は北欧などに比べると高い．出産の遅れ，離婚の増加と婚外子の増加，女性労働参加の上昇，といった他のヨーロッパと共通する人口学的変化が必ずしも低出生率

という形で表面化しておらず,その意味でフランスは特殊例とみなされる (Toulemon, Pailhe, and Rossier 2008).その背景には定評のあるフランスの家族政策が重要な役割を担っている.フランスの家族政策の大半は現金給付であり,母親にターゲットをあてた子育て両立政策である.家庭と仕事の両立は母親がやるべきこととされ,家庭内性別役割分業をはじめとするジェンダー格差の問題は副次的である.積極的な家族政策は人口促進的な保守的理念に支えられる一方,個人としての男女平等を唱える革新的理念も含まれる.子どもの有無による格差を解消するための水平的再分配と垂直的再分配をめざす多面的な家族政策が,フランスの高い出生率を支えている.

フランスの高出生率を支える年齢は30代から40代であり,そのほとんどがフルタイム就労に従事している.子ども2,3人がフランス人にとっての理想的な子ども数であり,子どもを育てながら女性が働くことに対して社会はきわめて好意的である.その一方で家庭内性別役割分業は夫婦の間でそれほど分散化しておらず,子育てに男性の参加をもっと促すべきという意見も最近でてきた (Toulemon, Pailhe, and Rossier 2008).つまり,子育てが母親を前提として家族政策が展開されているが,母親が働くことも同時に歓迎される.母親であることと働くことが必ずしも二項対立的に設定されておらず,家族に着目した子育て支援が最優先されるなか,母親が働き続けることを社会や職場が全面的にバックアップしている社会がフランスである.その意味で,家族政策は歴史的にも保守政党からの根強いバックアップがあるが,それは日本のような「ジェンダー・バッシング」といった形とはならない.1990年代終わり,いちはやく同性婚を社会的にも容認した PACS (pactecivil de solidarité) が成立したのもフランスであり,家族そのもののとらえかたはきわめて柔軟である (原田 2000).

一方,スウェーデンは男女平等を軸にした家族政策が展開されてお

り，親の就労参加を前提とした制度設計となっている．男女平等政策の追求は高学歴化ともあいまって出産時期の遅れをもたらしたが，その反面，遅く産み始めても一定の出生率までキャッチアップし，結局のところ比較的高い出生率を維持することになった（Olah and Bernhardt 2008）．その背景にはもちろん，親にとって働きやすく，子育てしやすい社会環境の整備があったことは言うまでもない．ただ，フランスの母親就労はフルタイムが主流であるが，スウェーデンはフランスに比べて母親のパートタイム就労割合が高い．これは，スウェーデンが男女ともに働くことを前提とした家族政策を設計しているのに対して，フランスは必ずしも男女平等政策として家族政策を設計しているわけではないという違いから生まれたひとつの皮肉といえる．おそらく，水平的再分配と垂直的再分配がクロスしたフランスの家族政策と就労支援策の複雑な組み合わせが生んだひとつの効果である．フランスは，男女平等の観点からフルタイムで母親が就労を続けることを必ずしもめざしたわけではない．しかし，子育てを担う母親が働くことを最優先して支援し，働きながら子どもを育てることに好意的な社会環境を整備した結果，母親は出産してもフルタイムを去る必要はなくなった．一方，スウェーデンは，家族政策としてまず男女平等があり，それを追求するために家族政策を展開していく．そこでは男女平等理念が軸となる家族政策を展開するうえでのパートタイム就労の積極的活用があると同時に，公的セクターの拡大が女性雇用を吸収していった1970年代の税制改革がある．男女平等理念を優先し普遍的福祉政策を充実させるスウェーデンの家族政策は，その意味で制度内の「ねじれ」は少ない．

　充実した家族政策を後ろ盾に，子どものいない割合が最も低いのがスウェーデンであるのに対し，低出生率に悩むドイツは子どものいない割合がヨーロッパの中でも最も高い．そこには，日本と同様に仕事

と家庭の両立が難しく,男性世帯主型モデルからの脱却が不十分であるがために,子どもをもたない選択をせざる得ない状況がある.仕事か家庭かの二者択一が強いられる制度設計と強い家族規範が,低出生率の追い風となる.このような継続的な低出生率は人口高齢化をもたらし,日本と同様にこれからの社会保障制度の見直しが急務である(Dorbritz 2008).

イタリアは,ローマカトリック教徒という宗教的な背景もあって結婚や家族に対する考え方がいまだ固定的である反面,高学歴化し女性の労働参加が増えて,同棲も増え,個人の生き方が変化している(Rose, Racioppi, and Zanatta 2008).それにもかかわらず社会の諸制度がこれらの新たなニーズを十分受け止めることができずにおり,それが低出生率となって顕在化している.規範と実際の生き方のズレが,個人の出産行動に影響している点はイタリア,スペインと共通して日本にも見受けられる.スペインの低出生率を説明する最も中心的要因は第1子出産時期の遅れである(Delgado, Meil, and Lopez 2008).スペインの出生率を回復させるためには,出産時期の遅れを何とか阻む政策が急務であり,労働市場や住宅コストといったより総合的な政策を展開しなければならない.政府,労働市場,家族という3つのアクター間で十分連携できていないことが,結局若年労働市場の悪化を招き,独り立ちできない若者を増やして結果として出生率が上昇していかない悪循環を生む.このように,諸制度が硬直的で人々の生き方の変化に十分対応できていない国は,出生率も低い傾向にある.

出生率が高いことが望ましいことであると,短絡的に言うつもりはない(白波瀬 2005ab; 2007b).ただ,低出生率に悩む国々の背景に共通に見られるのは,若者の閉塞感と将来に対する不安の高さである.事実,将来に不安があるとした割合は,日本や韓国が高い(白波瀬

2006cd). 女性就労に対する位置づけや女性が働くことに対する政策は国の体制によって異なるものの，家庭と仕事の両立や多様な人々の生き方をどう受け止めていくかは一筋縄ではいかない政策課題であることは各国共通している．どの国でもある程度共通した母親のジレンマを内包しながら，母親たちは仕事に就く．

　子育て支援を提供する主体を考えると，大きく3つある．1つは家族・親族，2つは市場，そして3つは政府である．これまで日本は子育ての場として家族・親族に大きく依存し，かつ家族・親族による子育てに非常なこだわりをもってきた．例えば，3歳児神話は，家族，特に母親による子育てが最も望ましいという根強いメッセージである．望ましい母親の働き方として無業とする者が過半数で，専業主婦に対する思い入れも強い．

　子どもを育てながら仕事を続けるために，これまで通り親族に大きく依存していては無理がある．女性がもっと働きやすい社会をめざすには，女性にのみ焦点をあてた政策を講じるのではなく，男性も含む社会構成員全てを視野にいれた環境整備が必要となる．子どもは家庭や学校，地域，社会での実体験を通して，行為や価値観を継承していく．男も女も共に生活者であり就労に携わる者である社会の実現に向けて，諸制度を柔軟にして諸制度間の連携を密にすることが，これからの老若男女を対象とした就労支援策の鍵となる．

6 高齢者の居場所
高齢化と世帯構造の変化

　成人未婚子がいる世帯，幼い子のいる世帯とその母親の働き方など，人生の比較的若い時期に注目して経済格差を議論してきた．本章では，ライフステージの後半に焦点を移して高齢者の経済的福利について議論する．人生の後半は，これまでの生き方のさまざまな結果が蓄積される時期である．この諸個人の蓄積の差が経済格差となって顕在化する．年をとること自体はどこで生まれようとも，どこに住もうが同じであるが，その中身は生活の場である社会の制度的枠組みによって異なる．本章では，高齢者のいる世帯に着目して経済格差を議論する．

1 人口高齢化と経済格差

　人口の高齢化は欧米にも共通する．日本の高齢化の特徴は，急速な変化にある．日本だけでなく韓国や台湾を加えると，高齢化のテンポの速い日本の特異さは少し目立たなくなる．現時点で韓国や台湾，シンガポールやフィリピンは，欧米や日本ほどの高齢化は進行していないが，今後，日本以上に速い速度での高齢化が予想される．国連の定義によると，全人口の 7% 以上が 65 歳以上高齢者であることをもって「高齢化社会」と呼び，65 歳以上高齢者割合が倍の 14% に達したことをもって「高齢社会」とみなす．高齢化社会から高齢社会への移行に費やした時間は，最もゆっくりと進行したフランスが 115 年であるのに対し，日本はその 4 分の 1 以下の 24 年である．現在高齢者割合がまだ 9% の台湾も，あと 9 年もすると高齢社会になることが予想

され，高齢化社会から高齢社会への移行期間は日本と同じ 24 年とされる．韓国の 65 歳以上高齢者割合はまだ 1 割程度であるが，高齢者割合 7％ から 14％ になる期間は日本よりもさらに短い 17 年と予想される（国立社会保障・人口問題研究所 2008）．人口構成が高齢化することは，高齢者が生活する場の変容とも連動する．急速な人口変動は人口構成の変容を促すだけでなく，実際の人々の居場所である世帯構造の変化とも関連する[1]．本章では，高齢化を 65 歳以上高齢者のいる世帯構造の変化と捉えて，所得不平等の観点から検討する．人口の高齢化が社会の経済格差とどのような関係にあるのか．これが本章で検討される問いである．

産業諸国のなかで日本は，産業化を最初に達成したアジアの国であり（Vogel 1979; Ohkochi *et al.* 1973），後発型であるという独自の発展過程から（Dore 1973; Cole 1979），特別視される傾向にあった．産業化の進行が遅く始まり急激に進行したように，人口の高齢化もヨーロッパに比べて遅く始まったが急激に進行したという共通点をもつ．一方，産業化の達成が一億総中流社会論と結びついたのに対して，人口高齢化は格差拡大論と結びついて展開されることになる．産業化も高齢化もその変化の速さが共通する反面，それらの社会変動を受けて論じられた不平等についての言説は真っ向相反する．一億総中流社会論が浸透した背景には，経済のパイが拡大した時点でも，さらにはみずからの子どもたちの将来に対しても，経済の底上げがあったぶん，

---

[1] 世帯の定義は，日本の中でもさまざまである．本章では，日常的に生活をともにする同居を中心に定義づける．しかし，家計調査や全国消費者実態調査などは，家計を定義の中心に置き，家計をともにする範囲を同居とみなしている．例えば，大学生になって親と別居するようになった場合，本章で分析する調査データでは別世帯として大学生の子を世帯員から省く．しかし，上述の調査においては，親からの仕送りによって大学生の子の生計が維持されているので，家計を同じくする世帯員とみなす．

経済の成長を前提とした楽観的な見通しが人々の間に広まっていった（今田 1989；盛山 2003）．日本では1970年代から80年代にかけて総中流社会に関する議論が盛んに行われ，また同質社会としても強調されるにいたる．

奇跡の経済成長の背景には，若い人口があった．1960年，0〜19歳以上人口は全体人口の4割で，20〜64歳のいわゆる現役人口割合は54％，65歳以上高齢者割合は6％にすぎなかった（国立社会保障・人口問題研究所 2008）．しかし，45年後の2005年，20歳未満人口は19％へと半減し，高齢者人口は倍近くの11％となった．このような人口高齢化は人々が経済的豊かさの違いを実感する背景となって，格差拡大論と結びついた．

世の中の経済格差が拡大したことを示すには，どの年齢層も等しく不平等化していなくてはならない．しかし，近年の経済格差の拡大は，高齢化に伴い，所得格差が大きい高齢層が全体人口に占める割合が拡大したために，全体の経済格差が拡大したかのようにみえるだけである（大竹 2005）．人口高齢化に伴う所得格差の拡大は「みせかけの不平等化」として，政府見解の根拠となった．たしかに，世の中の経済格差が拡大したとする，一貫した不平等化の流れを実証データで検証するのはやさしくない．それほどの根拠なく，世の中が不平等化したと叫んでいるうちに，本当に不平等化したように思えてくる．大竹による格差拡大慎重論は，世の中の格差論議が感情論で後押しされている側面に警鐘を鳴らしたという点で評価できる．しかし，経済格差の拡大が人口高齢化によって多くが説明されることを明らかにした一方で，高齢期の経済格差が大きいことを十分議論するまでには至っていない．高齢化が経済格差拡大を説明するという事実と，高齢期の経済格差が大きいという事実をどう捉えるべきか．この点は，高齢社会の福祉政策という観点からも重要である．

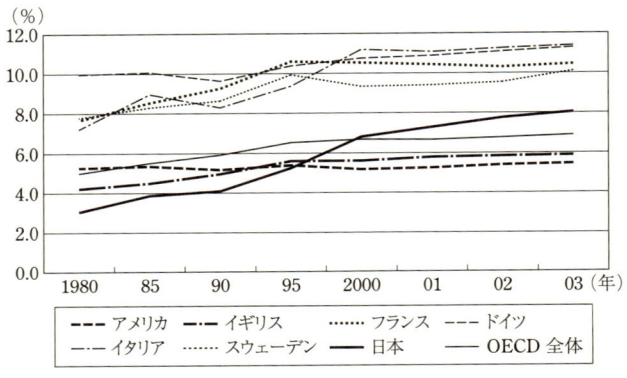

図 6-1 高齢者関連支出の対 GDP 比の推移
出所：OECD Social Expenditure Database.

人口高齢化は OECD 諸国に共通する人口変動で（Whiteford and Whitehouse 2006），高齢層の所得保障政策も OECD 諸国に共通する緊急の政策課題である（OECD 2007）．図 6-1 が示すように，高齢者関連社会支出の対 GDP（国内総生産）比は各国とも共通して右上がりである．その中で日本は特に，1990 年に入り加速度的に高齢者関連支出の対 GDP 比が上昇している．65 歳以上高齢者比率は日本の 20.2％（2005 年）が比較対象国の中で最も高い．しかし高齢者関連支出の程度はフランス，ドイツ，イタリア，スウェーデンに及ばない．日本が自由主義型福祉国家のひとつと位置づけられるゆえんである（橘木 2006）．

本章では，65 歳以上高齢者のいる世帯に特に着目して，経済格差と高齢化の関係を探る．特に，65 歳以上高齢者の有無によって，「高齢者がいる世帯（高齢者有世帯）」と「高齢者がいない世帯（高齢者無世帯）」に分け，高齢者有世帯をさらに単身高齢者と夫婦のみ高齢者世帯を合わせた「高齢者のみ世帯」と，高齢者が息子夫婦などと同

居する「その他の高齢者世帯」に区別する．世帯を細かく分類することで，高齢者にとっての基本的生活の場の違いが，経済格差とどう結びついているのか，またそこでの世帯構造と経済格差の関係は日本独自のものなのか，あるいは他国と共通するのか，といった問いを立てることができる．

2 人口の高齢化と世帯構造の変化

比較対象国すべてで，人口の高齢化は共通する．フランスは最もゆっくり高齢化が進行した国であるが，65歳以上人口比率は2005年16.3%である．ドイツは2000年時点で65歳以上人口比率はフランスとほぼ同じであったが，2005年には18.8%となった．イタリアも1990年代以降高齢化が進行し，2005年では19.7%と，スウェーデンの17.2%を抜いた．イギリスの65歳以上高齢者割合はフランスより若干低い16.1%で，アメリカは12.3%とさらに低い．一方，日本の65歳以上高齢者割合は2005年に2割を超え，1980年には9%であったものが，4分の1世紀で倍に上昇した．台湾は2005年9.7%と，最も若い人口構成であるが，晩婚化と出生率が恒常的に低下しており人口の高齢化が急速に進行している（黄 2003）．平均寿命も延びており，2005年時点で，アメリカ男性75歳女性80歳，イギリス男性77歳女性81歳，フランス男性77歳女性84歳，ドイツ男性76歳女性82歳，イタリア男性78歳女性84歳，スウェーデン男性79歳女性83歳，台湾男性74歳女性80歳，日本男性79歳女性86歳，である．

ここで注意すべきことは，所得格差をみる場合，統計の単位が世帯であるので，人口の高齢化と世帯の高齢化は同じではないことである．図6-2は，全体人口に占める65歳以上人口割合と全世帯に占める65歳以上世帯主割合のプロットである．両者の相関は高いが，同じでは

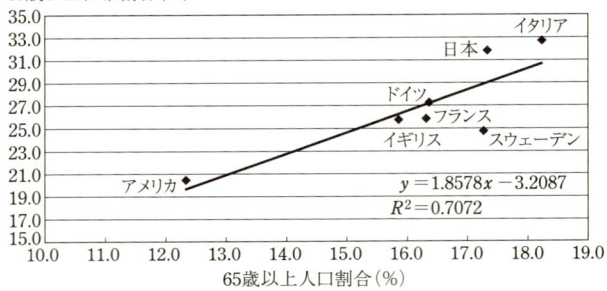

図 6-2 65 歳以上人口割合と 65 歳以上世帯主割合（2000 年）
出所：人口割合：『人口統計資料集 2008』（国立社会保障・人口問題研究所）．
世帯割合：国民生活基礎調査（日本），LIS（他国）．

グラフ中の回帰式：$y = 1.8578x - 3.2087$, $R^2 = 0.7072$

ない．特に，イタリア，スウェーデン，日本の回帰線からの乖離が目立つ．日本は，人口比率に比べて 65 歳以上世帯主割合が高い傾向にあり，スウェーデンはその逆で，人口比率に比べて 65 歳以上世帯主割合が低い傾向にある．ここでは 2 つの解釈が可能である．第 1 章図 1-12 から，スウェーデンでの世帯主年齢分布は比較的若い．スウェーデンの 65 歳以上世帯主人口が低い傾向にあるのは，この世帯主年齢分布が若年に偏っているからである．一方日本は，65 歳以上人口割合そのものはスウェーデンと同程度であるが，若年層の晩婚化，未婚化に伴って親と同居するものが多いために若年世帯主割合が低く，高齢層での世帯分離が進んでいることも手伝って高齢世帯主割合が相対的に高くなった．

日本では，近年子どもの数が減り，三世代世帯割合が低下して，世帯サイズが縮小傾向にある．特に，高齢者自身，子世代と同居するという形態をとらずに，自らが世帯主となる核家族世帯（未婚の子と同居）や夫婦のみ世帯，さらにはひとり暮らし世帯が増加することによって，世帯主年齢が上昇した．これは，第 1 章図 1-12 でもみたよう

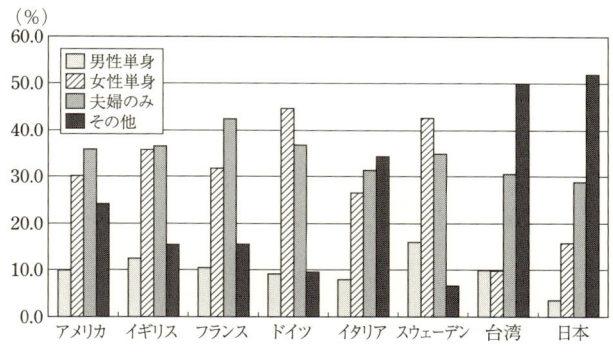

図 6-3 65歳以上高齢者のいる世帯の構造分布（2000年）
出所：国民生活基礎調査（日本），LIS（他国）．

に，世帯主年齢分布が高齢層へとシフトしていることからも明らかである．世帯主年齢分布を国別に検討すると，人口高齢化が欧米や日本ほどに進行していない台湾を除いて世帯主年齢分布は高齢期で第2の山を呈する．ただ，日本において特徴的であったことは，50代以降世帯主年齢割合が欧米に比べて高く，そのひとつの理由は未婚子が成人後も親と同居する割合が欧米に比べて高いことにある．若年層は晩婚化の影響を受けて，自らが世帯を構えるより親元に留まる傾向がある．さらに，子世代が結婚して親と同居しても，高齢層の親世代が世帯主になる場合が増えている．

図6-3は，65歳以上高齢者のいる世帯の世帯構造分布である．本章での世帯構造区分は，男性単身世帯，女性単身世帯，夫婦のみ世帯，その他世帯の4つのタイプとする．図6-3から明らかなことは，台湾と日本の高齢者が未婚子や既婚子といった他世代と同居する（その他世帯）割合が高いことである．2001年時点で，日本の65歳以上高齢者のいる世帯の過半数は未婚の子と同居する核家族や三世代世帯であり，台湾も半数が多世代世帯である．各国の世帯構造分布の変化を時

系列的にみると（巻末付録），台湾と日本の変化が最も著しい．例えば1980年代半ば，台湾の高齢者のいる世帯の8割近くはその他世帯であり，ひとり暮らしの場合は1割程度であった．その後，その他世帯割合は減少し続け，1990年代半ばには6割，2000年には5割となった．日本も1980年代半ば，高齢者のいる世帯の7割弱はその他世帯であり，10年後には6割弱となった．変化の速さは台湾ほどではないが，1980年代半ば以降，日本の人口構造が急激に高齢化したと同時に，高齢者が生活する場の変化も急激に進行した．

　ヨーロッパで多世代同居割合が比較的高いのはイタリアで，65歳以上高齢者のいる世帯の3分の1弱は多世代世帯で生活する．イタリアは日本と同様に，子どもが結婚するまでは親元で生活することも多く（西岡 2003），生活保障機能を同居という形態のもとで授受する生活スタイルを呈する．アメリカでも高齢者のいる世帯の4分の1程度はその他世帯であり，アメリカの高齢者がひとり暮らしや夫婦のみ世帯で生活しているというわけではない．しかし，アメリカにおける高齢者の世帯構造の背景に人種による違いがあることも見逃せない．例えば，アジア系やヒスパニック系の間は子世代と同居するものも少なくない．一方，ドイツとスウェーデンの高齢者の9割以上は，ひとり暮らしか夫婦のみ世帯で生活している．

　このように，台湾と日本，そしてイタリアの高齢者世帯はひとり暮らしや夫婦のみ世帯に加えて，未婚子や子ども家族と同居するケースが認められ，高齢者の生活の場が，ドイツやスウェーデン，フランス，イギリスに比べて多様である．この多様な高齢者の生活の場が高齢者の経済水準とどのような関係にあるのかを検討する．

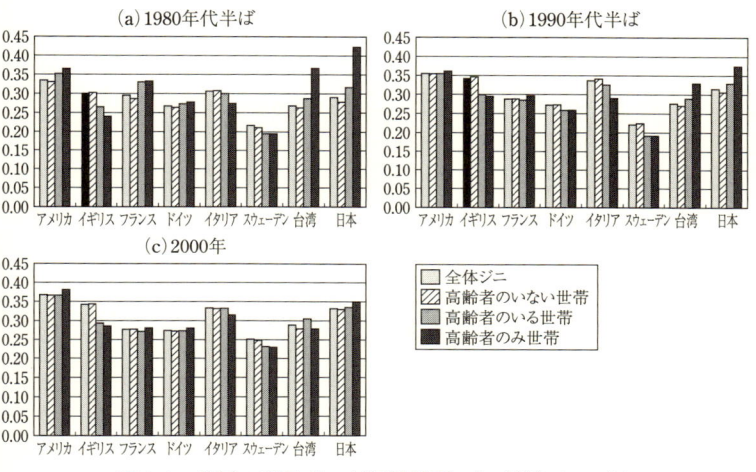

図 6-4 各国の高齢者の有無世帯別 ジニ係数（2000年）
出所：国民生活基礎調査（日本），LIS（他国）．

3 高齢者のいる世帯といない世帯の経済格差

　高齢者がいる世帯といない世帯で経済格差の程度はどれくらい異なるのか．図6-4は，高齢者の有無別のジニ係数を，1980年代半ば（図6-4(a)），1990年代半ば（図6-4(b)），2000年（図6-4(c)）の3時点について示した．同図はそれぞれ4本のバーで，経済格差の程度が示される．最初のバーは世帯全体のジニ係数であり，2番目のバーは高齢者がいない世帯の間のジニ係数である．3番目のバーは高齢者がいる世帯の間のジニ係数であって，4番目のバーは，そのなかでも高齢者だけからなる世帯の間のジニ係数である．

　まず，日本の結果に着目してみよう．1980年代半ば，日本は台湾とともに高齢者のみ世帯の間での経済格差が大きいことが目立つ．しかし，その後，高齢者のみ世帯内の経済格差は改善され，高齢者のみ

世帯のジニ係数は 1986 年の 0.424 から 2001 年には 0.350 に低下した．台湾にいたっては，2000 年時点で高齢者のみ世帯のジニ係数のほうが高齢者のいる世帯よりも小さくなっている．日本における高齢者のみ世帯の経済格差の縮小は，高齢単身女性の貧困率の改善によって説明される（白波瀬 2006a）．事実，高齢単身女性の貧困率は，1986 年 70.7% から 1995 年 59.9%，2001 年には 47.2% と改善した．もっとも 2001 年でも高齢者のいる世帯全体の低所得率が 19.8% であることを考えると，高齢単身女性の貧困率は依然高い．

　一方で，高齢者のいない世帯の経済格差が拡大している．そこでのジニ係数は 1986 年 0.270 から 2001 年 0.330 へと上昇し，高齢者のいる世帯のジニ係数が 0.317 から 0.335 へと上昇した程度に比べるとその上昇程度が大きい．1980 年代半ばから 1990 年代半ば以降の経済格差は高齢者のいない世帯でも進行している（白波瀬・竹内 2008）．1980 年代半ば以降経済格差の多くが人口高齢化によって説明されたが，1990 年代半ばからの経済格差の拡大には，団塊世代内の経済格差の拡大も見落せない．また，高齢者のいる世帯内の経済格差が 2000 年初頭時点で低下したからといって，その後も低下し続ける保証はない．これまで日本は年金制度の充実期に向かっていたが，2004 年の年金改革において所得保障代替率は 5 割に引き下げられた．未婚者が増え，無業者が増えて，非正規化が進む限り，高齢期の貧困問題は決して油断を許さない．

　高齢者のいる世帯より高齢者のいない世帯の間での経済格差が大きく拡大した国は，日本のほかにアメリカがある．しかし，その拡大程度は日本のほうが大きい．かつてアメリカも，高齢者のいる世帯の経済格差が高齢者のいない世帯の経済格差よりも大きかった．しかし，前者と後者の経済格差の程度はほとんど変わらなくなった．フランスでは高齢者のいる世帯の経済格差が改善された．そこには，1980 年

代のミッテラン政権後年金支給年齢が60歳へと引き下げられ，高齢者の多くが年金生活者へと移行したことが高齢者内部の経済格差を縮小することになったと考えられる．イギリスとスウェーデンは，高齢者のいる世帯の経済格差の方が高齢者のいない世帯よりも小さい．そこで，代表的な高齢期の所得保障として公的年金制度について簡単に触れておこう．

4　各国の公的年金制度

　日本を含むOECD諸国では人口の高齢化が共通して認められ，合計特殊出生率が上昇せずに長寿化が進むと65歳以上高齢層の相対的比率が上昇し，引退年齢層と現役年齢層のアンバランスがさらに加速する．OECDの推計によると，2050年までにGDPの3～4%まで老齢年金支出が平均して上昇するといわれている（OECD 2005）．さらに，高齢化に伴う医療費の高騰や介護関連支出の上昇も見込まれる．このような問題はいままさに日本も直面しており，本格的な高齢社会に向けた社会保障制度の立て直しのため，各国はこぞって年金改革を実施している．日本も2004年の年金改革では，「100年にわたって持続可能な年金制度」をうたい文句に制度改正が提示された．急激な人口高齢化を背景に，保険料水準固定方式とマクロ経済スライドによる給付の自動調整が導入され，基礎年金国庫負担割合を2009（平成21）年度までに2分の1へと引き上げるとした．また，所得代替率を59%から52%に引き下げることによって，実質的な給付水準の引き下げを明示した．さらには，多様な生き方に対応するものとして，第三号被保険者期間の厚生年金の分割や離婚時の厚生年金の分割が盛り込まれた．今回の年金改革を実質的に評価するにはまだ早いが，世代間の公平性をいかに確保し，年金財政を安定化させていくかは，日本

表 6-1　各国の年金制度

	1 階部分	2 階部分		総所得代替率＊	年金支給年齢(歳)
		(公的)	(私的)		
フランス	特定階層向け年金 最低年金	確定給付型・ポイント制		51.2	60
ドイツ	特定階層向け年金	ポイント制		39.9	65
イタリア	特定階層向け年金	みなし勘定制		67.9	65
スウェーデン	最低年金	みなし勘定制	確定拠出型・確定給付型	62.5	65
イギリス	特定階層向け年金 基礎年金・最低年金	確定給付型		30.8	65
アメリカ	特定階層向け年金	確定拠出型		41.2	67
日　本	基礎年金	確定給付型		34.4	65

注：OECD (2007, Table 1.1, Table in p. 33) より作成.
＊男性個人の退職前総報酬に対する総代替率（%）.

だけでなく OECD 諸国が直面する政策課題である．

　各国の詳しい年金制度の説明とその評価は本書の目的を超えているので，ここでは，各国の公的年金制度をごくかいつまんで説明し，高齢期における経済格差を解釈する際の一助とする（表 6-1）．

　OECD 諸国の公的年金制度は，大きく 2 階部分に分けられる．1 階部分は高齢者の貧困緩和を目的として一定の生活水準を確保するための再分配機能を中心とし，2 階部分は退職前の生活水準から大きく落差がないような生活を維持できるよう保険あるいは貯蓄の機能を中心に設計されている（OECD 2007）．すべての OECD 諸国は，高齢期における貧困を回避するためのセイフティーネットとしての 1 階部分を保有し，4 つの種類に区別される．それらは，社会扶助，特定階層向け年金，基礎年金，そして最低年金である．

　基礎年金は定額で，報酬に関係なく拠出年数にのみ基づく．日本とイギリスが基礎年金制度である．特定階層向け年金とは，貧しい年金受給者により多くの額が支払われ，年金受給額が一定水準に設定されている最低賃金と似通った設定である．特定階層を選定するには，退

職者が受け取る年金額による場合，貯蓄による収入を考慮してその分を減額する広い意味での所得調査による場合，所得と資産を考慮して減額される広い意味での資力調査による場合，の3つがある．スウェーデンは最初のケース，オーストラリアなどは3番目の資力調査を課して特定階層が選定される．最低年金は報酬比例年金の2階部分と一部連動しており，給付を受けるために退職者は一定期間の拠出が求められ，この点が特定階層向け年金制度と異なる．最後に，社会扶助という形で高齢期の貧困に対応する国もあり，ドイツがこれにあたる．また，国によっては複数の制度を組み合わせて1階部分を設計している場合もある．セイフティーネットとしての1階部分の給付額水準は，平均的報酬の29%をやや下回っており，日本が19%，アメリカ20%と相対的に低い（OECD 2007）．

　2階部分については，確定給付型を採用する国が多い．確定給付制度のもとでは，年金受給額は，保険料の拠出年数および就労から得た個人の報酬額によって決定される．もうひとつは確定拠出型である．これは，個々人が個人勘定をもって保険料を貯蓄して投資し，積み立てた個人勘定から年金所得が支払われる仕組みである．伝統的な確定給付型でない仕組みをとる国もある．例えば，フランスの職域年金やドイツの公的年金はポイント制を採用している．各年の給付に対応する報酬額によってポイントが加算され，ためたポイントを年金ポイント乗率で掛けてそれが定期的に支払われる年金に反映される．イタリアやスウェーデンは，みなし勘定方式を採っている．ここでは，支払った保険料が記録されてそこにみなしの利子がつく．退職時の平均余命にもとづいた年金額に個人勘定にある貯蓄されたみなし資産が転化される仕組みである．

　多くの場合，年金支給開始年齢は65歳としている．平均報酬でのOECD平均総所得代替率は58.7%で，日本は34.4%である．アメ

リカとイギリスは，それぞれ41.2%，30.8% と平均を下回る．1階部分が社会扶助のみであるドイツの代替率は低く 39.9% である．一方，イタリアの所得代替率は 67.9% と高い．

簡単に各国の年金制度をみるだけでも，人口高齢化は各国で共通し，持続可能な年金財政の再構築は OECD 諸国に共通する政策課題である一方で，老後の貧困リスクの捉えかた，財源の調達方法や制度の運用方法などが国によって異なる．各国は四半世紀以上にわたって，年金制度改革を繰り返してきた．そこでは，年金額を算出する期間の検討，物価水準の算定方法，長寿化の考慮，年金支給年齢の延長，就業継続の促進，といった内容が各国の年金改革に盛り込まれている．一方で，老後保障の位置づけや制度設計の仕方，制度運用の仕方が国によって異なり，その背景には独自の政策理念や歴史的，政治的，経済的特徴が絡んでそれぞれの国独自の制度が運用されている．さらには，社会保障制度の導入時期や人口変動の早さによって，制度の設計方法が違っている．たとえば，台湾は 2005 年に国民年金制度が制定されたばかりで，社会保障制度を立ち上げる初期の段階にある．そこでの社会保障後発国の悩みは，すでに高齢化を経験し，制度改革を繰り返してきた先達者が抱える諸問題を，制度設計段階で同時進行的に目配りしていかなければならないことである．

日本についても，常に福祉国家としての先達者のヨーロッパを参考に諸制度を検討してきたという経緯がある．他国の制度をそのまま持ち込むことはできないが，人口が高齢化していくことは「確かな将来」であるので，この確かな将来を迎え撃つためにわれわれは何をすべきか．確かな変化と不確かな変化，各国独自の歴史的，政治的，経済的，社会的独自性を共通の人口変動に対してどう組み込んでいくか．この点はこれから本格的な少子高齢化を迎えようとしている国だけでなく，早くから第2の人口転換[2]を経験し社会保障制度の整備が比

較的進んでいる国においても共に，現在進行形で取り組まれている政策課題である．

5 高齢者のいる世帯の経済リスク

世帯に高齢者がいるかいないかで，経済格差の程度が異なり，貧困リスクの程度が異なる．それは大竹（2005）も述べたように，近年の格差拡大の多くが人口の高齢化（世帯主の高齢化）によって説明されるとした根拠である．ではなぜ，高齢層の経済格差が大きいのか．

図 6-5 は，高齢者のいる世帯の世帯構造別の相対的貧困率[3]（以下，貧困率）である．65 歳以上高齢者のいる世帯の貧困率は 2000 年時点で，アメリカ 21.8%，イギリス 16.8%，フランス 7.9%，ドイツ 9.5%，イタリア 14.0%，スウェーデン 7.4%，台湾 17.0%，日本 19.8% である．日本の貧困率は，アメリカに次いで 2 番目に高い．その中身を，男性単身世帯，女性単身世帯，夫婦のみ世帯，その他世帯の 4 カテゴリーに分けて，貧困率を算出すると，どこの国も高齢単身女性の高い貧困リスクが明らかである．日本の高齢単身女性の貧困率は 47.1% と，高齢男性単身の 27.2% に比べても倍近く高い．台湾は男

---

[2] 人口転換とは，多産多死から多産少死，そして少産少死へと変化する人口変動理論をさす（Notestein 1945）．その後，少産少死を迎えて人口が安定すると考えられていたが，出生率が人口置換水準を下回る状況が継続し，その結果全体人口が減少していく現象が認められるようになった．これを第 2 の人口転換という（Lesthaeghe 1995; Van De Kaa 1987）．

[3] 相対的貧困率とは，当該年の全体世帯の可処分所得中央値の 5 割に満たない所得にある世帯割合である．同値は各国内での相対的な低所得割合を示すものであり，国による経済水準が異なるので同値を単純に横並びに比較するにはその解釈に注意を要する．しかし，比較対象国は台湾を除き OECD に加盟する先進産業国であることから，相対的貧困率の比較をもってしても大きく現実をミスリーディングするものではないとする．

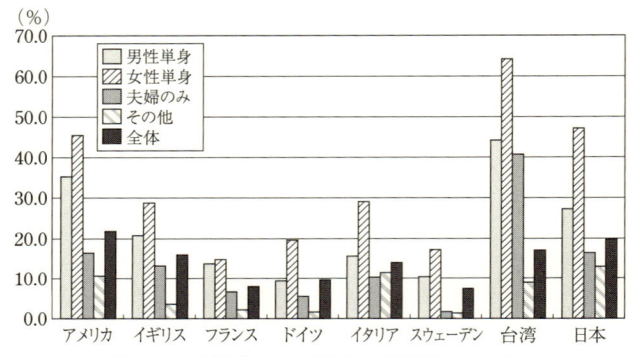

図 6-5 高齢者のいる世帯の貧困率（2000 年）
出所：国民生活基礎調査（日本），LIS（他国）．

女ともに単身者の貧困率は高く，その背景には社会保障制度の立ち遅れがある（黄 2003; Mason and Lee 2004）．

若年世代と同居することで基本的生活保障機能を享受する台湾において高齢期をひとりで生活することのリスクの高さは，日本でも他人ごとではない．ひとりで高齢期を過ごすことに伴う経済リスクの高さはスウェーデンでも認められるが，その程度に大きな差があり，その背景には高齢期の生活スタイルと社会保障制度の違いがある．

図 6-6 は，高齢者のいる世帯の貧困率を 3 時点比較した結果である．1980 年代半ば（図 6-6(a)）と 1990 年代半ば（図 6-6(b)）は，日本と台湾は他国に比べて，世帯構造による貧困率の違いが大きい．特に高齢女性の単身世帯の貧困率は高く，1980 年代半ば，日本 70.7％，台湾 50.6％ の高齢単身女性が貧困層にあった．しかし，1990 年代，2000 年と時間を経るにつれて，日本の高齢単身世帯の高い貧困率は改善されて，2000 年時点で，高齢単身女性の貧困率は 47.1％ となった（図 6-6(c)）．一方，台湾の単身女性の貧困率は 64％ と依然高く，高齢単身者，高齢夫婦のみ世帯の相対的な貧困リスクの高さが目立つ．

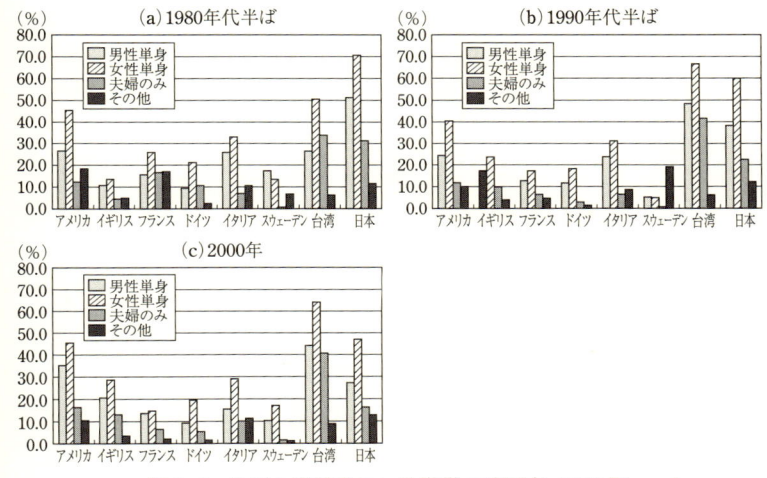

図6-6 各国の高齢者のいる世帯の貧困率（2000年）
出所：国民生活基礎調査（日本），LIS（他国）．

それは国民年金制度が2005年に始まったばかりという社会保障制度の立ち遅れが単身高齢女性をはじめとする高齢者のみ世帯の高い貧困率と関連している（黄 2003）．日本の近年改善された高齢単身女性の貧困率は，社会保障制度の充実による高齢者収入の底上げによると考えられる．事実，高齢単身女性の所得構造はその大半が年金をはじめとする社会保障給付に頼っている．

表6-2は，年金収入およびそれ以外の社会保障給付費が世帯の可処分収入全体に占める割合（以後，年金割合）である．ここから明らかなことは，台湾の高齢者の所得構造に占める年金割合がきわめて低いことである．これはまさに，年金制度が公務員をはじめとするごく一部にしか普及していない，社会保障制度の未整備のためである．さらに，台湾と日本で，その他世帯の年金割合が他国に比べて低い．その他世帯収入における年金割合は，台湾13%，日本37%である．1980

表 6-2 高齢者のいる世帯構造別 社会保障給付費割合（2000 年） (％)

	アメリカ	イギリス	フランス	ドイツ	イタリア	スウェーデン	台　湾	日　本
男性ひとり	81.7	99.4	90.8	99.4	87.6	100.0	54.5	92.0
女性ひとり	84.4	101.4	94.3	98.1	94.1	100.0	26.3	94.7
夫婦のみ	74.4	97.0	93.2	91.7	86.8	100.0	32.8	87.1
その他	47.4	62.6	67.4	66.8	57.6	85.1	13.1	37.6
全　体	71.6	93.6	89.3	92.9	78.8	100.0	21.8	62.8

出所：国民生活基礎調査（日本），LIS（他国）．

年代半ば，日本はその他世帯における同値が2割に満たなかったので，そのころから比べるとその他世帯の年金割合が上昇している．それでもヨーロッパの6割から7割程度に比べると，子世代と同居する世帯を含むその他世帯の年金割合は低く，これは子どもと同居することで経済的な保障を獲得している状況と想像することができる．一方，子どもと同居をしても年金割合が高いヨーロッパは，高齢期における多世代同居自体が少ないなか，子世代との同居は高齢者の経済的利益というよりも若年失業をはじめとする子世代にとっての経済的利益をもたらすと考えられる．高齢者が子世代と生活することの意味が国によって異なる．それでも日本では子世代と同居する割合が減る一方で，その他世帯の年金割合は上昇傾向にある．そこでは，親の年金で生計をたてる同居子が増えていることが想像される．

高齢者がいる世帯の中での経済格差が大きいひとつの理由は，日本や台湾の高齢者がひとりで，あるいは夫婦だけで生活するか，それとも子世代と同居するかによって，その経済的福利の程度が欧米に比べて大きく異なるからである．これまで，台湾や日本では高齢者は子世代と同居することで経済的保障を得て，身の回りの世話も同じ世帯の中で受けることができた．それは日本型福祉社会，家族の含み資産として，公的社会保障の代替機能を家族が担ってきたことからもうかがわれる（原田 1988）．しかしいま，日本でも子世代と同居する三世代

世帯比率は，高齢者がいる世帯のうち2割程度となり，1970年代半の54.4%から考えると半分以下となった（国立社会保障・人口問題研究所 2008）．それでも子世代と同居する割合は欧米に比べて多いので，高齢者の属する世帯構造が欧米よりも多様である．その多様な世帯構造が貧困リスクをはじめとする経済的福利に連動していることが，欧米に比べて高い高齢者層の経済格差を生むことになった．日本や台湾における高齢者のもつ世帯構造別経済厚生の違いが，高齢者がいる世帯の所得格差を大きくしている．

6 高齢者就労

日本の高齢者の高い就業率はすでに多くの研究者によって明らかにされている（Yashiro 1997; Yashiro and Oshio 1999; 清家・山田 2004）．表6-3は，50歳以上世帯主の就労率である．60代に入ると就労率はどの国も大きく低下し，日本も55-59歳層の就労率が85%であったものが，60-64歳層になると60%になる[4]．しかし，60代後半になると，日本（42.8%）と台湾（46.1%）の高い就労率が目立つ．台湾，日本に次いで高い60代後半世帯主就労率を呈するのはアメリカ（26.4%）で，そのあとにスウェーデン（16.0%）が続く．高齢者のうち，就労しているものとしていないものが混在すると，稼働所得の有無となって高齢者内の所得格差を拡大させる．高齢期に入り引退するものもいれば就労を継続するものが半数近くいる場合には，老後の経済状況が非稼得所得に加えて稼得所得によって決定され，就業を

---

[4] 男女間での就労率の違いはある．事実，日本の60代前半の世帯主就労率は66%であるが，女性の場合は38%である．もっともひとり暮らしを除くと女性世帯主割合は低いので，表6-3の結果は男性世帯主の場合とほぼ同じとみてよい．

表 6-3 50代以上世帯主の就労率 (2000年) (%)

	アメリカ	イギリス	フランス	ドイツ	イタリア	スウェーデン	台湾	日本
50-54歳	80.9	79.6	85.4	82.7	72.2	99.4	95.4	93.2
55-59歳	71.0	65.7	55.0	69.7	45.5	99.7	88.2	85.0
60-64歳	50.3	40.7	8.7	35.4	18.4	100.0	75.2	59.5
65-69歳	26.4	12.5	2.6	11.5	5.9	16.0	46.1	42.8
70-74歳	15.4	6.5	0.9	9.2	2.4	4.0	25.7	30.2
75歳以上	5.6	1.7	0.3	1.9	1.5	0.9	11.9	16.4

出所:国民生活基礎調査(日本), LIS(他国).

停止したものとそうでないものとの間で経済格差が大きくなる.一方,高齢期に入りほとんどのものが就業をしない状況においては,非稼得所得(多くが年金)が高齢者間の経済格差を規定することになり,その程度は稼働所得が混在する場合と比べるとそれほど大きくない.もっとも,欧米との高齢者就労比較において,台湾や日本では全就業者に占める自営業者の割合が高いことも就業率に影響している[5].

仕事を通した稼働所得の効果をみるために,高齢者のみ世帯に限って,世帯の可処分所得に占める稼働所得割合をみたのが図6-7である.ここでの最も大きな発見は,所得階層が高くなるほど稼働所得割合が上昇しており,その上昇程度は日本,アメリカ,スウェーデンといった高齢層の就労率が比較的高い国において顕著であることである.一方,台湾は稼働所得の割合は相対的に高いが,そのパターンは日本やアメリカほど右上がりではない.その背景には,高齢期における就労選択パターンの違いがある.日本やアメリカ,そしてスウェーデンにおいても,高齢期の比較的高い就労率は,稼働所得を獲得することに伴う経済的福利への効果が高いことが考えられる.働いただけ豊かな

---

[5] 例えば,仕事をもつ65-69歳世帯主の自営(家族従業者含む)割合は,日本で42.3%,台湾では約半数である.

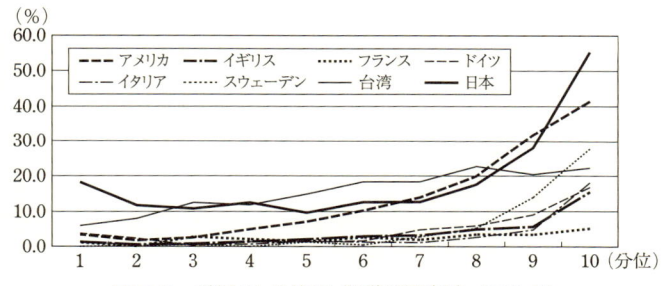

図6-7 所得10分位別 稼働所得割合（2000年）
出所：国民生活基礎調査（日本），LIS（他国）．

生活を手に入れられるので，健康が許す限り仕事に就くインセンティブがある．一方，台湾は，働いても働かなくとも，経済格差に大きな差がない．最低の生活保障が社会保障制度でまかなわれ付加的な経済力を高齢期の就労が規定する場合と，最低の生活保障も自らがみなくてはならない場合とでは，働くことの意味自体が異なる．したがって，台湾の所得階層にかかわりなく比較的高い就労率は，ある者にとっては最低生活を維持するためのものであり，ある者にとっては豊かな老後を獲得するためのものである．

また稼働所得に比べ，アメリカやイギリスでは財産収入，スウェーデンでは個人年金が高齢期の経済水準を規定する効果がある（白波瀬2002a）．今後日本でも，個人年金制度が発達し，稼働所得だけでなく資金運用をはじめとする私的年金が高齢期の経済格差に及ぼす効果が高まることが予想される．

7 高齢化の中身

人口構造の高齢化は，人口を構成する人々の年齢構成のみを意味するわけではない．人々は実際に生活を営む過程で，世帯を形成する．

世帯は複数の人数から構成される場合が多いが,ひとりの世帯もある.特に,高齢期に入ると,伴侶と死別しひとり暮らしとなるケースも少なくない.しかし,日本や台湾には,高齢期の世帯構造として子世代と同居するもうひとつの代表的な居住形態がある.かつて,高齢者は子ども家族(多くが長男家族)と同居することで,経済的保障に加えて日常的な世話を含む基本的生活保障を世帯の中で享受してきた(Martin and Tsuya 1991; 廣嶋 1991; Smeeding and Saunders 1998; Koyano et al. 1994). A. メイソン・S. リー (Mason and Lee 2004) によれば,多世代同居は人口高齢化が進行するなか,依然として重要な機能を担っている.一方,日本においては,高齢者の間でひとり暮らし世帯,夫婦のみ世帯の割合が上昇して世帯の平均サイズが縮小し,世帯内で提供されていた生活保障機能を社会が担っていかなくてはならないことが強調される.それは家族の個人化(山田 2004b; 落合 2000; 武川 2004)と呼ばれ,世帯・家族のもつ生活保障機能の変容,弱体化が指摘される.

しかし,高齢期の経済格差を世帯構造からみた結果,日本の高齢者は欧米に比べて三世代世帯を含む多様な世帯構造をもち,どのような世帯に属するかによって高齢者の経済的福利度が異なっていた.その意味で,高齢層の経済格差について世帯構造を考慮にいれて検討することは重要である.日本は近年高齢者の経済保障という点では改善されたが(白波瀬 2005e),それでも女性のひとり暮らし,男性のひとり暮らしの恵まれない経済状況は欧米に比べて明らかである.世帯構造によって異なる高齢者の経済状況は,台湾においていっそう顕著であった.このように,世帯構造によって大きく異なる高齢者の経済状況は,どのような世帯モデルを仮定して制度設計しているかと大きく関連する.

大沢真理(2007)は世帯・家族に基本的生活保障機能を期待し,家

族員のケアに特化する確固たる性別役割分担体制に根ざした社会制度を，男性世帯主モデル（Lewis 1992）として，日本の社会保障制度における問題の根幹と指摘した．高齢者も子世代とともに暮らすことをモデルにする限り，そこから逸脱する場合は制度的な保障から抜け落ちる可能性がでてくる．そのよい例が高齢女性のひとり暮らしである．程度の違いはあるものの，高齢期をひとりで生活することに伴う貧困リスクは女性の間で高い．これは，これまでの生き方がジェンダー格差とリンクして進行していることの証拠であり，日本だけでなく欧米，台湾ともに共通して確認された．

日本は1980年代半ば以降，高齢女性ひとり暮らしの貧困率もかなり解消され，また，昨今の少子化の勢いで高齢対策は自助努力への大きなシフトが見られる．それでも，高齢者は豊かになったと安心してもいられない．保険料の値上げや自己負担の上昇が高齢者に一律に降りかかるのは，高齢者内の格差がいまだ大きい日本において，高齢者内のきしみを助長する．もっとも，高齢者だからといって，なんの努力義務もなく，他者からの助けを待っているわけにはいかない．65歳になったからといって，その中身は多様なのだから．これまで社会保障制度の充実は，高齢期の格差縮小へと寄与したが，今後は上昇傾向に歯止めがかかりもとの木阿弥にならないとも限らない．高齢層の多層性を考慮にいれて，これからの社会保障制度を組み直すことがいま切実に求められている．その一方で，高齢期における自助努力を不当に強調することは好ましいとは思えない．いまわれわれが立っている社会をつくってきた高齢者にとっての老後保障を安易に縮小するのは，結局，若者を含む現役世代の社会保障不信にも通じる．現役を退いてその後の長い高齢期を過ごすにあたって，扶養の対象としてのみ高齢者を位置づける余裕はもはやわれわれにはなくなった．その一方で，ひとの一生をこの国で全うするにあたって，こんなはずではなか

ったと後悔の念が残る社会は，若年層の意識が将来を見据えたところに規定されるだけに，彼／彼女ら自身に好ましい影響は及ぼさない．

国際比較の視点から日本をみてみると，高齢者のみ世帯における所得格差の大きさが目立つ．特に，女性単身世帯の恵まれない経済状況は国際比較の中で顕著であり，高齢者世帯における大きな所得格差をもたらす一因といえる．生涯未婚率がきわめて低いわが国で，妻は概して夫よりも年下で平均寿命も長く，老後ひとり暮らしとなる確率は高い．高齢者のみ世帯において所得階層とひとり暮らしの割合の間に明らかな逆相関がみられる日本において，妻が夫と死別してひとり暮らしになることは低所得層への転落とも深く関連してくる．世帯構造分布を時系列的にみると，女性単身世帯は増加傾向にあり，この高齢単身女性の平均的所得保障水準をどう上げていくかは依然として重要な政策課題である．

65歳以上高齢者といえども，高所得層は年齢も比較的若く，仕事をもって経済的に自立できる状況にある．一方低所得層は高齢で仕事を持つことが難しく，所得源を年金のみに頼る傾向が高い．このように65歳以上高齢者といえどもその経済状況は様々で，その違いは他国に比べて大きい．貧しい者もいれば，富める者もいる．高齢者内の所得格差を改善するひとつの手立てとして，低所得層に重点をおいた所得補償によるボトムアップがある．限られた社会保障財源のなか，高齢者内での経済的ニーズの違いをすくいあげ，その違いを政策の中にどう組み込んでいくかがこれからの課題である．今後高齢人口割合が高くなっていくなか，一律拠出・給付といった高齢者対策は，ますます難しくなっていく．高齢者内での異質性に注目し，高齢者内での再分配政策について検討が必要である．

本章では，人口の高齢化を世帯構造の変化からみてきた．日本の高齢者も欧米型にひとり暮らし，夫婦のみ家族が大半となることを考え

ると，高齢福祉のあり方について今一度考え直すときにきている．もっとも，これは子どもとの同居は避けるべきといっているのではない．ただ，子どもと同居するかどうかで高齢者個人の経済的福利の程度が大きく異なるのは，今後，世帯の縮小化が進み，生き方の多様化も進むなかで望ましくない．同居という選択をとってもよいが，そういう選択をとらなかったもの，とれなかったもの，もともと子どもとの同居が選択肢として存在しないものが，不条理なコストを払わなくてもすむような社会保障制度の再構築が，これからの超高齢社会に向かうわれわれに課された政策テーマである．

7　ひとり暮らしと三世代世帯の高齢者

　家族は人生後半期での生活保障を提供する中心的な役割を担ってきた．しかし，第6章でもみたように，高齢者のひとり暮らし，夫婦のみ世帯が増え，これまでの生活保障提供システムの前提条件そのものがゆらいできた．そこで本章では，増えつつある高齢ひとり暮らしと，減少傾向にあるものの高齢者の居場所として無視できない三世代世帯に着目して，これからの高齢者保障について考察する．

1　増える生涯未婚の高齢者

　人口の高齢化は世帯構造の変化とともに進行してきた．第6章で検討したように，高齢者がいる世帯のなかで，ひとり暮らしや夫婦のみ世帯の割合が上昇して三世代世帯が減少した．それは，同居する子世代から経済的保障やケアを享受していた高齢者の生活スタイルからの転換を伴う．子世代との同居を通して高齢者の基本的生活保障を提供する日本型福祉社会（自由民主党 1979）は，家族機能に大きく依拠するかたちで設計されてきた（原田 1988；大沢真理 1993；2007）．ところが，ひとり暮らし高齢者や高齢夫婦のみ世帯の上昇は，制度的に前提としてきた日本型福祉社会の基盤を揺るがすことになる．高齢期の生活をひとりで生活することを前提に制度を組みなおすか，依然として三世代同居を視野に入れながら制度を微調整していくかは，本格的な高齢社会における社会保障制度の方向性を大きく分ける（上野 2007）．

しかし，いくら三世代世帯割合が減少したといえども，他国に比べるとその割合は依然として高く，日本の高齢者の過半数は子世代と同居する．ひとり暮らしや夫婦のみ世帯以外の世帯は，台湾やイタリア，アメリカにも比較的多くみられる．第6章図6-2でみたように，高齢者のいる世帯の世帯構造分布のうち，子世代と同居する割合は高い．ひとり暮らしや夫婦のみ世帯以外の世帯（以降，その他世帯）は，日本52%，台湾50%，イタリア34%，アメリカ24%である．台湾は日本と同じアジアに位置し，イタリアは家族主義福祉国家として日本と同様に成人未婚子や高齢者のケアを世帯内でみることが特徴的である．一方，アメリカの比較的高いその他世帯の割合は人種による違いがある．

　ここで注意しなければならないことは，高齢者のいる世帯の世帯構造と65歳以上世帯主の世帯構造分布は異なることである．その理由は，子世代と同居する高齢者がすべて世帯主であるとは限らないからである．世帯とは，生活をともにする（同居する）社会生活の単位であり，通学や仕事のために別居している場合には同じ世帯に加えないことが多い．ここで混乱しやすいのは，一緒に暮らすことと家計をともにすることが必ずしも一致しない点にある．一般に，家計調査や全国消費実態調査は，家計の共同に力点をおいた世帯概念を用い，本書で主として分析する国民生活基礎調査は同居に力点を置く．

　世帯を代表するものが世帯主である．世帯主がその世帯の家計を主に担う場合が多い．しかし，三世代世帯において，息子が家計を主に担うが，世帯主は父親であるといった，最多稼得者と世帯主とが一致しない場合もある．たとえ，父親が引退して実質的に家計の担い手とはなっていなくとも，世帯を代表するものとして父親を世帯主とする．ただし，このような場合の世帯主を名目的な飾りものとばかりも言い切れず，世帯主としての一定の役割が世帯の中で期待される．そこで

まず,三世代世帯にいる高齢者に着目して,誰が世帯主であるかを通して世帯における高齢者の位置づけを探る.高齢者がいる世帯の中で縮小傾向にある三世代世帯において,高齢者は世帯主としての役割を依然担っているのか.それとも若年世代が世帯主となって,名実ともに扶養されている位置にあるのか.これらの問いを明らかにする.

　一方,高齢者がいる世帯において,ひとり暮らし高齢者世帯の割合が上昇している.これまで三世代世帯を代表とする多世代世帯の中で基本的な生活保障サービスを享受していた状況の対極にあるのがひとり暮らしである.これまで日本は皆婚社会であり,1955年の生涯未婚率[1]は男性1.2%,女性1.5%であった(国立社会保障・人口問題研究所 2008).しかし,半世紀後の2005年,男性の生涯未婚率は16.0%,女性の場合は7.3%と,特に男性の間で大きく上昇している.晩婚化,未婚化が進行し,生涯結婚しないものが増えると,高齢期のひとり暮らしも増える.そうなると,一生のうち誰かと結婚して,高齢期を伴侶や子世代とともに生活することを前提とする高齢者福祉制度の妥当性が低下することになる.今後,高齢期のひとり暮らし世帯の増加が予想されるなか,生涯「おひとりさま」であることが決して例外ではない位置づけを制度の中に組み込むときにきている.

　そこで,本章では3つのテーマについて検討する.まず,近年減少傾向にあるが,未だ日本の高齢者の過半数が生活している三世代世帯に着目し,子世代と同居することでどの程度の生活保障を享受しているのか,世帯の中の高齢者の位置づけに何らかの変化がみられるのかを検討する.次に,全体社会の中でのひとり暮らし世帯を国際比較し,日本のひとり暮らし世帯の特徴を探る.最後に,ひとり暮らしの高齢者に着目し,その配偶歴から高齢者のこれまでの生き方を推測しつつ,

---

[1] 50歳時の未婚率をもって,生涯未婚率とする.

高齢期をひとりで生活することの意味を考察する．三世代世帯で生活することが仮定されていた日本型福祉社会を真っ向から揺るがすのが高齢ひとり暮らしの増加である．これからの高齢社会に向けた福祉政策を考えるうえで一助とすべく，高齢者のひとり暮らし世帯の経済格差を国際比較する．

2　若年世代と同居する高齢者

図7-1は1980年代半ばから2000年にかけての，高齢者のいる世帯からみた世帯構造（高齢者のいる世帯）分布と65歳以上高齢世帯主の世帯構造（高齢世帯主世帯）分布の変化である．高齢者のいる世帯からみた世帯構造分布の変化のほうが，高齢世帯主世帯の分布の変化よりも大きい．どちらも高齢ひとり暮らし世帯が上昇し，三世代世帯割合が減少しているが，その変化の程度は高齢者のいる世帯からみた場合のほうが大きい．三世代世帯を含むその他世帯割合は高齢者のいる世帯において，69%から52%へと17ポイント低下している．高齢世帯主からみた場合のその他世帯割合は，41%から36%とその低下の程度は小さい．ここでの違いは，若年世代と同居する高齢者の世帯主割合の違いから説明される．その他世帯のうち，高齢者自身が世帯主である場合とそうでない場合の割合の変化をみたのが図7-2である．

1980年代半ば，高齢者のいる世帯のうち，高齢者自身が世帯主であった割合は3割に満たない．その後，高齢世帯主割合が増え，2001年には1986年の28%から50%へと大きく上昇した．言い換えれば，1980年代半ば，子世代と同居する高齢者の多くは，息子世帯に入る形で三世代世帯が形成されていたので，高齢世帯主世帯としては換算されておらず，世帯主からみた世帯分布は高齢者のいる世帯が過少評

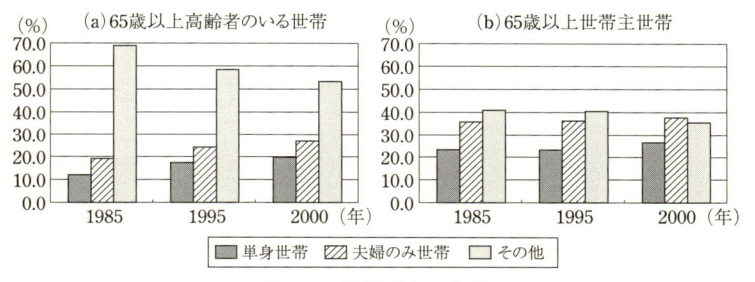

図7-1 世帯分布の変化

注：その他世帯とは，核家族世帯，三世代世帯，その他世帯の合計である．
出所：国勢調査（総務省）．

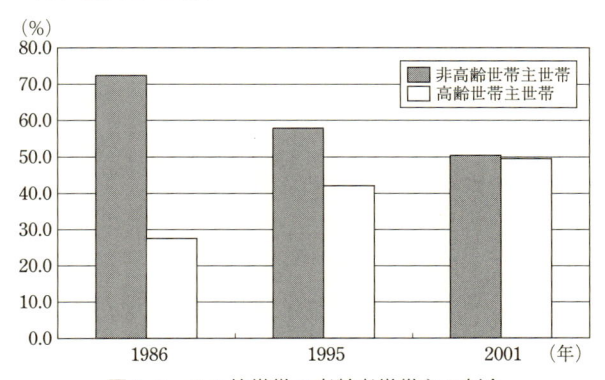

図7-2 その他世帯の高齢者世帯主の割合

出所：国民生活基礎調査．

価されていた．ところが，その他世帯においても高齢者自身が世帯主となる場合が増え，そこでは高齢者自身が世帯を切り盛りする場合が増えていると想像できる．これまで息子世代と同居することで高齢者は生活保障機能を享受してきた．しかし，高齢者自身が子世代を長期にわたって面倒見続けなくてはならない状況がでてきた．三世代世帯割合は低下傾向にあるものの，それでも相当割合の三世代世帯が存在

7 ひとり暮らしと三世代世帯の高齢者──223

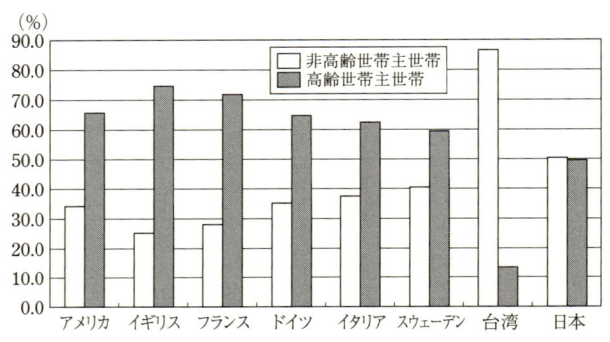

図 7-3 各国のその他世帯における高齢世帯主割合（2000 年）
出所：国民生活基礎調査（日本），LIS（他国）．

する．生涯世帯主役割を担う高齢者割合が上昇し，三世代世帯が必ずしも高齢者にとって安住の地とばかりはいえなくなった．

図 7-3 は，各国の 65 歳以上高齢者のいる世帯のうち，その他世帯での高齢世帯主世帯と非高齢世帯主世帯の割合である．ここでのもっとも重要な発見は，欧米，台湾，日本の違いが大きいことである．特に，台湾と日本については，他世代と同居するその他世帯における高齢者の位置づけが異なる．高齢者がどこにいて，世帯の中でどのような役割を担うかが，同じアジアに位置する日本と台湾では必ずしも一致しない．台湾における高齢者がいる世帯の世帯分布は日本と同程度の約半数がその他世帯であるが，高齢世帯主からみた世帯分布では 2 割程度となる．台湾では，高齢者のいる世帯のうち，高齢者自身が世帯主となる割合は 1980 年代半ばの 22% から 2000 年には 13% と，減少傾向にある．これは，日本で高齢者自身が世帯主となる傾向が上昇している状況とは逆である．では，高齢者自身が世帯主となることが，経済的福利の観点からみると，どのような意味をもつのか．図 7-4 は，世帯の可処分所得に占める年金をはじめとする社会保障給付費割合

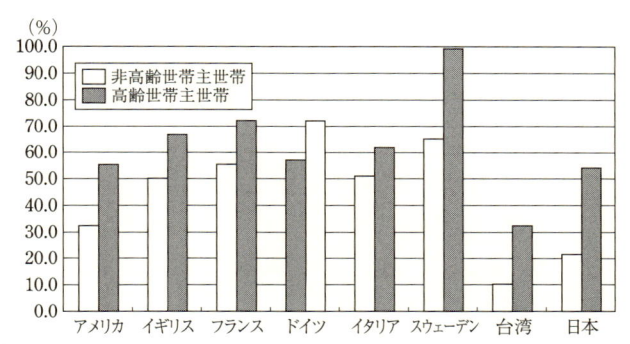

図 7-4 その他世帯における高齢世帯主／非高齢世帯主世帯の社会保障給付費割合 (2000 年)

出所：国民生活基礎調査（日本），LIS（他国）．

(以降，年金割合) である．ここから，高齢者の経済的立場を検討する．

高齢者自身が世帯主である場合とそうでない場合で，年金割合は違う．どの国についても高齢者が世帯主である場合には，たとえ高齢者以外の世帯員と同居する場合でも年金割合が高くなる．しかし，台湾は高齢世帯主世帯における年金割合が 32％ と最も低く，日本は 54％ と台湾に次いで低い．高齢世帯主世帯では，世帯可処分所得の過半数が年金収入であり，高齢世帯主が年金で世帯を支える状況がうかがわれる[2]．一方台湾は，高齢者が世帯主であっても，子世代と同居する場合には，世帯収入の多くを同居する高齢者以外の世帯員から獲得する場合が多い．それでも，年金割合は 1995 年 24.8％ から 2001 年

[2) スウェーデンにいたっては，高齢者以外と同居する高齢世帯主世帯の年金割合が 100％ 近くになっているが，スウェーデンの高齢者のいる世帯のうち高齢者以外の世帯員と同居する割合は 6.6％ で，そのうち高齢者自身が世帯主である割合は 6 割である．したがって，高齢者がひとり暮らし，あるいは夫婦のみ世帯以外の世帯形態で高齢世帯主であるケースはきわめて限定的である．

32.4%へと上昇しており，世帯主であることと家計維持者としての経済的立場が接近している．日本では，高齢者が世帯主となる割合が27.6%から49.6%へと上昇しており，世帯収入に占める年金割合も35%から54%へと同様に上昇傾向にある．日本は台湾と異なって，高齢世帯主である割合そのものも上昇すると同時に，高齢者が家計の維持者である傾向も上昇しており，世帯主と家計維持者の立場が直接的に連動している．一方，台湾はまだ高齢者が世帯主であることが名目的要素を併せ持っている．

世帯主が高齢者以外となると，世帯収入は高齢者以外の世帯員による稼働所得による割合が高くなる．台湾におけるその他世帯の8割以上が高齢者以外が世帯主となっているので，高齢者が若年世代と同居する場合には経済的保障をはじめとする生活保障機能を享受する状況にある．しかし，日本では，高齢者が若年世代と同居する意味に変化が見られる．そこでは高齢者自身が世帯主となって家計を支え，その場合の家計が年金をはじめとする社会保障給付によって支えられる程度が高くなった．若年世代の雇用不安は，引退期になってもなお，子世代を養い家計を支え続ける高齢層を生んだとも解釈できる．

次に，経済リスクを相対的貧困率（以降，貧困率）でみてみよう．図7-5は，各国の高齢者のいるその他世帯における高齢世帯主／非高齢世帯主別の貧困率の違いである．イギリス，フランスを除いて高齢世帯主世帯の貧困率が高く，特に台湾は34%とその高さが目立つ．日本の高齢世帯主世帯の貧困率は16%とアメリカの19%に次いで高い．一方，高齢者が子世代と同居する割合が比較的高いイタリアは，高齢者が世帯主か否かによって貧困率はほとんど違わない．世帯の可処分所得に占める年金割合は，高齢世帯主世帯と非高齢世帯主世帯との違いが最も小さいのがイタリアで，多世代で同居することで経済的リスクを回避している．しかし，日本や台湾は，世帯主が家計維持者

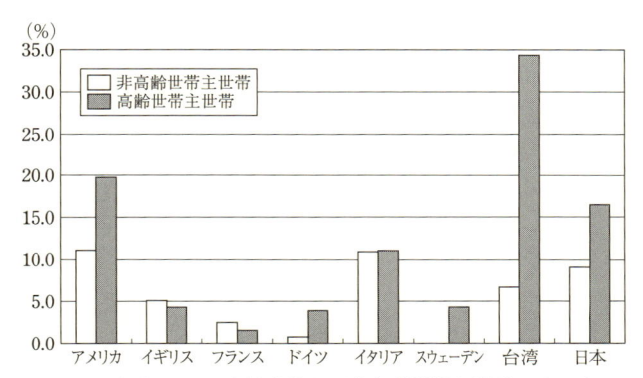

図7-5 その他世帯における高齢世帯主／非高齢世帯主世帯の貧困率 (2000年)
出所：国民生活基礎調査（日本），LIS（他国）．

役割と連動していて，高齢者自身が世帯主か否かで経済的リスクの大きさが違ってくる．日本も台湾も高齢世帯主世帯の貧困率は非高齢世帯主世帯よりも格段に高く，高齢者が世帯主となるのは高齢者が家計維持者として経済的に豊かだからとは必ずしもいえない．年金をはじめとする社会保障給付費によって家計を支えること自体，高い経済的リスクを伴うからである．しかし，経済的に苦しい子世代の面倒を見なければならず，苦しいなか，家計維持役割を担い続けることを余儀なくされる．

日本の高齢世帯主の貧困率は，1986年の13％から2001年の16％へと上昇しており，非高齢世帯主世帯の貧困率の変化と比べても大きい．したがって，高齢者のいる三世代世帯割合が全体として減少傾向にあるなかで，高齢者自身が世帯主となる場合が増えてきた．そこには，経済的に苦しい子世代と同居して高齢者が世帯主として留まらなければならない状況が予想される．台湾についてもその他世帯において高齢者が世帯主となるのは少数派であるが，貧困率は34％ときわめて高く，若年世代との同居が高齢者にとっての経済的保障を高める

とばかりはいえない．かつて高齢者にとっての三世代同居は，経済的保障やケア提供といった生活保障制度を確保する機能があった．しかし，高齢者自身が世帯主になって，子世代の面倒を見続けなければならない状況が増え，それは貧困率の高さとして現れる．同じ三世代同居でも，同じアジアでも，誰が世帯主になるか，誰が家計を支えるかによって，高齢者自身の経済的福利の程度は大きく異なる．

3 どこでひとり暮らしが増えたのか

一体，ひとり暮らしはどこで増えたのか．日本の高齢者がいる世帯に着目すると，特に女性のひとり暮らし割合が増えた．高齢化は全人口に占める65歳以上人口割合の上昇を意味するだけでなく，高齢期に入ってからの期間が長期化すること（長寿化）で健康状態や就労，世帯との関係の変化を伴う．65歳時の平均余命は男女共に上昇しているが，ここでの最も重要なポイントは平均余命の男女差が拡大していることである．1955年時点で男性の平均余命は11.8歳，女性14.1歳とその差は2.3歳であったが，2003年には男性18.0歳，女性23.0歳とその差は倍以上になった（国立社会保障・人口問題研究所 2008）．男女で異なる平均余命は，高齢期に彼／彼女らが属する世帯タイプに違いをもたらす．その最も顕著な例が，高齢期におけるひとり暮らし割合である．男性単身世帯割合は1986年の2.2%から1998年の3.4%へと上昇したのに対し，女性単身世帯は同じ時期に9.7%から13.6%へと高い上昇を呈した（白波瀬 2005b）．ただし，配偶者と死別することが単身世帯への移行を即時的に決定するわけではない．もうひとつの選択として子世代と同居することも考えられるので，平均余命の違いのみをもって男女の単身世帯割合の違いを説明できるわけではない[3]．しかしながら，平均余命が長く，夫婦の年齢差も妻の方

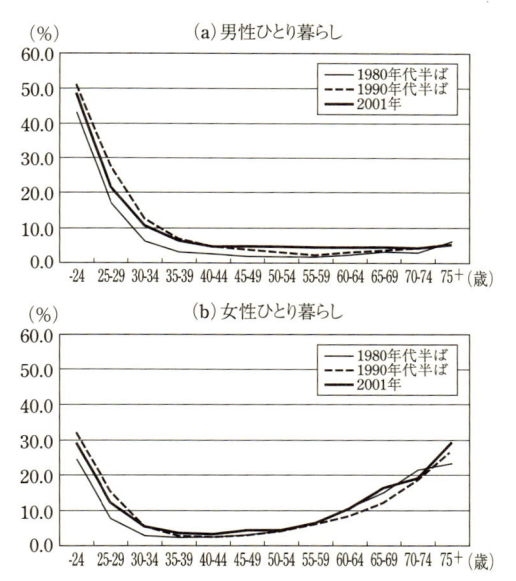

図 7-6　日本の世帯主年齢階層別 ひとり暮らし割合の変化
出所：国民生活基礎調査.

が平均して若い状況を考え合わせると，女性が単身世帯となる確率は男性よりも高くなる．ひとり暮らしは高齢層の間でのみ上昇しているのか．そこで，世帯主年齢階層別にひとり暮らし割合を男女別にみたのが図 7-6 である．まず男性からみてみよう．

男性のひとり暮らしは若年層に圧倒的に多いことがわかる．20代前半世帯主の過半数近くが，ひとり暮らしである．しかし，時系列的

---

3) さらに未婚，離婚が増えるなか，配偶者との死別のみが単身世帯への移行の契機とはならない．しかし，現在，単身世帯を形成する高齢者の配偶関係の多くが死別である．

な変化をみると，近年ひとり暮らし割合が上昇した年齢層は40代後半から50代である．40代，50代の男性世帯主の圧倒的多数が扶養家族をもつ自らの世帯を形成していることを考えると，同年齢層のひとり暮らし割合は依然として少数派であるが，その割合が上昇している点は見落とせない．50歳時点で一度も結婚したことがないものをもって生涯未婚者とみなすが，男性の生涯未婚率は1990年代に入り加速度的に上昇し，2000年で12.6％である（国立社会保障・人口問題研究所 2008）．女性については，ひとり暮らし女性割合は60代以上の高齢期を除き，30代後半から40代にかけての増加が認められる．これは男性よりも若干年齢層が若年にずれた形でのひとり暮らし世帯の増加傾向である．女性の生涯未婚率は，2000年5.8％と1990年代半ば以降上昇が認められるものの男性ほどではない．しかし，女性の生涯未婚率も男性の後を追うかたちで上昇する可能性がある．言い換えれば，高齢期になってひとりになるというより，生涯「おひとりさま」（上野 2007）であるものが少数派といえども確実に上昇しており，この動きは見落とせない．

では，他の国についても世帯主年齢階層別のひとり暮らし割合をみてみよう（図7-7）．男性については，ひとり暮らし割合が若年に大きく偏っているのが日本の特徴である．これまで生涯未婚率が低く，高齢期，ひとり暮らしになる割合も低く抑えられていた．しかし，男性において生涯未婚率が上昇しているので，男性のひとり暮らし割合が高齢期においても上昇する可能性が高くなってきた．女性についてはどうか．日本を含めて，どの国も女性のひとり暮らし割合は若年と高年齢層に高いU字パターンである．そこでの日本の特徴は，全体として女性のひとり暮らし割合が低いことにある．台湾は日本以上に女性のひとり暮らし割合が低く，ここでは女性が生涯ひとりで居を構えることが一般的ではない状況を認めることができる．結婚までは親

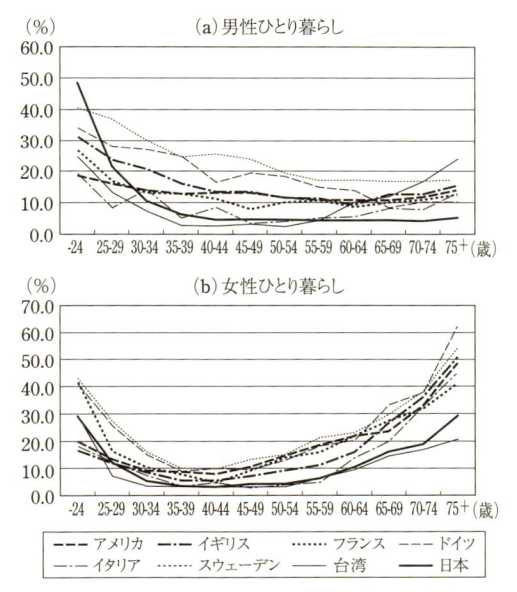

図 7-7 各国の世帯主年齢階層別 ひとり暮らし割合（2000年）
出所：国民生活基礎調査（日本），LIS（他国）．

元で暮らし，結婚して家庭に入り，伴侶が亡くなっても子ども世代と同居するといった，だれかとともに暮らす生活スタイルが一般的であった．しかし，スウェーデンは男女ともにどの年齢層でもひとり暮らし割合が一定量いる．ひとりで暮らすことが例外でない社会の社会保障制度と，誰かと暮らすことが一般的である社会の社会保障制度の違いは当然大きい．ひとりで生活することの経済的意味をもう少し詳しく見ていこう．

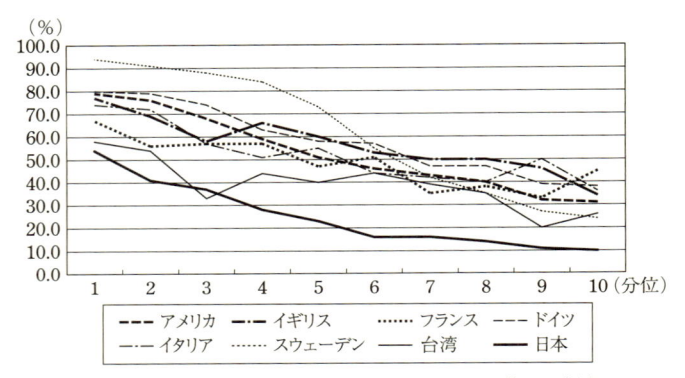

図 7-8 所得 10 分位別 高齢者のみ世帯におけるひとり暮らし割合 (2000 年)
出所:国民生活基礎調査(日本),LIS(他国).

4 高齢ひとり暮らしの経済リスク

　高齢期にひとりになることは貧困率で代表される経済リスクと密接に関連する(白波瀬 2002a ; 2005e).どの所得階層にひとり暮らし高齢割合が高いのか.図 7-8 は,高齢者のみ世帯(高齢ひとり暮らしと高齢夫婦のみ世帯)を対象にした,可処分世帯収入 10 分位別ひとり暮らし割合である.

　日本は全体としてひとり暮らし割合は他国に比べて低いが,ひとり暮らし割合と経済状況がほぼ線形的に逆相関している.しかし,ひとり暮らし割合と経済状況が逆相関しているのは日本だけでなく,スウェーデンも同様であり,全体としてはどの国もひとり暮らしは経済的にリスクを負うことがわかる.

　ここからの分析は,世帯主年齢が 65 歳以上の世帯に着目し,世帯を単位に高齢者の経済的福利の程度を検討する.第 6 章では,高齢者がいる世帯という観点から高齢層の経済状況をみてきた.しかし,本

章ではひとり暮らし世帯の経済水準を他の世帯構造にいる高齢者と比較するため,高齢者自身が世帯主である場合に特定する[4]).

5　日本の高齢ひとり暮らし

図 7-9 は,世帯全体のジニ係数と,高齢者世帯のジニ係数,そして,高齢単身世帯のジニ係数の時系列変化である.白波瀬(2005ce)は,高齢者のいる世帯の中で異なる世帯タイプごとの経済格差の程度が収斂する傾向にあることを示した.これまで男性単身世帯内の経済格差が最も高く,三世代世帯の格差程度が最も低かったが,男性単身世帯や高齢世帯の中で増加した夫婦のみ世帯内の経済格差が縮小したことで,全体の高齢世帯内での経済格差の程度が縮小した.

全体の経済格差の程度は 1980 年代半ばから 21 世紀初頭にかけて,0.300 から 0.372 へと拡大した.一方,世帯主年齢が 65 歳以上の世帯の間での経済格差の程度は,0.367 から 0.348 へと低下した.他国と比較して,日本は現役世代(世帯主年齢が 65 歳未満)の経済格差より引退世代(65 歳以上世帯主世帯)の格差の方が大きいことが特徴であった(白波瀬 2002a).しかし 1980 年代半ばから 1990 年代半ばにかけて,高齢世帯の経済格差は低下し,その傾向は 21 世紀に入っても継続している.

高齢世帯の間での経済不平等が低下した原因のひとつは,貧困率が高齢層で低下したことである(白波瀬 2005c).表 7-1 は 60 歳以上世

---

4)　本章では世帯主年齢から高齢世帯を特定しているので,高齢者のいる世帯に注目した第 6 章の結果とは異なることを留意されたい.ここでの主たる違いは,例えば,65 歳以上高齢者が同居していても世帯主が 50 歳であるといったケースである.したがって,高齢世帯のジニ係数をみても,対象となるケースの中身が異なるので,同値も当然異なる.

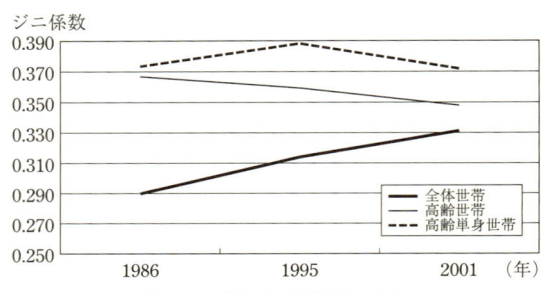

図 7-9 経済不平等度の変化
出所:国民生活基礎調査.

表 7-1 世帯主年齢・世帯構造別 貧困率の変化 (%)

	60代			70代以上		
	1986年	1995年	2001年	1986年	1995年	2001年
単身世帯	56.1	40.6	39.4	69.7	56.5	44.9
夫婦のみ世帯	16.5	14.6	15.4	37.2	22.6	16.7
夫婦と子世帯	12.4	13.1	14.6	25.5	25.0	19.5
三世代世帯	7.0	9.1	10.8	8.0	9.5	10.2
その他世帯	17.1	15.5	14.9	36.6	27.3	22.4

出所:国民生活基礎調査.

帯主層における貧困率を示す.貧困率の低下は単身世帯で著しい.60代世帯主層の間では,1986年の56.1%から2001年の39.4%へと貧困率が大きく低下し,70歳以上世帯主層では69.7%から44.9%へとその減少程度はさらに大きくなる.このような高齢世帯における経済的な底上げは,経済格差を縮小することに通じる.

表7-2は,60歳以上世帯主層の経済格差をジニ係数を用いて,世帯構造別に詳しく示す.60代世帯主においては単身世帯の不平等度が最も高く,2001年で0.431である.一方,未婚の子と同居する核家族世帯や三世代世帯の間で,経済格差が拡大している.いわゆる晩婚化に伴って親が高齢期に突入しても親と同居する未婚子のいる世帯

表 7-2 世帯主年齢・世帯構造別 所得不平等度(ジニ係数)の変化

	60代			70代以上		
	1986年	1995年	2001年	1986年	1995年	2001年
単身世帯	0.421	0.412	0.431	0.392	0.383	0.366
夫婦のみ世帯	0.385	0.378	0.371	0.430	0.355	0.320
夫婦と子世帯	0.332	0.346	0.362	0.371	0.383	0.327
三世代世帯	0.288	0.295	0.316	0.294	0.293	0.305
その他世帯	0.328	0.346	0.349	0.419	0.349	0.371

出所:国民生活基礎調査.

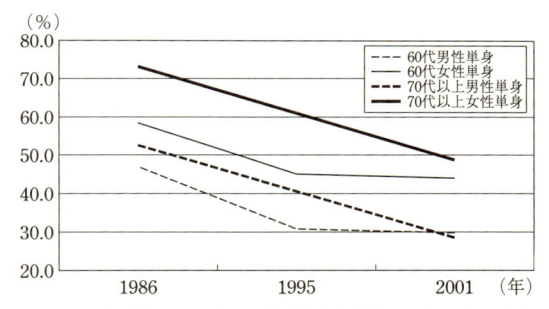

図 7-10 年齢別・男女別 高齢単身世帯の貧困率の変化
出所:国民生活基礎調査.

はいわゆるパラサイト・シングルに該当する.その中身は豊かな層だけでなく富めるものと貧しいものとが混在するようになった.事実,60代世帯主層の貧困率は夫婦と未婚子世帯の間で上昇する傾向にある.70歳以上世帯主の間では,どの世帯構造でも経済格差が縮小しており,特に高齢世帯全体に占める割合が上昇した夫婦のみ世帯における経済格差の縮小程度は大きい(1986年の0.430から2001年の0.320へ).

高齢単身世帯を男女に分けて,貧困率の変化をみていこう(図7-10).男女ともに貧困率は大きく低下し,高齢単身世帯の経済状況が

改善されている．特に，70代以上の女性単身世帯の貧困率の低下は1995年の61.0%から2001年の48.8%へと著しい．2001年には60代層と70代層での低所得リスクの程度はほとんど違わなくなった．しかしながらそれでも，70代以上の高齢男性単身世帯の約3割，高齢女性単身世帯の約半数近くは貧困層に陥っており，高齢でひとりで暮らすことが経済リスクと隣り合わせである状況は過小評価すべきでない．

6　高齢ひとり暮らしの国際比較

これまでみてきた日本の状況が欧米，そしてもうひとつのアジア，台湾と比べてどう違うのか．図7-11の65歳以上世帯主世帯の世帯構造分布をみてほしい．他国と比べた日本の特徴は，単身世帯でもなく夫婦のみ世帯でもない「その他世帯」割合が最も高いことである．典型的な高齢世帯の「その他世帯」とは，三世代世帯である．その他世帯の割合が比較的高いもうひとつの国はイタリアで，65歳以上世帯主世帯4分の1がその他世帯である．一方，台湾は，夫婦のみ世帯割合がドイツやスウェーデン並みに高くほぼ半数を占め，その他世帯割合は2割程度である．台湾のその他世帯割合はイタリアを除く欧米諸国に比べると高い値であるが，日本の場合ほど高くない．しかしこれは，すでに述べたように，65歳以上世帯主から世帯構造をみていることに起因する．台湾は息子家族と同居する場合，世帯主を息子にする場合が多い．近年高齢者自身が世帯主になる割合が上昇してきているものの，子世代と同居する場合の8割程度は，高齢者以外が世帯主であるのが台湾である．

世帯構造別に経済不平等度をみてみよう（図7-12）．2000年時点の全体のジニ係数をみると，日本の0.332は，アメリカの0.398とイギ

(%)

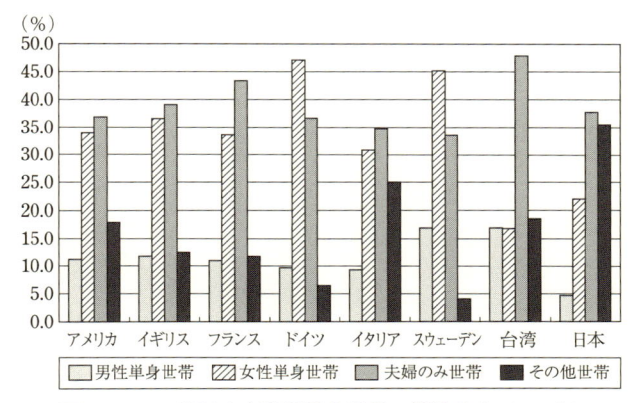

図 7-11 65歳以上高齢世帯主世帯の構造分布 (2000年)
出所：国民生活基礎調査（日本），LIS（他国）．

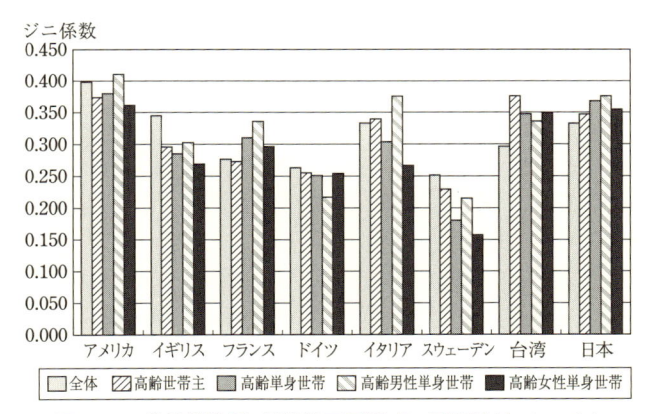

ジニ係数

図 7-12 世帯構造別 経済的不平等度の国際比較 (2000年)
出所：国民生活基礎調査（日本），LIS（他国）．

表 7-3 世帯タイプ別 高齢世帯主世帯の貧困率（2000年） (%)

	アメリカ	イギリス	フランス	ドイツ	イタリア	スウェーデン	台湾	日本
全体低所得割合	18.2	11.7	8.3	9.9	12.5	8.2	11.3	16.9
高齢世帯貧困率	28.4	16.5	9.2	10.1	15.9	6.9	42.6	23.6
単身世帯	41.9	23.8	13.7	14.1	25.0	10.2	52.2	43.6
男性単身世帯	34.7	18.0	13.1	6.9	14.9	7.4	41.9	27.5
女性単身世帯	44.2	25.8	13.9	15.6	28.0	11.3	62.6	47.1
夫婦のみ世帯	16.0	10.6	0.1	5.0	9.0	1.0	39.0	16.2

出所：国民生活基礎調査（日本），LIS（他国）．

リスの0.345に次いで高く，イタリア（0.333）とほぼ同じである．65歳以上の高齢世帯主に限って経済不平等度をみてみると，台湾（0.376）とアメリカ（0.373）に次ぐ，0.348である．1980年代半ば，日本も全体ジニ係数と高齢世帯ジニ係数が大きくかけ離れ，高齢世帯の中での経済格差が大きいことが特徴であった．しかし前節でもみたように（図7-9），全体ジニ係数が上昇する一方で，高齢世帯ジニ係数が低下し両者の違いが縮小し，欧米パターンに近づいてきた．一方，台湾はかつての日本のように全体ジニ係数に比べて高齢世帯ジニ係数が大きい状況が継続している．そのひとつの理由として，台湾における高齢福祉の未熟さがあげられる．

高齢単身者の経済格差に着目すると，日本はアメリカと並ぶ経済格差の大きい国となる．それぞれのジニ係数は，0.372と0.380である．どの国でも，一般に，高齢男性単身者の経済格差が大きい．日本の高齢男性単身者のジニ係数は0.376とイタリアの0.375とほぼ同じであり，アメリカの0.411に次いで高い．

日本では高齢男性のひとり暮らしは全体として少数派であり，その経済的状況は富めるものと貧しいものが混在し，その差が大きい．言い換えれば，独身貴族を高齢期も継続できるような経済的に恵まれたものがいる一方で，経済的に困窮する状況が未婚に留まることを余儀

表 7-4　男女別 高齢世帯間の所得格差 (2000 年)

	アメリカ	イギリス	フランス	イタリア	ドイツ	スウェーデン	台湾	日本
女性単身／男性単身	76.2	85.5	82.3	87.6	79.8	89.6	79.2	71.1
男性単身／夫婦世帯	78.0	86.7	105.5	90.4	93.2	75.3	92.0	81.9
女性単身／夫婦世帯	59.5	74.1	86.8	79.2	74.4	67.5	70.1	58.2

注：夫婦世帯の可処分所得中央値＝100.
出所：国民生活基礎調査（日本），LIS（他国）．

なくして，高齢期もそのハンディを持ち続けるものがいる．その結果，大きな経済格差が高齢男性単身世帯の間でみられる．

　しかしながら，経済格差が大きいことだけをもって経済的福利度をはかることはできない．もうひとつ重要な視点として，どの程度のものが貧困リスクに陥っているかがある．表 7-3 は，全体の可処分所得の中央値の半分に満たない世帯の割合を構造別に示した．日本全体の貧困率は 16.9％ とアメリカの 18.2％ に次いで高い．逆に，スウェーデン（8.2％），フランス（8.3％），ドイツ（9.9％）の社会全体の貧困率は低い．高齢世帯主世帯に着目すると，台湾，日本，アメリカの貧困率は大きく上昇する．その値はそれぞれ，42.6％，23.6％，28.4％ である．高齢期に突入することが貧困リスクの上昇と密接に関連しており，特に台湾で顕著である．日本も高齢期の高い貧困リスクが認められ，アメリカの値と似通っている．日本の高齢女性の恵まれない経済状況はすでに指摘されている（白波瀬 2002a；清家・山田 2004）．その原因として清家・山田（2004）は，高齢女性の低い就労率と配偶者と死別した後の年金に防貧効果が不十分であると指摘する．高齢単身者の貧困率は 1980 年代半ば以降改善された（表 7-1 参照）．

　それでも，日本は欧米と比較して，特に高齢単身女性が直面する貧困リスクはいまなお大きいといわねばならない．高齢期にひとりで暮らすことは，すべての比較対象国において共通して経済的リスクを伴う．特に，高齢期にひとりで生活することは，男性よりも女性にとっ

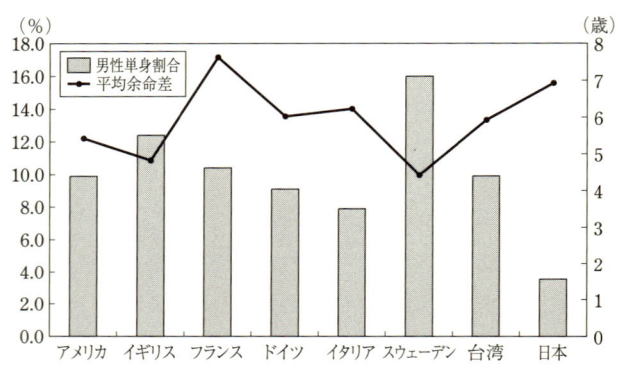

図 7-13　男性ひとり暮らし割合と平均余命の男女差（2000 年）
注：ここでの高齢ひとり暮らし割合は高齢者のいる世帯を分母として求めている．
出所：国民生活基礎調査（日本），LIS（他国）．

て貧困リスクが高いことも共通していた．そのリスクの程度は，台湾の著しく高い値を別にしても，格差の国アメリカと同じくらい日本でも高いことが明らかになった．

表 7-4 は，男性単身者，女性単身者，夫婦のみ世帯の等価可処分所得の中央値を比較することで，相対的な経済状況を国際比較してみた．ここでの日本の特徴は，単身者の経済的福利度のジェンダー差が大きいことである．特に，高齢女性単身世帯の経済状況は，夫婦のみ世帯と比較しても 58.2% と最も恵まれない．表 7-4 の高齢単身女性と夫婦のみ世帯を比較した 3 段目に注目すると，日本とアメリカにおける高齢単身女性の相対的に恵まれない経済状況がわかる．ここでの比較を女性が伴侶を失うことに伴う経済的逸失とみなすと，日本とアメリカが最も深刻である．本分析結果はパネル調査をもとにしていないので，厳密な死別に伴う経済的逸失の程度を比較することはできないが，単身世帯と夫婦のみ世帯の可処分所得をみる限り，日本の高齢単身女性の経済状況はアメリカの高齢単身女性と同じくらい恵まれないこと

が明らかである.

　世帯構造における日本の特徴は,高齢男性のひとり暮らし割合が低いことである.これは単に平均寿命の男女差にその原因があるというわけでもない.図7-13は,高齢男性ひとり暮らし割合と,65歳時の平均余命の男女差である.どうして高齢男性のひとり暮らし割合が低いのか.男性は女性に比べて平均余命が短く,生涯をひとりで生活する場面が少ないといえるが,平均余命の男女差と高齢男性ひとり暮らし割合の間には,必ずしも直線的な関係は認められない(図7-13).日本は平均余命の男女差が比較的大きく,これまで皆婚社会であったことを反映して夫が妻と死別するチャンスは低い.人口学的な要因(平均余命の差と結婚年齢の差)とライフコース(ほとんどが結婚して子どもをもつ)の結果,日本の高齢男性の低いひとり暮らし割合が生まれた.逆に,平均余命の男女差はフランスも日本と同じくらいであるが,高齢男性のひとり暮らし割合は日本よりもずっと高い.まさにライフコースの違いが日本とフランスの高齢男性ひとり暮らし割合の違いに反映されている.

　表7-5は,高齢ひとり暮らしの配偶歴である.高齢女性のひとり暮らしの多くが死別者である点は各国に共通するが,高齢男性ひとり暮らしの配偶歴は国によってばらつきがある.事実,高齢男性単身者の配偶歴をみると,日本では未婚者割合が1割程度と比較対象国の中でも最も低く,一方,台湾は高齢男性単身世帯の3分の1近くが未婚者である.だれが未婚に留まるのか.高齢期の生活の暮らし方は何が典型なのかといった,各国のライフコースや生き方がこの結果の背景にある.本書で分析するデータは横断的であるので,変化をみるには限界があるものの,高齢期をひとりで暮らすもののライフコースを知るひとつの手がかりとして,配偶歴から経済リスクをみてみよう.表7-6は,高齢ひとり暮らしの配偶歴別貧困率である.

表 7-5 高齢ひとり暮らしの配偶歴分布（2000 年）

(％)

	アメリカ	イギリス	フランス	ドイツ	イタリア	スウェーデン	台湾	日本
男 性								
未婚	16.3	21.1	24.7	13.1	18.4	28.1	35.5	10.6
離婚	28.3	18.7	17.7	13.5	6.3	30.5	9.7	18.2
死別	55.4	60.3	57.6	73.4	75.3	41.4	54.8	71.2
計	100.0	100.0	100.0	100.0	100.0	100.0	100.0	100.0
女 性								
未婚	5.7	10.8	12.7	12.0	13.1	10.8	2.6	9.3
離婚	14.1	10.9	8.6	13.2	2.9	19.0	1.6	8.5
死別	80.1	78.4	78.7	74.8	84.0	70.2	95.8	82.2
計	100.0	100.0	100.0	100.0	100.0	100.0	100.0	100.0

出所：国民生活基礎調査（日本），LIS（他国）．

表 7-6 高齢ひとり暮らしの配偶歴別 貧困率（2000 年）

(％)

	アメリカ	イギリス	フランス	ドイツ	イタリア	スウェーデン	台湾	日本
男 性								
未婚	45.1	20.6	27.5	17.3	39.8	12.9	39.6	41.9
離婚	33.8	18.7	2.1	9.8	13.1	6.8	29.1	24.7
死別	32.7	16.5	11.5	4.6	9.7	3.3	46.1	27.9
計	35.0	17.8	13.8	6.9	15.5	7.1	42.1	27.2
女 性								
未婚	41.3	19.9	11.5	12.5	33.4	10.2	85.4	43.5
離婚	42.3	22.6	8.0	35.6	35.3	6.9	72.5	46.6
死別	44.7	26.5	15.3	12.6	26.7	11.9	62.8	55.1
計	44.1	25.3	14.2	15.6	27.8	10.7	63.6	47.1

出所：国民生活基礎調査（日本），LIS（他国）．

日本にまず注目すると，男性の間で未婚ひとり暮らしの貧困率が最も高く，41.9％ である．一方，女性の場合，最も高い貧困率を呈したのが死別者であった．男女の間では，男性のほうが配偶歴による貧困率の違いが大きく，女性は男性に比べてどの配偶歴にあっても，ひとり暮らしの高い貧困率が確認できる．台湾の高齢ひとり暮らし女性

の貧困率は日本よりもかなり高く，その背景には社会保障制度の不備が予想される．男女ともに，ひとり暮らし割合が1割程度の少数派である台湾では，高齢期をひとりで暮らすことの経済的ペナルティが大きい．他国の状況をみてみると，男性は概して未婚ひとり暮らしの貧困率が高い．日本だけでなく，他国においても，十分な経済力を持たないものが未婚に留まるケースが考えられる．

女性については，男性ほど未婚ひとり暮らしの貧困率が高いという共通の知見は得られない．国によって，ひとり暮らし配偶歴と貧困率との関係は異なる．死別の高齢女性ひとり暮らしの貧困率が高い国は，日本（55.1%）アメリカ（44.7%）イギリス（26.5%）であり，これらは自由主義的福祉国家に分類される．離婚の高齢女性ひとり暮らしの貧困率が高い国はドイツ（35.6%），イタリア（35.3%）と保守主義的福祉国家であり，未婚ひとり暮らし女性の貧困率が高いのは台湾（85.4%）である．このようにみると，特に女性の間で，各国のライフコース規範や福祉国家体制の違いと何らかの関係が想像される．自由主義国家では，未婚ひとり暮らしの貧困率が高く，それはまさに未婚に留まったことが貧困率と直接的に連動するかたちで位置づけられている．離婚した高齢女性ひとり暮らしの貧困率の高さは，家族主義的福祉国家体制のなか，宗教とも絡んで離婚することのペナルティの高さが想像される．スウェーデンについては，どの配偶歴においても貧困率は1割台と低く，高齢期をひとりで暮らすことによって経済的なペナルティを受けないように社会保障制度が設計されている．日本を含むその他の国では，これまでのライフコースが典型的なコースからずれることに経済的ペナルティが課される．台湾では日本と同様，結婚することがなかば当然のように位置づけられており，未婚のまま留まることは社会的な制裁を受けるかたちで位置づけられる．

岩田正美（2004）は20代から40代女性のパネルデータを用いて，

未婚のままでいること,離別することの経済的リスクの高さを指摘する.本章で用いるデータは特定の一時点の状況を明らかにする横断調査であるために,未婚のままでいること,離別したこと,死別したことが,ひとりで高齢期を過ごすことにどの程度のインパクトを与えたのかを厳密に把握することはできない.それでも,未婚のままで高齢期を迎えたのか,離別したのか,配偶者とともに高齢期に突入したのかが,高齢期の経済的福利の程度をも左右することは本分析結果から想像できる.配偶歴別ひとり暮らし高齢者の貧困率の違いは,日本を含むすべての国で統計的に有意である.今後未婚者,離別者が増えることが予想されるなか,結婚行動が高齢期の経済的福利の程度に与える影響は無視できない.

7 ひとりで高齢期を過ごすこと

本章では少子高齢化に伴う世帯構造の変化がこれからの社会保障を考えるにあたってどのような意味を持つのかを,ひとり暮らしと三世代世帯の高齢者に着目して検討した.生涯未婚率や離婚率が上昇し,これまでのように生涯を同じ伴侶と添い遂げるといったライフコースから外れるものが増えてきた.高齢期はそれまでの社会経済的有利さや不利さが蓄積されて顕在化する時期ともいえる.このような社会経済的有利さ／不利さの蓄積は,「富めるものはますます富み,貧しいものはますます貧しくなる」マタイ効果としても言及されてきた(Merton 1973).ライフコース(Mayer 2005; Elder 1974)や経路依存性(North 1991; 佐藤 2000)の考え方は,不平等が蓄積されるというプロセスに着目している点で似通っている.しかしながら,不平等の蓄積論は現時点では記述的言及が中心であって,その理論構築についてはまだ途上にある(DiPrete and Eirich 2006).

高齢期のひとり世帯に着目して，経済的福利の程度を夫婦のみ世帯や子どもと同居する世帯と比較することで，これまでの生き方と高齢期の経済状況がどう連動しているのかを検討した．もっともここで分析したデータが横断型であることから，あくまで静的比較分析結果からの推論である．その限界を考慮しても，高齢期をひとりで暮らすことに伴う貧困リスクは高く，特に高齢女性のひとり暮らしはどの国においても高い貧困リスクに直面していた．しかし，配偶歴別に高齢ひとり暮らしを詳しくみると，特に生涯未婚の男性は貧困リスクがきわめて高く，多数派が歩むライフコースから外れて生涯未婚であることの経済的ペナルティが女性よりも高い．高齢未婚男性の高い貧困率は比較対象国に共通して認められた．積極的理由からか，やむをえない理由からかはわからないが，結婚せずにひとりで暮らすことに伴う経済リスクは，男性のほうが女性よりも高い．

　これまで男性は女性に対して優位な立場にたち，その周辺を女性が埋めるといった議論展開がされてきた．しかしながら，典型から外れることのペナルティは女性よりも男性に顕著にみられ，その経済的制裁は男性の方がかえって深刻である．単に男性か女性かということよりも，一般に優位な立場にあるとみなされる属性（男性）にありながら，異端な選択をすることへの風当たりはいっそう強くなる．高齢期は，それまでの生き方の結果が蓄積されてさらに顕著に現れる．そのひとつの例が，高齢単身世帯である．

　いままでの生き方がどうであったかということと，高齢期の生活をどう過ごすかということ．個人の人生は連続していると同時に，ライフステージごとに設定された諸制度がクロスする．一般には，現役層対引退層といった位置づけがあり，それは現役層への負担の上昇となって世代間のアンバランスが叫ばれる．しかし，個々の人生は連続的であり，そこでは人生におけるさまざまな不平等が蓄積される．それ

がマイナスの蓄積であった場合には，負の循環として不平等の再生産が指摘される．そこでは，個人のレベルでの負の蓄積をどこかで御破算にできる通過点を社会が用意する必要性がでてくる．

人生のうちの複数時点で御破算にする機会を巧みに社会制度に組み込んでいる社会と，そうでない社会．個人の生き方の枠組みとなる社会の諸制度の効果は高齢期にもっとも顕著に現れる．高齢単身女性の恵まれない経済状況の程度は，日本とアメリカが似通っていた．もちろん日米の間で制度上の違いは大きい．しかしながら，アメリカは社会制度に御破算の機能を整備していない国ともいえる．よく言われる「勝ち組・負け組」という言葉の背景には，無意識のうちにも自由競争信奉がある．そこでは，生涯未婚にとどまること，離婚してひとりで子どもを育てること，配偶者に先立たれること，こういったことがすべて個人の選択のもとに成り立っているとし，それぞれのライフコースから派生する経済リスクすべてを個人が背負わなければならない，とされる．しかし，個人の人生のひとつひとつの時点での選択が，どれほど恣意的に積極的になされたかはわからない．BではなくてAがよいと選択したものもいれば，Bを採りたかったが，Aを選ばざるをえなかった，あるいはBという選択が事実上存在しなかった，そういった様々な場面が想定される．人々の選択に対する自由度を過度に信じることは，結果の責任を個人にのみ帰することになる．市場原理が優先される社会において，たとえば，高齢女性ひとり暮らしの貧困率が高く，高齢層の不平等度も比較的大きいことが確認された．

日本は年金制度が整備され，高齢単身女性の貧困率も改善されて，高齢層の経済格差は1980年代半ばに比べると改善された．それでも，高齢単身女性や生涯未婚の高齢単身男性の貧困率は，夫婦のみ世帯や三世代世帯よりも高い．いま，少子化対策に政策の重点が移行していくなかで，高齢層への風当たりが強くなっている．2004年の年金改

革でも年金水準が固定化されることになったが,これまで改善されてきた高齢者の経済状況は今後悪化に転じる可能性が高い.引退期にいたるまでのひとりひとりの生き方と高齢期の経済状況をどのくらい連動させ,またどの程度断ち切っていくか.中長期的な将来を見据えた政策をデザインするにあたって,政策立案者の巧みなさじ加減が求められている.

8 日本の不平等を考える
人々の生き方と不平等

　変化を評価するのはやさしくないし，何が変化であるかを共有するのも意外と難しい．社会の変化について人々が議論する際にも，人々の意図するところは必ずしも同じではない．世の中は変わった，格差社会になったと表明する基準が実のところ人によってまちまちだからである．例えば，変化を論じる場合，自分が若かったころ，現役であったころとの比較で「変わった」というものもいれば，今の若者と自分が若かったころを比べて「変わった」と表明するものもいる．さらに，何が不平等かについても，その評価は難しい．いつ不平等を感じるかは人によって異なる．不特定多数の隣人と比べて我が身のうだつのあがらなさに不平等を実感するものもいるし，マスコミでもてはやされるセレブをみて，我が身と比較するものがいる．何をもって不平等を感じ，どれくらい不平等を感じるかの程度が，人や対象によって異なる．だからこそ，不平等を論じることはやさしくないし，またその実態を見る際にも絶対的な基準があるわけではない．それでも，結局わからないのだよ，と結論づけるつもりもない．不平等の問題は，人間社会が成立したころからの社会的テーマであるし，最も根幹的な問題だからである．

　どこの世の中にも不平等がある．だから不平等は自然に生まれ，社会を成立させるためには必要なのだと開き直るべきなのだろうか．いや，そうとは思わない．本書は欧米との比較を軸に経済的格差を中心に不平等をみてきた．そこではどの国にも共通して不平等があり，国の枠を超えた人間社会に共通する社会問題であることが確認された．

しかし，不平等は自然発生したものではないし，不平等が自然消滅することもない．不平等の背景となる構造は社会の仕組みに根ざしており，われわれが作り出したものである．一方，不平等の程度は国によって異なっていた．その程度の違いは，国々の社会制度のもととなる政策理念や制度設計と関連している．だからこそ，不平等の程度はわれわれがコントロールすることができる．この点が本書の国際比較を通して確認された最も重要な点である．

違うということだけであれば，それは「差」である．しかしこの「差」に社会的意味が付随すると，価値規範も伴って「差」そのものに良し悪しの意味がでてくる．時間的な差である変化や他者との違いから派生する格差や不平等は，人々が評価する際の立ち位置や評価の基準，変化自体に対する評価が多層的に絡む．だからこそ不平等を論じる際には，単なる事実の把握に終始することなく，不平等に対する評価が常に求められる．本書では，少子高齢化という変化と経済的不平等度の国際比較という2つの「差」の分析軸をもって議論を進めてきた．本書を締めくくるにあたって，これまで見えてきた不平等度の違いについて考察したい．

1 日本の不平等

本書で投げかけた主たるリサーチクェッションは日本はどの程度不平等か，であった．日本の経済的な不平等度はどれほど他国と異なり，人口構造の変化や家庭内役割分担にどの程度の日本的特徴がみえたのか．欧米と比較した場合，一体，日本はどれほど特殊なのか．その答えは，日本の不平等度はそれほど飛びぬけて高いわけでも，低いわけでもなかった，ということである．その一方で，日本的特徴がなかったかというとそうではない．7カ国比較を通して見えてきた日本の特

徴は大きく3つにまとめることができる.

まず,日本では人々の意識の分散が実態よりも大きいことである.1990年代後半の格差論沸騰に対応して,一体どの程度日本の経済格差の変化が大きく,人々の意識は他国に比べてどの程度分散が大きいのかを検討した結果,日本の経済格差は欧米圏の枠内にあり,特別平等というわけではなかった.2000年時点のジニ係数は,台湾に次いで高く,イタリアとほぼ同程度の中間に位置しており,変化についてはアメリカと同様に1980年代半ばから一貫して上昇していた.世帯主年齢階層別のジニ係数をみると,日本や台湾は年齢階層間の違いが大きく,貧困率についてはドイツ,スウェーデンと似通ったパターンを呈し,特に若年世帯主層での上昇が目立った.日本が特殊性を呈したのは,実態レベルというよりも意識との関係である.日本は他国に比べて実際よりも意識の分散が大きい.これは,近年振り子のように揺れる,日本の格差論の背景として見落とせない.どうして日本人の意識が相対的に不平等を過大評価する傾向にあるのか.ひとつは,格差・不平等のトピックに対する人々の不慣れさによる.

もちろん戦後,日本でも不平等論はあった.これを目新しいと呼ぶのは,少々的外れであるといわれるかもしれない.しかしながら,一億総中流社会論において,人々は実態としての格差や不平等に対して鈍感であったといわざるをえない.日本における不平等論はマルキシズムを中心としたイデオロギー色の強い議論であり,閉ざされた空間での議論が展開された.普通の人々が日常的に議論する話題というよりも,専門用語を共有しうるインテリたちの熱い語りとしての位置づけが強かったし,議論への参加というよりは運動への参加という形での不平等議論へのかかわりであった.それが,1990年代以降の格差論はジニ係数という数値をもって,広く一般大衆にわかりやすい形で議論が展開された.そこでの議論では,格差という不平等よりもイデ

オロギー色が薄い用語が用いられたことも幸いした．運動という明確な行動を必要としないかたちでの議論参加が可能になり，格差議論に参加する垣根が低くなった．しかしその一方で，社会問題を格差・不平等からとらえる議論展開に慣れ親しんでいないものにとっては，あまり考えたことはなかったけれどよく考えたら格差がいたるところにある，といった「新たな発見」に目覚めることになり，人々の意識が大きく揺るがされることになった．不平等という古くて新しい社会問題を人々が発見した新しさのなかで，意識の大きなブレが生まれた．大きく揺れる人々の意識の背景には，格差や不平等に対する議論への不慣れさゆえの危うさがある．これが，日本の人々の意識の分散の大きさを説明するひとつの要因と考えられる．

第 2 に，日本は他国に比べ，労働市場や家庭内のジェンダー格差が大きい．日本女性の労働参加率はそれほど低くなく，イタリアの低さが目立った．しかし，男女賃金格差をみると，比較対象国で日本がもっとも大きく，フルタイム／パートタイム格差も相対的に大きいことが確認された．特に，日本の女性就労を規定するにあたって，フルタイム就労とパートタイム就労への学歴の効果の方向が逆で，フルタイム就労に対する大卒効果はプラスであるが，パートタイム就労に対してはマイナスである．同じ仕事でも，フルタイムとパートの仕事に就くものの属性が女性内で明確に分かれていたのが日本であった．誰がパートに就くのか．日本では女性就労者内部で分断化が進んでいた．共働き夫婦に着目しても妻の夫収入に対する割合は低く，高所得同士のハイパーカップルは比較対象国の中で日本が最も少ない．大卒女性の就労率も，比較対象国の中で最も低いのが日本であった．日本の労働市場における既婚女性の位置づけは，日本と同程度の経済レベルにあり，高学歴化が進んでいる国に比べても見劣りする．

性別役割分業に対する考え方は日本が比較的保守的であるが，台湾

は日本以上に保守的で，アメリカも日本と同じくらい保守的であった．専業主婦に対する位置づけも，日本に加えて台湾とアメリカは最も肯定的な見解を示した．さらに，母親役割に対する最も強いこだわりを見せたのも日本で，イギリス，アメリカも日本に次いで母親役割に専念することが望ましいという意見を呈した．一方，性別役割分業を夫婦の家事分担程度や家事時間からみると，最も大きく妻に偏っていたのが日本である．ジェンダー意識の内容によっては，労働市場における男女格差が比較的小さい国でも日本と似通った傾向を示す場合もある．しかし，日本は，実態面で性別役割が分断されている程度が高い．これは，昇進機会を中心に男女で分断された労働市場構造とも関連する．

　ただ，女性の高学歴化が進むことと継続的な就労参加が上昇することを自明な関係とすべきか，は議論の余地がある．実際日本は高学歴女性の専業主婦割合が高く，これが日本的特徴のひとつとみなされてきた（Brinton 1993；大沢真知子 1993；Shirahase 2007d）．例えばM. ブリントン（Brinton 1993）はここでのメカニズムを，労働市場で高学歴効果を還元するよりも次世代の教育を通して還元すると解釈し，日本の学歴社会のひとつの特徴とした．しかし，高学歴女性が就労継続に向かわない根拠は子どもの教育のためというよりも，昇進機会をはじめとする雇用現場での報酬が相対的に低い点がその理由として挙げられる．キャリアを伸ばすのはそれほど簡単ではない．ましてや日本のように，企業内異動を伴ってキャリアを蓄積していく内部労働市場が優勢な国では，家庭をもち，子どもを育てながらキャリアカップルとして生活することはきわめて難しい．物理的に移動しなければならない状況を忌避することは，昇進ルートからの脱却を意味する．昇進がなく，なんら報酬が上がる目処がない状況で，仕事を継続する動機づけが低くなるのも不思議ではない．したがって，高学歴を獲得

し，人的資本としての蓄積があってもそれに相応する報酬獲得機会が限定的であると，それなりのコスト（仕事を続けることの困難さ）を払いつつ仕事を続けるか，それとも仕事をやめて家庭に入り仕事を続けることのコストから解放されるか，の選択のうち，後者の選択をとったところで誰もとがめることはできない．

　社会的な子育て支援を提供することは望ましい．なぜなら，身近に健康で協力的な親がいるラッキーなものだけがキャリアを積むことができるという不条理は解消されるべきだからである．しかし，まず政策として力を入れるべきことは，働く場における昇進機会への公平なアクセスであり，仕事に対する公正な評価である．もちろん，仕事そのものが男女で違うような分断された市場において，公正な評価を期待することはできない．ジェンダーにかかわらず，配偶関係や子どもの有無にかかわらず，同じスタートラインが保証され，頑張ればだれもが同じ報酬を獲得できる場の保証が必要である．やり続けることにそれなりのメリットがあれば，多少大変でもそこに向かって進もうとする動機づけがでてくる．

　そこで，労働市場におけるジェンダー格差が大きい日本においてまず解決されるべきことは，男女の賃金格差の解消であり，そのためには男女で大きく異なるフルタイム／パートタイム格差，役職割合の違いをいかに縮小していくかが重要になる．家計を1人だけが支える就労モデルから，2人で共に支える共働き就労モデルへの転換が，昇進機会ルートの再編を含め強く求められている．ただ，申し添えたいことは，共働き就労モデルの提唱は，皆婚社会を前提としていることではないことである．夫婦となれば共働きであるが，究極的にはすべてのものが何らかの形で就労参加する前提を提唱したい．結婚するかしないかはひとつの選択であるので，個々人の属性（出身階層や性別，配偶関係）や人々の生き方にかかわらず就労に携わり，生活保障を獲

得する．社会的な諸制度の前提を誰もが就労にかかわることにすると，その前提を実現するためにどの程度本気で取り組んでいくのかが，これからの福祉国家建て直しの鍵になる．

　第3に，日本の生涯独身者，ひとり暮らし，ひとり親世帯での貧困率の高さが目立った．一定の年齢になると，親元を離れて結婚し，子どもをもって自らの家庭を築く．この標準的モデルから逸脱した場合の経済的ペナルティが高いことが日本的特徴である．若年層の晩婚化・未婚化との関係から成人未婚子の貧困率をみると，40歳未満の比較的若い成人未婚子の経済状況の違いは国の間でもそれほど大きな違いは認められなかったが，40代以上の成人未婚者になるとその恵まれない経済状況が，特に，イタリア，台湾，日本の間で目立った．これらの国は，家族機能に依拠する程度が高く，低出生率の国である点でも共通する．つまり，何が家族であるかの定義が柔軟でなく，基本的生活保障機能を提供すべき家族の役割を大きく設定している場合に，かえって若者はみずからの家族をつくろうとしない．そこでは，親元に居続けることで親に頼る期間が長期化し，かえって家族に強く依存する状況を生む．生涯独身でいることのペナルティが大きな社会．それが日本である．

　高齢化は高齢者の頭数が多くなることだけを意味しない．高齢者の居場所に変化がある．これまで息子家族と同居する三世代世帯で暮らす高齢者が多数派であったのに対し，ひとり暮らしや夫婦のみ世帯の割合が上昇した．ひとり暮らし，特に，女性のひとり暮らしの貧困リスクが高く，高齢期の世帯構造によって経済的福利の程度が大きく異なるのが日本の特徴である．しかし，子どもが減り，一生結婚しないものも増えるなかで，若年世代と同居することで基本的生活保障を獲得することを前提とすること自体，妥当ではなくなってきた．少子化のあおりを受けて，高齢者福祉はバッシングの対象にもなっている．

2007年以降,団塊世代が定年年齢に達し,本格的に高齢期に突入するなか,高齢層のサイズが大きくなると,その中身の異質性も高まる.65歳以上高齢者といえども,その中身は多様で,ニーズもさまざまである.経済的に豊かな高齢者も増え,いままでのような現役を引退したものというイメージからは程遠い高齢者もいる.アクティブ・エイジングという呼び名で生涯現役を体現するものも増えるであろう.しかし,いかにアクティブかは,高齢者の健康状態と経済力に大きく左右される.つまり,高齢期の中身の差がこれからますます大きくなっていく.高齢者だからと社会が全面的に面倒をみることはできないし,高齢者だから社会的弱者だともいえない.ただ,これまでの人生の蓄積の結果が最も顕著に現れるのが高齢期である.だからこそ,健康状況も悪く,経済力もない,そんな弱者となった高齢者を社会で面倒をみる必要は決してなくならない.現代の日本社会を形成してきた人たちを,引退したからといってないがしろにしてよいことにはならない.いまのわれわれは,いま高齢になったものたちが現役時代にこの社会を担ってきたという歴史の上に立っている.歴史とは過去の産物ではなく,現在とかかわる連続的な位置にある.過去を否定することは現在を否定することに通じる.だからこそ,高齢者を現時点でひとくくりにして,若年層,現役層と拮抗する位置づけでとらえることには限界がある.社会全体のなかで高齢者をいかにとらえていくか.この視点から高齢者対策を考えていくべきである.

　少子化とは人口置換水準に達しない状況をさす.いくら合計特殊出生率が近年若干上昇傾向にあるといえども,置換水準の2.08には大きく届かない.全体の人口構成を決定するのに最も大きな影響力を及ぼすのが出生率であるので,政府が少子化対策に躍起になるのもわからなくはない.どうして子どもを産まないのか.最も頻繁に指摘される原因は,経済的理由である.子育てにお金がかかるから子どもを産

まない．しかし，世帯の所得レベルと平均子ども数の関係をみると，日本を含むどの国も低所得層ほど平均子ども数が多い．それは，近年のできちゃった婚，おめでた婚にみられるように，若くして子どもを産む層は学歴も低く，収入も低い傾向にある．ましてや，子どもが産まれたので結婚したものの，長続きしないで離婚するケースも少なくない．事実，有配偶者に対する年齢階層別離婚率は 1,000 人あたり，女性の間で 10 代が最も高く 69.7，20 代前半は 45.4 で，男性もそれぞれ，43.3 と 46.9 である（国立社会保障・人口問題研究所 2008）．若い層での離婚率が上昇した結果，ひとり親世帯が増える．日本では近年，未就学児の幼い子をもつ世帯の間での貧困率が上昇しており，そのひとつの原因は，ひとり親世帯の上昇であると考えられる．しかし，わが国では特に，母子世帯といえども母親が仕事をもつ場合が 9 割近い．つまり，働かないので貧困であるというわけではなく，働いても貧困であるワーキングプアのひとつの代表例が母子家庭である（白波瀬 2006a；2008a）．母子家庭の貧困回避は，就労によるよりも親との同居によるところが大きく，それは日本の特徴である．

母子家庭もさることながら，父子家庭もまだ少数派といえども無視できない．父子家庭はこれまで児童福祉の射程外にあり，たとえ父子家庭となってもその多くが実家に戻って仕事を継続し家計を維持するケースが多かった．しかし，近年，父子家庭の間で貧困率が上昇し，明らかに社会問題として無視できない．夫の経済力がなく，子どもを残して妻がいなくなる場合が少なくない．経済力の不足が結婚を遠のかせるといわれているが，低い経済力では結婚を維持することも難しくする．母子家庭でも父子家庭でも，子どもの福祉という観点からは二人親の子と区別することなく成長できる場が保障されなければならない．ただ，貧困にある子という意味では，ひとり親世帯が少数派であるぶん，二人親の場合も決して少なくないことも見落とせない．子

どもの貧困問題は,ひとり親か二人親かというところではなく,ひとり親でも二人親でも子どもの福利厚生がどの程度満足に保障されているかで,子どもの貧困対策を考えなければならない.

2 不平等の改善に向けて

何が不平等かをとらえることは,それほどたやすくない.そのひとつの理由は,われわれがいまもっている価値観や判断基準がいまある諸制度や規範によってすでに形作られているからである.いま,選択の自由ということがよく取り上げられる.しかし,この選択の自由についても何をもって自由であるかも不明である.なぜなら,選択基準そのものがいまある規範や制度によって形作られているからである.白か黒かのどちらでも,という選択肢は意外と少なくて,黒にしてみたいけれどやはり白をとるといった場合が少なくない.言い換えれば,選択をするという行為は選択をしたあとでしかわからないために,特定の選択にいたる過程を単純化する傾向にある.

たとえば,育児休業が父親と母親ともに権利として保障されているといえども,男女で賃金格差が歴然とある労働市場において,家計への損失が比較的少なくてすむ母親が休暇を取得する選択は家計にとってきわめて合理的である.つまり,理念の問題を超えて実際に労働市場における男女賃金格差の解消なしには,父母の間の育休取得の自由など保障されていないといってもよい.あの福祉国家のチャンピオンといわれたスウェーデンでさえ,1カ月のパパ月を設ける前は育児休業を取得するのは8割以上が母親であった.もし男女ともに働き,男女ともに子を育てていくという姿をモデルとするのであれば,ミクロなカップルの選択にのみに委ねることなく制度的にも父親の育児休業を半強制的に組み込むことも必要であろう.

これはいわゆるアファーマティブアクションに通じる．単に女だからということだけで優遇されるのはどうかと思う．国会議員や大企業の管理職，あるいは大学教授が女性であることで話題になるのは，女性の社会参加が十分に進んでいない証拠である．それでも前例のないことを達成することの意味は大きいので，女性でも男性でも未踏の領域を開拓することは特に次世代にとっての大きな励みになる．しかし，世の中全体で変わっていかないと，一部の女性だけが脚光を浴びるようでは，まだ本当の意味の男女共同参画社会が実現したとはいえない．

　実はここでも「選択の自由」の問題がからんでくる．黒人が白人よりも劣ると暴言を吐いたノーベル賞受賞研究者[1]がいて，女性が男性よりも劣ると述べた経済学者[2]もいる．いずれにしても，黒人が白人に劣り，女性が男性に劣る確固たる根拠はない．能力があるからいまいるポジションにつけた，という言い分があるが，特定のポジションに就く前の能力の差は意外とあいまいなところが少なくない．偶然ある仕事について，自分でも気づかなかった能力に目覚めることもあるのだから．世の中が男女共に支えあう社会をめざすのであれば，とりあえずはさまざまな状況で男女比率が同じ社会をつくりだすしかない．

　自然に任せていても変化は生まれない．ましてや，福祉国家として高水準の少子高齢社会を目指すのであれば，それに向かった圧力の行使（優遇措置）もひとつの方策である．平等であることは等しい対価を得ることに通じ，それにはそれ相応の責任が伴う．男であること，女であることは，自らの親を選べないように自ら選択できない属性で

---

1) 2007年10月，イギリス，サンデイ・タイムズで，1962年のノーベル医学・生理学賞を受賞したジェームズ・ワトソンによる発言．
2) 2005年，ハーバード大学前学長，ローレンス・サマーズによる発言．

ある．個人のコントロール以外の属性によって，さまざまなライフチャンスが決定されるような世の中は望ましくない．個人の努力や能力でコントロールできない要素をできるだけ小さくすることがわれわれにできることである．しかしそれは，どのような家庭に生まれたか，どのような親をもったかの影響をゼロにすることを意味しない．なぜなら，そこにはたまたまの運としか言いようがない要因があって，それを能力の差であると断言することはできないからである．たまたま勝ち組になった，たまたま負け組になったという要素は完全に否定できない．

　格差や不平等は相対的である．絶対的でないぶん，関与可能な対象である．日本がどれくらい平等でどれくらい特殊であるのか．これもまた，相対的な違いであって，日本的と形容される絶対性は意外と少ない．比較することは，違うことを明らかにすることに留まらない．なぜなら，物事を比較するためにはどこかで共通項がないと比べることができないからである．共通するところがあるから違いがある．日本が特殊であると盛んに議論された背景には，比較対象がヨーロッパあるいは欧米というきわめて内的異質性の高いグループ群を一塊にしてきたことにもよる．ヨーロッパの中でも，アジアの中でも，ひとつひとつの国は特殊なのだから．日本の特殊性を不当に強調することは，他国に対する鈍感さにも通じる．人が生まれ，成長し，生活の糧を得て，自らの家族を形成し，老いていく．この一連の営みが，異なる社会の諸制度のもとでいかに展開されていくのか．それを明らかにすることが国際比較の最終目的である．

3　人々の生き方からみた不平等

何に対する不平等か．どこに不平等があるのか．勝ち組・負け組，

貧困，上流・下流といったことばを日常的に耳にする機会が増えた．しかし，不平等，格差について社会一般の話として論じる場合と，我が身のこととして論じる場合がある．言い換えれば，不平等には2つの視点がある．ひとつがマクロな視点であり，もうひとつがミクロな視点である．マクロな視点とは，本書での中心的分析枠組みである国際比較がそれにあたり，国を単位にして不平等構造や不平等の程度を比較する視点である．もうひとつのミクロな視点とは，個人にとっての不平等であり，本書での各論でのべた，未婚のまま親元に留まる子やひとり親，ひとり暮らし高齢者といった生き方と関連する．

　マクロな視点から経済格差に注目して日本の不平等を国際比較すると，月並みではあるが，日本はそれほど特別な国ではなかった．しかしその中身において，各国の特徴がみえてきた．そこでは，イタリアやドイツ，あるいは台湾との類似点が認められた．これらの国は人々の生活保障が家族機能に大きく依拠し，家族の位置づけや生き方に関する規範が硬直的であり，標準的なライフスタイルから逸脱したものの間で経済格差が大きい．産業化をはじめて成し遂げたアジアの国という点で，日本は欧米からみてある意味特殊であった．その多くは，遅く始まり，急激に進行した産業化過程によって説明されるが，日本以上に急激に変化するアジアの国を含め，この変化の早さはもうひとつの社会変動を検討するうえの鍵となる．急激な変化は，既存の受け皿から抜け落ちる「規格外」を多く生む．この規格外をどう制度の中に取り込んでいくかは，今後の少子高齢社会がいかに成熟した市民社会へと進展していけるかを左右する．

　不平等構造の基本的メカニズムは，欧米と日本でそれほど大きくは違っていなかった．どの国も，高齢女性のひとり暮らしは高い貧困リスクに直面し，ひとり親世帯，特に母子世帯の貧困率も高い．ただ，その程度が国によって異なっており，その違いを規定するにあたって

各国の諸制度の影響が考えられた．だからこそ，諸制度をどう構築し，運営するかは個人の生き方，なによりも生きる選択をする過程に関係する．

　格差のどこが悪いと切り返すこともできる．違いのない社会はないし，違いがあることで世の中を円滑に活性化する効果があればなおさらよい．それは自由競争の実現といえるのかもしれない．しかし，不当な強者信奉は危険である．なぜなら，いまいる勝ち組がすべての面で優れているなどとはいえないからである．富豪の家に生まれ落ちたもの，堅実なサラリーマンの家に生まれ落ちたもの，日雇いで生計を立てる親の家に生まれ落ちたもの，彼／彼女らの違いをまったく御破算にすることはできないであろう．ただ，ここでの違いを生涯ぬぐいさることのできない違いとして位置づけることなく，不条理な格差に対してできるだけ対応できる長期的政策を展開する社会体制がいま求められている．もしかして，親は子を見捨てることがあるかもしれない．しかし，社会はどの子も見捨てないという体制が，少子高齢社会の基盤を支える人材を育てていくことになる．

　格差は問題でなく貧困こそが問題だという意見も最近みられる．しかし，ここでの問題は，格差のなかで貧困を捉えることの重要性が過小評価されている点である．貧困を格差を超えた社会問題として絶対視してしまうと，多くのものが当事者としてかかわることが難しくなる．貧困を格差のなかで相対的にとらえてこそ，われわれ自身にとっての問題として位置づけることができる．不平等の問題を貧困にあえぐものだけの問題とすると，社会全体で共有すべき問題としての土壌がゆらぐ．不平等をいかに当事者意識のなかでとらえることができるか．これが重要である．貧困であることを特殊ケースとしてとらえることなく，貧困に陥った場合も自己責任で対処しきれない「たまたま」の要素があることを自覚したほうがよい．怠けものだから，努力

が足らなかったから貧しいのだとも，また優秀だったから豊かになれたのだとも，言い切れないことをどこかで気に留めていてほしい．勝ち組も負け組も「たまたま」の要素と無関係ではない．だからこそ，不平等はわれわれ自身の問題であって，われわれが取り組むべき社会問題である．さらにはわれわれが不平等にどう立ち向かって，どのような社会を形成していくのが望ましいかの社会的合意のなかで，不平等を改善することも，可能になってくる．

　日本だけが特別ではないし，各国がそれぞれ独自の問題に直面している．しかし，すべての国で不平等が存在し，その改善に向けて試行錯誤しながら対応を検討している点で，各国の事例は参考になる．共通する問題に独自の制度枠組みでどう対応していくべきか．ここでは，グローバルなレベルの情報交換が求められている．急激な少子高齢化を経験した日本は，新たな人口構成に基づいた新たな福祉国家に向けて走り出すときにきている．

付録1　分析に用いた調査データと変数

1　国民生活基礎調査と変数について

日本のデータは，昭和61 (1986) 年，平成7 (1995) 年，平成13 (2001) 年の国民生活基礎調査所得票（大規模年）を用いる．同データは所得に関する情報が世帯レベルと個人レベルで捉えられ，世帯構造別に検討する場合に十分なサンプル規模がある点で，貴重である．しかし偏りがないわけではない．同調査と国勢調査について世帯構造を比べてみると，一人世帯割合が過小評価の傾向にある．例えば，65歳以上高齢者のいる一般世帯の単身世帯割合は20.2%（国勢調査）で，国民生活基礎調査の対応する値は19.7%である．

本分析の妻就労についても，労働力調査での値と必ずしも一致しない．ひとつの理由は，世帯主からみたその配偶者をもって妻の就業状況を特定化していることにあり，既婚女性を直接対象にして求めた値とは異なる．これらの点は，結果の解釈において留意されたい．

1-1　ジニ係数の算出について

本研究においては，世帯レベルの所得に注目し，総所得から拠出金を引いた可処分所得を用いて経済的地位を決定する．しかし，世帯には5人家族もあれば，1人家族もある．世帯の総所得は稼得人員が多い傾向にある大規模世帯の方が高い傾向にあると考えられるので，世帯規模を考慮にいれひとりあたりの経済的厚生の程度をみる．そこで，世帯員ひとりあたりの経済厚生を W とすると，次のように示すことができる．

$$W = D/S^{\varepsilon}$$

D は世帯の可処分所得をさし，S は世帯人員数とする．ε は等価弾性値とよばれ，0〜1の値をとりうる．例えば，ε を1とする場合（世帯人数割），未就学児も70歳の高齢者も同じウェイトがかけられ，規模の経済はゼロとみなされる．本分析では，OECDが行った先行研究も考慮にいれて0.5の等価弾性値をとる．

等価尺度をもってした可処分所得に注目し，所得格差の程度をみる．格差の指標としては，一般に最もよく使われるジニ係数を用いる．ここで用いるジニ係数は次のように定義することができるが，この係数で表される格差は格差そのものの意味については十分考慮をしていない．つまり，比較的経済状況の良好な国 (i) での a_i と b_i の差も，相対的に貧しい国 (j) の a_j と b_j の差も同じ差として算出される．低所得層にウェイトをかけた格差指標としてアトキンソン指標があるが，本書ではジニ係数を中心に分析を行う．

本分析では時系列比較，国際比較を行うが，複数時点間のデータや異なる国のデータについてできるだけ整合性をもたせるため，次のようなデータ処理を行う．ここでは，(1)可処分所得がゼロのケースの削除，(2)世帯主年齢が70歳以上であるにもかかわらず年金所得がゼロとする世帯の削除，(3)就業状態が自営としながらも事業所得がゼロである世帯の削除，を行った．

1-2 世帯の特定化

国民生活基礎調査は世帯を単位として抽出されている．本書の分析も，世帯を単位として実施した．例えば，成人未婚者がいる世帯を特定化する場合は，世帯を構成する世帯員に成人未婚者がいるかどうかで世帯を選んだ．同じ世帯に成人未婚者が複数いる場合には，世帯員番号が最も若いものをその世帯の成人未婚者として代表させた．例えば，第4章で議論した成人未婚者の場合，2001年調査において，世

帯のなかの成人未婚者数は1人が8割, 2人が17%, 3人以上が1%程度であった. したがって, 世帯を構成する世帯員をばらして, 成人未婚者個人を単位として世帯構造を特定化するやり方とは異なる. ここでのポイントは, 調査そのものが世帯を単位として抽出されているので, その世帯の世帯員をばらしてあたかも個人データのようにするには注意が必要なことにある. 単身世帯と5人世帯の抽出確率は理論的に同じでも, 成人未婚者が抽出される確率は異なる.

2 ルクセンブルグ所得データ

本書の国際比較の対象国としては, アメリカ, イギリス, フランス, ドイツ, イタリア, スウェーデン, 台湾を取り上げ, ルクセンブルグ所得研究データ（以降, LISとする）を用いた. ミクロデータを用いた国際比較においては欧米との比較が中心であったが, LISに参加している数少ないアジアの国ということで台湾を加えた.

ルクセンブルグ所得研究（Luxembourg Income Study : LIS）は比較可能に調整された国際比較ミクロデータである. ルクセンブルグ所得研究（LIS）データベース http://www.lisproject.org/techdoc.htm（2008年4月から2009年4月）を用いて, 複数国を対象に分析を行った.

本書で分析対象とした各国の元データは, アメリカ Current Population Survey (March Supplement), イギリス Family Expenditure Survey (FES) と1999年 Family Resources Survey (FRS), フランス Household Budget Survey, ドイツ German Social Economic Panel Study (GSOEP), イタリア Survey on Household Income and Wealth (SHIW), スウェーデン Income from Register Data と Demographics from the Level of Living Survey, 台湾 Survey of Family Income and Expenditure, である. 各国のデータの

詳しい情報は，http://www.lisproject.org/techdoc.htm を参照されたい．

付録2　分析対象国および各国の調査年度

国	1980年代半ば	1990年代半ば	2000年
アメリカ	1986	1994	2000
イギリス	1986	1994	1999
フランス	1984	1994	2000
ドイツ	1984	1994	2000
イタリア	1986	1995	2000
スウェーデン	1987	1995	2000
台　湾	1986	1995	2000
日　本	1986	1995	2001

出所：国民生活基礎調査（日本），LIS（他国）．

付録3 各国の貧困線別 貧困率の比較

国	調査年	全体*			子ども**			高齢者***		
		40%	50%	60%	40%	50%	60%	40%	50%	60%
アメリカ	1986	12.4	17.8	23.7	18.5	25.1	32.0	14.1	23.5	32.1
	1994	11.8	17.8	24.3	16.9	24.5	32.3	11.8	20.6	29.3
	2000	10.8	17.0	23.8	14.1	21.9	30.2	15.1	24.7	33.3
イギリス	1986	4.6	9.1	17.6	6.2	12.5	22.8	0.9	7.0	23.4
	1994	4.3	10.8	20.0	4.3	13.9	26.6	5.0	15.1	29.4
	1999	5.3	12.5	21.1	5.9	17.0	28.0	6.7	17.2	31.6
フランス	1984	4.2	7.4	13.1	4.1	7.5	14.4	1.5	4.8	11.5
	1994	3.4	8.0	14.1	2.9	7.9	14.3	3.4	9.8	18.5
	2000	2.8	7.3	13.7	2.6	7.9	15.9	3.0	8.5	16.2
ドイツ	1984	4.0	7.9	14.1	3.9	8.5	14.9	6.8	14.0	25.6
	1994	4.5	8.2	13.6	5.4	9.5	15.2	4.8	9.7	17.8
	2000	4.6	8.4	13.4	5.5	9.0	14.2	4.0	10.4	18.6
イタリア	1986	5.5	10.4	17.4	6.7	11.4	19.0	5.1	13.1	21.8
	1995	8.5	14.1	21.2	13.3	19.0	27.8	4.6	14.3	23.3
	2000	7.3	12.7	19.9	10.5	16.6	26.5	5.6	13.7	22.2
スウェーデン	1987	4.4	7.5	12.5	1.8	3.5	6.3	1.1	7.2	20.6
	1995	4.7	6.6	10.0	1.3	2.6	5.5	0.8	2.7	7.8
	2000	3.8	6.5	12.3	1.8	4.2	9.2	2.1	7.7	21.2
台湾	1986	1.8	5.2	11.3	1.8	5.9	13.4	6.8	13.0	21.2
	1995	23.8	6.7	13.4	2.0	6.2	14.6	12.7	21.7	30.9
	2000	4.5	9.1	15.7	3.0	8.0	16.1	16.1	25.7	35.9
日本	1986	7.0	11.5	17.4	5.7	10.3	16.6	16.2	22.9	30.1
	1995	8.2	13.2	19.2	6.6	11.5	18.7	14.8	22.2	29.7
	2001	9.8	15.0	21.4	9.0	14.4	21.9	13.6	20.4	44.8

注:*全体=人口,**子ども=18歳未満,***高齢者=65歳以上.
出所:国民生活基礎調査(日本),LIS(他国).

付録4　各国の高齢者のいる世帯構造分布の変化

(a) アメリカ

	1986年	1994年	2000年
男性単身	6.4	7.2	7.5
女性単身	25.8	24.2	22.7
夫婦のみ	49.2	51.7	50.3
核家族	1.7	1.6	1.8
その他	17.0	15.2	17.7

(b) イギリス

	1986年	1994年	1999年
男性単身	8.6	8.4	9.4
女性単身	26.0	25.9	27.2
夫婦のみ	51.2	54.6	53.0
核家族	0.7	0.8	0.6
その他	13.5	10.3	9.7

(c) フランス

	1984年	1994年	2000年
男性単身	5.9	6.9	7.5
女性単身	26.8	24.7	22.9
夫婦のみ	50.4	56.8	60.7
核家族	0.7	0.6	0.6
その他	16.2	11.1	8.3

(d) ドイツ

	1984年	1994年	2000年
男性単身	7.0	6.7	7.1
女性単身	35.3	40.0	34.6
夫婦のみ	46.6	46.4	52.7
核家族	0.4	0.4	0.4
その他	10.8	6.5	5.3

(e) イタリア

	1986年	1995年	2000年
男性単身	3.9	4.1	5.8
女性単身	16.9	20.8	19.5
夫婦のみ	51.8	52.8	54.6
核家族	2.0	0.9	0.9
その他	25.4	21.4	19.2

(f) スウェーデン

	1987年	1995年	2000年
男性単身	14.8	12.8	12.4
女性単身	31.7	33.4	33.0
夫婦のみ	51.8	52.6	51.4
核家族	0.3	0.2	0.3
その他	1.5	1.0	2.9

(g) 台湾

	1986年	1995年	2000年
男性単身	3.9	6.2	5.7
女性単身	1.9	3.8	5.7
夫婦のみ	17.4	28.0	33.5
核家族	4.3	3.7	3.1
その他	72.5	58.3	52.1

(h) 日本

	1986年	1995年	2001年
男性単身	2.1	3.0	3.5
女性単身	10.0	12.7	15.8
夫婦のみ	19.7	25.5	28.8
核家族	14.3	17.1	17.9
その他	53.9	41.8	34.0

出所：国民生活基礎調査（日本），LIS（他国）．

付録5　国別経済的不平等（ジニ係数）の比較

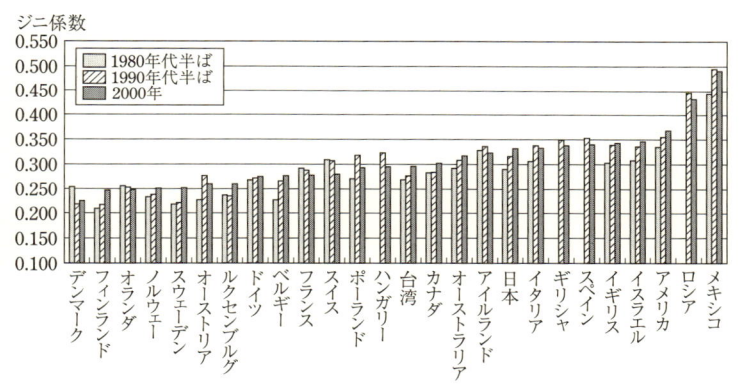

ジニ係数

凡例：
- 1980年代半ば
- 1990年代半ば
- 2000年

国名（左から右へ）：デンマーク、フィンランド、オランダ、ノルウェー、スウェーデン、オーストリア、ルクセンブルグ、ドイツ、ベルギー、フランス、スイス、ハンガリー、ポーランド、台湾、カナダ、オーストラリア、アイルランド、日本、イタリア、ギリシャ、スペイン、イギリス、イスラエル、アメリカ、ロシア、メキシコ

出所：国民生活基礎調査（日本），LIS（他国）．

付録6　貧困率の比較

(a)国別全体貧困率の比較

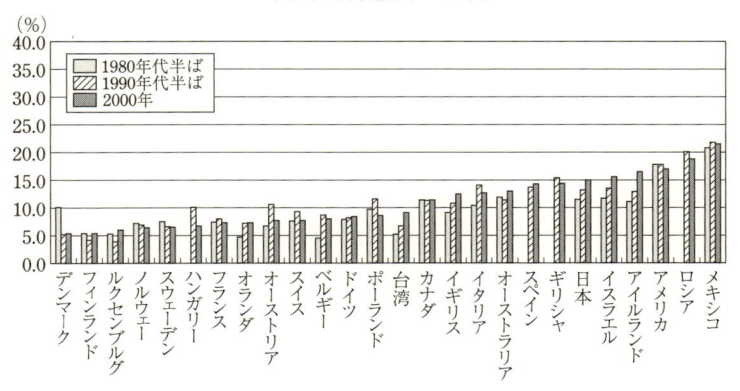

(%)

凡例：
- 1980年代半ば
- 1990年代半ば
- 2000年

国名（左から右へ）：デンマーク、フィンランド、ルクセンブルグ、ノルウェー、スウェーデン、ハンガリー、フランス、オランダ、オーストリア、スイス、ベルギー、ドイツ、ポーランド、台湾、カナダ、イギリス、イタリア、オーストラリア、スペイン、ギリシャ、日本、イスラエル、アイルランド、アメリカ、ロシア、メキシコ

出所：国民生活基礎調査（日本），LIS（他国）．

(b)国別子どもの貧困率の比較

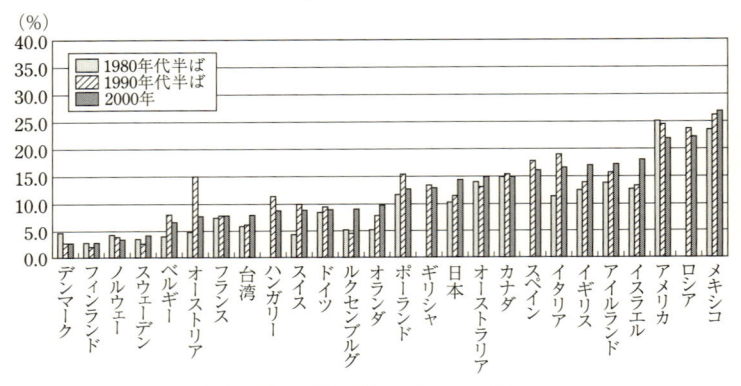

出所：国民生活基礎調査（日本），LIS（他国）．

(c)国別高齢者の貧困率の比較

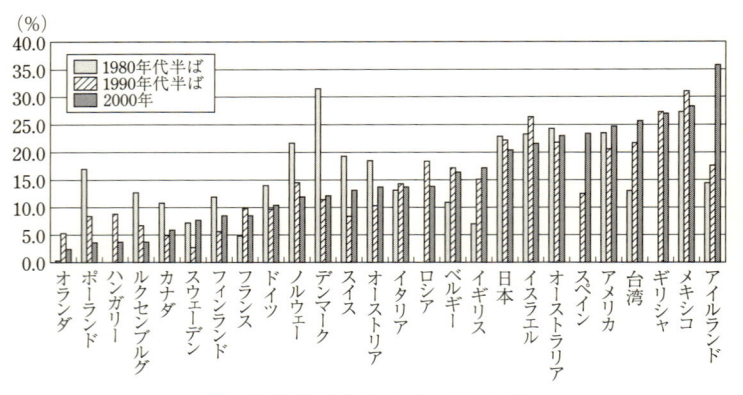

出所：国民生活基礎調査（日本），LIS（他国）．

参考文献

Aassve, Arnstein, Maria Iacovou, and Letizia Mencarini, 2006, "Youth Poverty and Transition to Adulthood in Europe," *Demographic Research*, Vol. 15: 21-50.

阿部彩・大石亜希子,2005,「母子世帯の経済状況と社会保障」国立社会保障・人口問題研究所編『子育て世帯の社会保障』東京大学出版会,pp. 143-161.

安部由紀子,2005,「女性労働者の年収変化と学歴について」『経済社会の構造変化と労働市場に関する調査研究報告書』独立行政法人雇用・能力開発機構・財団法人統計研究会,pp. 114-154.

Abegglen, C. James, 1958, *The Japanese Factory*, Glencoe, Ill: Free Press.

赤川学,2004,『子どもが減って何が悪いか!』筑摩書房.

雨宮処凛,2007,『生きさせろ!――難民化する若者たち』太田出版.

天野寛子,2001,『戦後日本の女性農業者の地位――男女平等の生活文化の創造へ』ドメス出版.

青木保,1990,『「日本文化論」の変容――戦後日本の文化とアイデンティティー』中央公論社.

アリストテレス(山本光雄訳),1961,『政治学』岩波文庫.

朝日新聞,2006,「1000ユーロ世代」『朝日新聞』2006年8月8日.

朝日新聞「ロストジェネレーション」取材班,2007,『ロストジェネレーション――さまよう2000万人』朝日新聞社.

Bäckman, Olof, 2005, "Welfare States, Social Structure and the Dynamics of Poverty Rates," Institute for Futures Studies.

Bell, Lisa, Gary Burtless, Janet Gornick, and Timothy M. Smeeding, 2007, "Failure to Launch: Cross-national Trend in the Transition to Economic Independence," *Luxembourg Income Study Working Paper Study*, no. 456.

Beller, Andrea H., 1982, "Occupational Segregation by Sex: Determinants and Changes," *Journal of Human Resources*, 17(3): 371-392.

Benedict, Ruth, 1946, *The Chrysanthemum and the Sword: Patterns of Japanese Culture*, Houghton Mifflin. (長谷川松治訳, 1948, 『菊と刀――日本文化の型』(上・下) 社会思想研究会出版部).

Blau, Francine D., 1984, "Occupational Segregation and Labor Market Discrimination," in Barbara F. Reskin, ed., *Sex Segregation in the Workplace: Trends, Explanations, Remedies*, Washington D.C.: National Academy Press, pp. 117-143.

Blau, Peter M. and Otis Dudley Duncan, 1967, *The American Occupational Structure*, New York: Wiley.

Bradshaw, Jonathan and Naomi Finch, 2002, "A Comparison of Child Benefit Packages in 22 Countries," *Department for Work and Pensions Research Report*, No. 174.

Breen, Richard, 2004, *Social Mobility in Europe*, Oxford University Press.

Brinton, Mary C., 1993, *Women and the Economic Miracle: Gender and Work in Postwar Japan*, Berkeley: University of California Press.

Brinton, Mary C. and Hang-Yue Ngo, 1993, "Age and Sex in the Occupational Structure: A United States-Japan Comparison," *Sociological Forum*, 8(1): 93-111.

Burnstein, Gail, 1983, *Haruko's World: A Japanese Farm Women and Her Community*, Stanford University Press.

Cole, Robert E., 1979, *Work, Mobility, and Participation: A Comparative Study of American and Japanese Industry*, Berkeley: University of California Press.

Cole, Robert E. and Ken'ichi Tominaga, 1976, "Japan's Changing Occupational Structure. and Its Significance," in H. Patrick, ed., *Japanese Industrialization and Its Social Consequences*, Berkeley: University of California Press.

第一生命経済研究所, 2006, 「子育て負担と経済格差」.

Delgado, Margarita, Gerardo Meil, and Francisco Zamora Lopez, 2008, "Spain: Short on Children and Short on Family Policies," *Demographic Research*, 19(July): 1059-1104.

DiPrete, A. Thomas and Gregory M. Eirich, 2006, "Cumulative Advantage as a Mechanism for Inequality : A Review of Theoretical and Empirical Development," *Annual Review of Sociology*, 32 : 271-297.

土居健郎, 1971, 『「甘え」の構造』弘文堂.

Dorbritz, Jurgen, 2008, "Germany : Family Diversity with Low Actual and Desired Fertility," *Demographic Research*, 19 (July) : 557-598.

Dore, Ronald, 1973, *British Factory – Japanese Factory*, Berkeley : University of California Press.

Duncan, Otis Dudley and Beverly Duncan, 1955, "A Methodological Analysis of Segregation Indexes," *American Sociological Review*, 20 (April) : 210-217.

Ekert-Jaffe, O., H. Joshi, K. Lynch, R. Mougin, and M. Rendall, 2002, "Fertility, Timing of Birth and Socio-economic Status in France and Britain : Social Policies and Occupational Polarization," *Population*, 57 (3) : 475-507.

Elder, H. Glen Jr., 1974, *Children of the Great Depression : Social Change in Life Experience*, Chicago : University of Chicago Press.

Erikson, Robert and John H. Goldthorpe, 1992, *Constant Flux*, Oxford : Clarendon Press.

Esping-Andersen, Gøsta, 1999, *Social Foundations of Postindustrial Economies*, Oxford : Oxford University Press.

European Industrial Relations Observatory, 2004, "Survey Reveals Lack of Agreements on Egual Opportunities," (23 July).

Ezawa, Aya and Chisa Fujiwara, 2005, "Lone Mothers and Welfare-to-work Policies in Japan and the United States : Towards an Alternative Perspective," *Journal of Sociology and Social Welfare*, XXXII (4) : 41-63.

Featherman, David L., Frank L. Jones, and Robert M. Hauser, 1975, "Assumptions of Mobility Research in the United States : the Case of Occupational Status," *Social Science Research*, 4 : 329-360.

藤原千沙, 2003, 「母子世帯の就業状況——調査結果から得られる知見」日本労働研究機構調査研究報告書『母子世帯への母への就業支援に関

する研究』pp. 177-211.

Furstenberg, Frank F. Jr., Ruben G. Rumbaut, and Richard A. Settersten Jr., 2005, "On the Frontier of Adulthood Emerging Themes and New Directions," in F. F. Furstenberg Jr. *et al.*, eds., *On the Frontier of Adulthood: Theory, Research, and Public Policy*, Chicago: University of Chicago Press.

古郡鞆子, 1997, 『非正規労働の経済分析』東洋経済新報社.

玄田有史, 2001, 『仕事のなかの曖昧な不安――揺れる若年の現在』中央公論新社.

玄田有史・曲沼美恵, 2004, 『ニート――フリーターでもなく失業者でもなく』幻冬舎.

Glen, Elder, 1974, *Children of the Great Depression*, Chicago: University of Chicago Press.

Goldin, Claudia, 1990, *Understanding the Gender Gap: An Economic History of American Women*, Oxford: Oxford University Press.

Goodman, Roger, Gordon White, and Huck-ju Kwon, eds., 1998, *The East Asian Welfare Model: Welfare Orientalism and the State*, London: Routledge.

Grusky, David B. and Maria Charles, 1998, "The Past, Present, and Future of Sex Segregation Methodology," *Demography*: 35-504.

Hall, G. Stanley, 1904, *Adolescence: Its Psychology and its Relations to Physiology, Anthropology, Sociology, Sex, Crime, Religion and Education, Volume 1 & 2*, New York: D. Appleton & Co.

濱島朗・渡辺益男・菊地美代志・刺使河原勝男・佐藤郡衛, 1983, 「中流意識の構造と動態に関する実証研究」『東京学芸大学紀要』第35集.

原純輔, 1990, 「序論 階層意識研究の課題」原純輔編『日本の階層構造2 階層意識の動態』東京大学出版会, pp. 1-21.

原田純孝, 1988, 「『日本型福祉社会』論の家族像」東京大学社会科学研究所編『転換期の福祉国家』(下) 東京大学出版会.

原田純孝, 2000, 「フランスにおける『連帯民事契約=PACS』制度の成立」国際長寿センター編『少子化対策に関する国際比較研究報告書』国際長寿センター, pp. 159-172.

樋口美雄, 1991, 『日本経済と就業行動』東洋経済新報社.

樋口美雄, 1994, 「育児休業の実証分析」社会保障研究所編『現代家族

と社会保障――結婚・出生・育児』東京大学出版会,pp. 181-204.

樋口美雄,2001,『雇用と失業の経済学』日本経済新聞社.

廣嶋清志,1991,「近年における親との同居と結婚――最近の親子同居の人口学的分析」『人口問題研究』第47巻第3号:53-70.

廣嶋清志,2000,「近年の合計特殊出生率の要因分解――夫婦出生率は寄与していないのか?」『人口問題研究』第26号:1-19.

Hogan, Dennis P. and Nan Marie Astone, 1986, "Transition to Adulthood," *Annual Review of Sociology*, 16: 109-130.

本田由紀・内藤朝雄・後藤和智,2006,『「ニート」って言うな!』光文社.

黄玫玲(廖敏淑・上村泰裕訳),2003,「台湾における国民年金制度の計画」東京大学社会科学研究所研究プロジェクト報告資料:113-127.

今田幸子,1996,「女子労働と就業継続」『日本労働研究機構雑誌』第433号:37-48.

今田幸子・池田心豪,2006,「出産女性の効用継続における育児休業制度の効果と両立支援の課題」『日本労働研究雑誌』553号:34-44.

今田高俊,1989,『社会階層と政治』東京大学出版会.

今田高俊・原純輔,1979,「社会的地位の一貫性と非一貫性」富永健一編『日本の階層構造』東京大学出版会,pp. 161-197.

Ishida, Hiroshi, 1993, *Social Mobility in Contemporary Japan*, Stanford: Stanford University Press.

石田浩,2003,「社会階層と階層意識の国際比較」樋口美雄・財務省財務総合政策研究所編『日本の所得格差と社会階層』日本評論社,pp. 105-126.

石田浩・三輪哲・山本耕資・大島真夫,2007,『仕事・健康・希望――「働き方とライフスタイルの変化に関する全国調査」の結果から』東京大学社会科学研究所パネル調査プロジェクト ディスカッションペーパーシリーズ,No. 2.

石川達哉,2007,「国際比較でみる所得格差と高齢化の動向」『ニッセイ基礎研究所・経済調査レポート』No. 23007-03.

石川経夫,1991,『所得と富』岩波書店.

石川経夫編,1994,『日本の所得と富の分配』東京大学出版会.

岩間暁子,2008,『女性の就業と家族のゆくえ――格差社会のなかの変容』東京大学出版会.

岩間暁子／ユ・ヒョヂョン編, 2007, 『マイノリティとは何か——概念と政策の比較社会学』ミネルヴァ書房.

岩澤美帆, 2002, 「近年の期間 TFR 変動における結婚行動および夫婦の出生行動の変化の寄与について」『人口問題研究』第 58 巻：14-44.

岩田正美, 2004, 「デフレ不況下の『貧困の経験』」樋口美雄・太田清・家計経済研究所編『女性たちの平成不況』日本経済新聞社, pp. 203-233.

岩田正美, 2007, 『現代の貧困——ワーキングプア／ホームレス／生活保護』筑摩書房.

出雲祐二, 2007, 「フランスの所得格差と RMI」『海外社会保障研究』No. 159：48-58.

Jacobs, Jerry A. and Suet T. Lim, 1992, "Trends in Occupational and Industrial Sex Segregation in 56 Countries, 1960-1980," *Work and Occupations*, 19：450-486.

自由民主党, 1979, 『日本型福祉社会』自由民主党広報委員会出版局.

Jones, Gill, 2002, *The Youth Divide*, London：Joseph Rowntree Foundation.

Jones, Gill and Claire Wallace, 1992, *Youth, Family and Citizenship*, Philadelphia：Open University Press.

Joshi, Heather and Pierella Paci, 1998, *Unequal Pay for Women and Men：Evidence from the British Birth Cohort Studies*, Cambridge：MIT Press.

金子隆一, 2004, 「少子化家庭における夫婦出生力低下と晩婚化, 高学歴化, および出生行動変化効果の測定」『人口問題研究』第 60 号：37-54.

Kangas, Olli and Joakim Palme, 2000, "Does Social Policy Matter? Poverty Cycles in the OECD Countries," *International Journal of Health Services*, 30：335-352.

鹿又伸夫, 1999, 「所得格差と所得決定の変化」『日本労働研究雑誌』第 472 号：17-25.

春日井典子, 1997, 『ライフコースと親子関係』行路社.

川島武宜, 1950, 『日本社会の家族的構成』日本評論社.

川島武宜, 1967, 『日本人の法意識』岩波書店.

Kerr, Clark, 1983, *The Future of Industrial Societies：Convergence or*

Continuing Diversity? Cambridge: Harvard University Press.

Kerr, Clark, John T. Dunlop, Frederick H. Harbison, and Charles A. Myers, 1960, *Industrialism and Industrial Man*, Cambridge: Harvard University Press.

Kingston, Peter, 2004, "Neet Generation," *Gardian*, Nov. 2.

岸本重陳, 1978, 『「中流」の幻想』講談社.

北村行伸・坂本和靖, 2002, 「結婚の意思決定に関するパネル分析」一橋大学経済研究所, *PIE Discussion Paper*, No. 109.

小林美希, 2008, 『ルポ"正社員"の若者たち――就職氷河期世代を追う』岩波書店.

こども未来財団, 2003, 「子育てコストに関する調査研究 概要版」『平成14年度 児童環境づくり等総合調査研究事業報告書』.

小原美紀, 2001, 「専業主婦は裕福な家庭の象徴か？――妻の就業と所得不平等に税制が与える影響」『日本労働研究雑誌』No. 493：15-29.

小池和男, 1993, 『アメリカのホワイトカラー』東洋経済新報社.

小池和男, 1994, 『日本の雇用システム』東洋経済新報社.

国立社会保障・人口問題研究所, 1999, 「第3回世帯動態調査 結果の概要」.

国立社会保障・人口問題研究所, 2006a, 『第13回出生動向基本調査 結婚と出産に関する全国調査 夫婦調査の結果概要』.

国立社会保障・人口問題研究所, 2006b, 『第5回世帯動態調査 結果の概要』.

国立社会保障・人口問題研究所, 2006c, 『第3回全国家庭動向調査 結果の概要』.

国立社会保障・人口問題研究所, 2007, 『人口統計資料集 2007年度』.

国立社会保障・人口問題研究所, 2008, 『人口統計資料集 2008年度』.

Kolinsky, Eva, 1992, "Women in the New Germany: The East-West Divide," in G. Smith, P. Paterson, P. Merkl, and S. Padgett, eds., *Developments in German Politics*, Durham: Duke University Press, pp. 264-280.

Korpi, Walter and Joakim Palme, 1998, "The Paradox of Redistribution and Strategies of Equality: Welfare State Institutions Inequality and Poverty in Western Countries," *American Sociological Review*, Vol. 63, No. 5: 661-687.

厚生労働省（旧厚生省），1998，『厚生白書　平成 10 年度版——少子社会を考える』．
厚生労働省，2003，『第 1 回 21 世紀出生児縦断調査　結果の概要』．
厚生労働省，2006，『「出生に関する統計」の概況——人口動態統計特殊報告』．
厚生労働省，2007a，『平成 18 年度　全国母子世帯等調査　結果報告』．
厚生労働省，2007b，『労働経済白書』．
厚生労働省，2007c，『「平成 18 年度女性雇用管理基本調査」調査結果の概要』．
厚生労働省，2007d，『保育所の状況等について』．
厚生労働省，2008a，『「賃金構造基本統計調査」調査結果の概要』．
厚生労働省，2008b，『第 6 回 21 世紀出生児縦断調査結果の概況』．
厚生労働省，2008c，『保育所の状況（平成 20 年 4 月 1 日）等について』．
小杉礼子，2003，『フリーターという生き方』勁草書房．
Koyano, Wataru, Michio Hashimoto, Tetsuo Fukawa, Hiroshi Shibata, and Atsuaki Gunji, 1994, "Social Support System of the Japanese Elderly," *Journal of Cross-Cultural Gerontrogy*, Vol. 9(3) : 323-333.
國崎稔，2006，「イタリアにおける地方財政制度の現状について」『平成 17 年度比較地方自治研究会調査研究報告書』財団法人自治体国際化協会，pp. 165-181.
黒澤昌子・玄田有史，2001，「学校から職場へ——『七・五・三』転職の背景」『日本労働研究雑誌』第 490 号：4-18.
Kwon, Huch-ju, 2001, "Income Transfers to the Elderly in Korea and Taiwan," *Journal of Social Policy*, 30(1) : 81-93.
Leira, Arnlaug, 1993, "The 'Women-friendly' Welfare State? : The Case of Norway and Sweden," in J. Lewis, ed., *Women and Social policies*, Edward Slgar, pp. 49-71.
Lesthaeghe, Ron J., 1995, "The second demographic transition in Western countries: An interpretation," in K. O. Mason and A.-M. Jensen, eds., *Gender and Family Change in Industrialized Countries*, Oxford, Clarendon Press, pp. 17-62.
Lewis, Jane, 1992, "Gender and Welfare Regimes," *Journal of European Social Policy*, 2(3) : 159-171.

Lewis, Jane, 2001, "Family Change and Lone Parents as a Social Problem," in M. Mary, R. Page, and E. Brunsdon, eds., *Understanding Social Problems: Issues in Social Policy*, Oxford: Blackwell Publishing, pp. 37-54.

Lewis, Jane, 2006, "Gender and Welfare in Modern Europe," *Past and Present*, 1(supplement): 39-54.

Lipset, Seymour M. and Hans L. Zetterberg, 1959, "Social Mobility in Industrial Societies," in S. M. Lipset and R. Bendix, eds., *Social Mobility in Industrial Society*, Berkeley: University of California Press, pp. 11-75.

間々田孝夫,1990,「階層帰属意識」原純輔編『日本の階層構造2 階層意識の動態』東京大学出版会,pp. 23-45.

眞鍋倫子,1999,「20歳代における就労中断と結婚・出産」岩井八郎編『ジェンダーとライフコース』(SSM調査報告シリーズ No. 13) 1995年SSM調査研究会,pp. 31-45.

眞鍋倫子,2005,「夫の収入と妻の就業の関係の変化――その背景と帰結」『東京学芸大学紀要』(第1部門,教育科学)Vol. 56:71-78.

Martin, Linda, and Noriko Tsuya, 1991, "Interactions of Middle-aged Japanese with their Parents," *Population Studies*, Vol. 45(2): 299-311.

正岡寛司ほか編,1990,『昭和期を生きた人びと――ライフコースのコーホート分析』(早稲大学人間総合研究センター研究シリーズ2) 早稲田大学人間総合研究センター.

Mason, Andrew and Sang-Hyop Lee, 2004, "Population Aging and the Extended Family in Taiwan: a New Model for Analyzing and Projecting Living Arrangements," *Demographic Research*, Vol. 10, Article 8: 197-230.

松田茂樹,2008,『何が育児を支えるのか――中庸なネットワークの強さ』勁草書房.

松浦克己・滋野由紀子,1996,『女性の就業と富の分配』日本評論社.

松浦克己・白波瀬佐和子,2002,「既婚女性の就業決定と子育て――これからの社会保障政策に向けて」『季刊社会保障研究』第38巻第3号:188-198.

Matysiak, Anna and Stephanie Steinmetz, 2008, "Finding Their

Way? Female Employment Patterns in West Germany, East Germany, and Poland," *European Sociological Review*, 24(3): 331-346.

Mayer, U. Karl, 2005, "Life Courses and Life Chances in a Comparative Perspective," in S. Svallfors, ed., *Analyzing Inequalities in Comparative Perspective*, Stanford: Stanford University Press, pp. 17-55.

Merton, Robert K., 1973, "The Matthew Effect in Science," in N. W. Storer, ed., *the Sociology of Science*, Chicago: University of Chicago Press, pp. 267-278.

南亮進,2007,「所得分布の戦前と戦後を振り返る」『日本労働研究雑誌』no. 562(May): 33-40.

光岡浩二,2001,『日本農村の女性たち――抑圧と差別の歴史』日本経済評論社.

宮本みち子,1996,「ポスト産業社会の若者のゆくえ――現代日本の若者をどうとらえるか」ジョーンズ・ウォーレス著(宮本みち子監訳)『若者はなぜ大人になれないのか』新評論.

宮本みち子,2000,「少子・未婚社会の親子――現代における『大人になること』の意味と形の変化」藤崎宏子編『親と子――交錯するライフコース』ミネルヴァ書房,pp. 183-210.

宮本みち子・岩上真珠・山田昌弘,1997,『未婚化社会の親子関係――お金と愛情にみる家族のゆくえ』有斐閣.

文部科学省,2008,『文部科学統計要覧』国立印刷局.

Mookherjee, Dilip and Anthony Shorrocks, 1982, "A Decomposition Analysis of the Trend in UK Income Inequality," *The Economic Journal*, 92(December): 886-902.

森朋也,2006,「イタリアにおける少子化と少子化対策」樋口美雄・財務省財務総合政策研究所編著『少子化と日本の経済社会』日本評論社,pp. 193-214.

森岡清美,2005,『発展する家族社会学――継承・摂取・創造』有斐閣.

森岡清美・青井和夫編,1987,『現代日本人のライフコース』日本学術振興会.

森岡清美・望月嵩,1987,『新しい家族社会学』培風館.

森岡孝二,2005,『働きすぎの時代』岩波書店.

村上泰亮,1977,「新中間階層の現実性」『朝日新聞』1977年5月20日.

村上泰亮, 1984, 『新中間大衆の時代――戦後日本の解剖学』中央公論社.

永瀬伸子, 1994, 「既婚女性の雇用形態の選択に関する実証分析――パートと正社員」『日本労働研究雑誌』第 418 号: 31-42.

永瀬伸子, 2001, 「子どもコストの推計――家計および資産面からの分析」『人口学研究』第 28 号: 1-15.

内閣府政策統括官(共生社会政策担当), 2006, 『少子化社会に関する国際意識調査報告』.

中根千枝, 1967, 『タテ社会の人間関係――単一社会の理論』講談社.

中尾啓子, 2002, 「階層帰属意識と生活意識」『理論と方法』17 巻 2 号: 135-149.

中田喜文, 2002, 「男女間賃金格差は縮小したのか」『日本労働研究雑誌』第 501 号: 81-84.

直井道子, 1979, 「階層意識と階級意識」富永健一編『日本の階層構造』東京大学出版会, pp. 365-388.

Narayan, Paresh Kumar, 2006, "Determinants of Female Fertility in Taiwan, 1966-2001: Empirical Evidence from Cointegration and Variance Decomposition Analysis," *Asian Economic Journal*, 20(4): 393-407.

日本労働研究機構欧州事務所, 2003, 『フランスの家族政策, 両立支援政策及び出生率上昇の背景と要因』(特別レポート, Vol. 5).

西岡八郎, 2003, 「南欧諸国の低出生率と子育て支援策の展開」『人口問題研究』第 59 巻第 3 号: 43-61.

西岡八郎・鈴木秀・小山泰代・清水昌人・山内昌和, 2006, 「現代日本の世帯変動――第 5 回世帯動態調査(2004 年)の結果より」『人口問題研究』第 62 巻第 3 号: 51-76.

西崎文平・山田泰・安藤栄祐, 1998, 『日本の所得格差』経済企画庁経済研究所.

North, Douglass C., 1991, *Institutions, Institutional Changes, and Economic Performance*, New York: Cambridge University Press.

Notestein, Frank, 1945, "Population: The Long View," in T. T. Schultz, ed., *Food for the World*, Chicago: University of Chicago Press, pp. 36-57.

大淵寛, 2004, 「日本の少子化・世界の少子化」大淵寛・高橋重郷編著

『少子化の人口学』原書房, pp. 1-14.

落合恵美子, 1994, 『21世紀家族へ——家族の戦後体制の見かた・超えかた』有斐閣.

落合恵美子, 2000, 『近代家族の曲がり角』角川書店.

尾高邦雄, 1984, 『日本的経営——その神話と現実』中央公論社.

OECD, 2005, *Extending Opportunities: How Active Social Policies Can Benefit Us All*, Paris: OECD.

OECD, 2007, *Pensions at a Glance: Public Policies across OECD Countries*, Paris: OECD.

大日向雅美, 2000, 『母性愛神話の罠』日本評論社.

Ohkouchi, Kazuo, Bernard Karsh, and Solomon B. Levine, eds., 1973, *Workers and Employers in Japan: The Japanese Employment Relations System*, Tokyo: University of Tokyo Press.

Olah, Livia and Eva Bernhardt, 2008, "Sweden: Combining Childbearing and Gender Equality," *Demographic Research*, 19 (July): 1105-1144.

大沢真知子, 1993, 『経済変化と女子労働』日本経済評論社.

大沢真知子, 2006, 『ワークライフバランス社会へ——個人が主役の働き方』岩波書店.

大沢真理, 1993, 『企業中心社会を超えて』時事通信社.

大沢真理, 2002, 『男女共同参画社会をつくる』日本放送出版協会.

大沢真理, 2007, 『現代日本の生活保障システム——座標とゆくえ』岩波書店.

太田清, 2000, 「国際比較からみた日本の所得格差」『日本労働研究雑誌』No. 480: 33-40.

太田清, 2005, 「フリーターの増加と労働所得格差の拡大」*ESRI*（内閣府経済社会総合研究所）*Discussion Paper Series*, No. 140.

太田清・坂口尚文, 2007, 「日本における所得階層・格差の固定性——欧米諸国との比較」『季刊家計経済研究』第75号: 64-70.

太田聡一, 2000, 「若者の転職志向は高まっているのか」『エコノミックス』2, 東洋経済新報社: 74-85.

太田聡一, 2002, 「若年失業の再検討」玄田有史・中田喜文編『リストラと転職のメカニズム』東洋経済新報社, pp. 249-275.

大竹文雄, 2000, 「90年代の所得格差」『日本労働研究雑誌』No. 480:

2-11.

大竹文雄, 2005, 『日本の不平等――格差社会の幻想と未来』日本経済新聞社.

Palme, Joakim, 2006, "Income Distribution in Sweden," *The Japanese Journal of Social Security Policy*, Vol. 5, No. 1 : 16-26.

Palme, Joakim and Irene Wennemo, 1998, "Swedish Social Security in the 1990 s : Reform and Retrenchment," The Cabinet Office and Ministry.

Palomba, Rossella, 2003, "Main Current Patterns in the Family," *Demotrends*, Instituto di Ricerche Sulla Popolazione e le Politiche Sociali.

Parisi, Lavinia, 2008, "Leaving Home and the Chances of Being Poor : the Case of Young People in Southern European Countries," Institute for Social & Economic Research, *ISER working paper series*, No. 2008-12.

Parkin, Frank, 1971, *Class Inequality and Social Order*, London : MacGibbon & K.

Parsons, Talcott and Neil J. Smelser, 1956, *Economy and Society*, London : Routledge & Kegan Paul.

Percheski, Christine, 2008, "Opting out? Cohort Differences in Professional Women's Employment Rates from 1960 to 2005," *American Sociological Review*, 73(3) : 497-517.

Pierson, Paul, ed., 2001, *The New Politics of the Welfare State*, New York : Oxford University Press.

Reischawer, Edwin O., 1977, *The Japanese Today*, Cambridge : Harvard University Press.

Reskin, Barbara F., ed., 1984, *Sex Segregation in the Workplace : Trends, Explanations, Remedies*, Washington D.C. : National Academy Press.

Roos, Patricia A., 1985, *Gender and Work : A Comparative Analysis of Industrial Societies*, New York : State University of New York Press.

Rose, Alessandra De, Filomena Racioppi, and Anna Laura Zanatta, 2008, "Italy : Delayed Adaptation of Social Institutions to Cha-

nges in Family Behavior," *Demographic Research*, 19 (July) : 665-704.
Rosenfeld, Rachel A., 1984, "Job Changing and Occupational Sex Segregation : Sex and Race comparisons," in Barbara F. Reskin, ed., *Sex Segregation in the Workplace: Trends, Explanations, Remedies*, Washington D.C.: National Academy Press, pp. 56-86.
Rossi, Alice S., 1985, *Gender and the Life Course*, Aldine Transaction.
Rowntree, Benjamin Seebohm, 1901, *Poverty, A Study of Town Life*, London: Macmillian and Co.
堺屋太一, 1976, 『団塊の世代』文藝春秋.
坂本和靖, 2004, 「優雅な『パラサイト・シングル』像が変容」樋口美雄・太田清・家計経済研究所編『女性たちの平成不況』日本経済新聞社, pp. 87-115.
佐野陽子編, 1972, 『女子労働の経済学』日本労働協会.
佐藤俊樹, 2000, 『不平等社会日本──さよなら総中流』中央公論新社.
Sawyer, Malcolm, 1976, "Income Distribution in OECD Countries," *OECD Employment Outlook*.
清家篤・山田篤裕, 2004, 『高齢者就業の経済学』日本経済新聞社.
盛山和夫, 1990, 「中意識の意味──階層帰属意識の変化の構造」『理論と方法』5巻2号: 51-72.
盛山和夫, 2003, 「階層再生産の神話」樋口美雄・財務省財務総合政策研究所編著『日本の所得格差と社会階層』日本評論社, pp. 85-103.
Semyonov, Moshe, 1980, "Social Context of Women's Labor Force Participation: A Comparative Analysis," *American Journal of Sociology*, 86 (November) : 534-550.
滋野由紀子・大日康史, 1997, 「女性の結婚選択と就業選択に関する一考察」『季刊家計経済研究』第36巻: 61-71.
篠塚英子, 1982, 『日本の女子労働──揺さぶられる経済基盤』東洋経済新報社.
篠崎武久, 2001, 「1980-90年代の賃金格差の推移とその要因」『日本労働研究雑誌』第494号: 2-15.
Shirahase, Sawako, 1995, "Diversity in Female Work: Female Part-time Workers in Contemporary Japan," *The American Asian Re-*

view, 13: 257-282.

Shirahase, Sawako, 1997, "Women in the Labour Market: Mobility and Work Life in Japan," Unpublished D.Phil thesis submitted to University of Oxford.

白波瀬佐和子, 1998,「西欧諸国の家族政策からみた育児支援対策」『子ども家庭福祉情報』第14号：31-36.

白波瀬佐和子, 2002a,「日本の所得格差と高齢者世帯――国際比較の観点から」『日本労働研究雑誌』第500号：72-85.

白波瀬佐和子, 2002b,「少子高齢化と男女共同参加社会」金子勇編著『高齢化と少子社会』ミネルヴァ書房, pp. 73-98.

白波瀬佐和子, 2003a,「福祉国家レジームと世帯内性別役割分業――ジェンダーからみた比較国家試論」『海外社会保障研究』第142号：65-77.

白波瀬佐和子, 2003b,「日米の働く母親と子育て支援――福祉国家と家族の関係を探る」『海外社会保障研究』第143号：93-106.

白波瀬佐和子, 2004,「親子の間に存在するジェンダー――親と同居の成人未婚子の現状」袖井孝子編著『少子化社会の家族と福祉――女性と高齢者の視点から』ミネルヴァ書房, pp. 147-158.

白波瀬佐和子, 2005a,『少子高齢社会のみえない格差――ジェンダー・世代・階層のゆくえ』東京大学出版会.

白波瀬佐和子, 2005b,「母親就労の位置づけに関する国際比較研究――男女ともに働きやすい社会を目指して」橘木俊詔編『現代女性の労働・結婚・子育て』ミネルヴァ書房, pp. 97-126.

白波瀬佐和子, 2005c,「高齢社会にみる格差――高齢層における所得格差と支援ネットワークに着目して」『社会学評論』第56巻第1号：74-92.

白波瀬佐和子, 2005d,「単身・一人親世帯で格差大」『日本経済新聞』（経済教室）2005年9月15日.

白波瀬佐和子, 2005e,「高齢期をひとりで暮らすということ」『季刊社会保障研究』第41巻第2号：111-121.

白波瀬佐和子, 2006a,「不平等化日本の中身」白波瀬佐和子編『変化する社会の不平等』東京大学出版会, pp. 47-78.

Shirahase, Sawako, 2006b, "Trends in Income Inequality: a Sociologist's Perspective," *Japan Labor Review*, 3(4): 76-94.

白波瀬佐和子, 2006c, 「社会的支援」内閣府政策統括官 (共生社会政策担当)『少子化社会に関する国際意識調査報告書』pp. 153-168.

白波瀬佐和子, 2006d, 「日本と各国の比較 2 日・米比較」内閣府政策統括官 (共生社会政策担当)『少子化社会に関する国際意識調査報告書』pp. 189-207.

白波瀬佐和子, 2006e, 「再考・日本の格差」『日本経済新聞』(やさしい経済学) 2006 年 12 月 5-20 日.

白波瀬佐和子, 2007a, 「経済格差に関する国際比較」『厚生労働科学研究費補助金政策科学推進研究事業 少子高齢社会の社会経済的格差に関する国際比較研究報告書』pp. 5-29.

白波瀬佐和子, 2007b, 「アメリカの子育て支援――高い出生率と限定的な家族政策」『海外社会保障研究』第 160 号: 99-110.

白波瀬佐和子, 2007c, 「平等感の高まり――人々の意識の背後にあるもの」岡澤憲芙・連合総合生活開発研究所編『福祉ガバナンス宣言』日本経済評論社, pp. 65-85.

Shirahase, Sawako, 2007d, "Women's Economic Status and Fertility: Japan in Cross-national Perspective," in Frances M. Rosenbluth, ed., *The Political Economy of Japan's Low Fertility*, Stanford: Stanford University Press, pp. 36-59.

白波瀬佐和子, 2008a, 「子どものいる世帯の経済格差に関する国際比較」『社会政策学会誌』第 19 号: 3-20.

白波瀬佐和子, 2008b, 「少子化社会における階層結合としての結婚――これからの社会階層論を探る」高田洋編『2005 年 SSM 調査シリーズ 2 階層・階級構造と地位達成』2005 年 SSM 調査研究会, pp. 63-81.

Shirahase, Sawako and Hiroshi Ishida, 1994, "Gender Inequality in Occupational Structure in Japan, Great Britain, and the United States," *International Journal of Comparative Sociology*, XXXV (3-4): 188-206.

白波瀬佐和子・大石亜希子・清野仁子, 2001, 「世帯の中の未婚子――『世帯内単身者に関する実態調査』から」『季刊社会保障研究』第 37 巻第 3 号: 297-306.

白波瀬佐和子・竹内俊子, 2008, 「世の中はどの程度不平等化したのか――ジニ係数の比較分析」厚生労働科学研究費補助金政策科学推進研究事業『少子高齢社会の社会経済的格差に関する国際比較研究 平成

18年度総括研究報告書』pp. 369–384.

Sigle-Rushton, Wendy, 2008, "England and Wales: Stable Fertility and Pronounced Social Status Differences," *Demographic Research*, 19(July): 455–502.

Smeeding, Timothy and Peter Saunders, 1998, "How Do the Elderly in Taiwan Fare Cross-Nationally? Evidence from the Luxembourg Income Study (LIS) Project," *LIS Working Paper*, no. 183.

Smeeding, Timothy and Ross K. Phillips, 2002, "Cross-national Differences in Employment and Economic Sufficiency," *Annals of the American Association of Political and Social Science*, No. 580: 103–133.

総務省, 2004, 『第14回就業構造基本調査報告書』.

総務省統計局, 2006, 『平成17年国勢調査 抽出速報 結果の概要』.

Sorokin, Pitirim A., Carle C. Zimmerman, and Charles J. Galpin, 1931, *A Systematic Source Book in Rural Sociology Volume II*, Minneapolis: University of Minnesota Press.

Sorrentino, Constrance, 1971, "Comparing Employment Shifts in 10 Industrial Countries," *Monthly Labor Review*, October: 3–11.

鈴木栄太郎, 1940, 『日本農村社会学原理』日本評論社.

鈴木栄太郎, 1942, 「日本人家族の世代的発展に於ける周期的律動性について」戸田貞三・鈴木栄太郎監修『家族と村落』(第2輯) 日光書院 (1978年, 御茶の水書房).

Suzuki, Toru, 2001, "Leaving the Parental Household in Contemporary Japan," *Review of Population and Social Policy*, No. 10: 23–35.

鈴木透, 2003, 「離家の動向・性差・決定因」『人口問題研究』第59巻第4号: 1–18.

橘木俊詔, 1998, 『日本の経済格差』岩波書店.

橘木俊詔, 2006, 『格差社会――何が問題なのか』岩波書店.

橘木俊詔・八木匡, 1994, 「所得分配の現状と最近の推移」石川経夫編『日本の所得と富の分配』東京大学出版会.

Taiwan, Directorate-General of Budget, Accounting and Statistics, 2006, *Statistical Yearbook of the Republic China*.

高山憲之・小川宏・吉田浩・有田富美子・金子能宏・小島克久, 2000, 「結婚・育児の経済コストと出生率」『人口問題研究』第56号第4

巻:1-18.
武川正吾,2004,「福祉国家と個人化」『社会学評論』54(4):322-339.
武川正吾,2006,「比較福祉国家研究における日韓比較の意義」武川正吾／イ・ヘギョン編『福祉レジームの日韓比較』東京大学出版会,pp. 1-11.
武川正吾,2007,『連帯と承認——グローバル化と個人化のなかの福祉国家』東京大学出版会.
Tang, Ning and Christine Cousins, 2008, "Working Time, Gender and Family: An East-West European Comparison," *Gender, Work, & Organization*, 12(6): 527-550.
富永健一,1977,「社会階層構造の現状」『朝日新聞』1977年7月14日.
富永健一編,1979,『日本の階層構造』東京大学出版会.
冨田安信,2005,「大卒女性のキャリアと昇格——男女差と結婚・出産の影響」橘木俊詔編著『現代女性の労働・結婚・子育て』ミネルヴァ書房,pp. 167-183.
Toulemon, Laurent, Ariane Pailhe, and Clementine Rossier, 2008, "France: High and Stable Fertility," *Demographic Research*, 19 (July): 503-556.
Treiman, Donald, 1970, "Industrialization and Social Stratification," in E. O. Laumann, ed., *Social Stratification: Research and Theory for the 1970s*, Indianapolis: Bobbs-Merrill, pp. 207-234.
Turner, Jonathan H. and Charles E. Starnes, 1976, *Inequality: Privilege and Poverty in America*, Santa Monica: Goodyear Publishing Co.
Tyre, Peg, 2002, "Millions of Americans in their 20s and 30s are still Supported by their Parents. The Me Generation is Raising the Mini-Me Generation," *Newsweek*, 2002, March 25.
上野千鶴子,1990,『家父長制と資本制』岩波書店.
上野千鶴子,2007,『おひとりさまの老後』法研.
Van De Kaa, Dirk J., 1987, "Europe's Second Demographic Transition," *Population Bulletin*, 42(1).
Vogel, Ezra, 1979, *Japan as Number One*, Cambridge: Harvard University Press.
脇坂明,2006,「ファミリー・フレンドリーな企業・職場とは——均等

や企業業績との関係」『家計経済研究』No. 71, 家計経済研究所：17-28.
Weber, Max, 1946, *From Max Weber: Essays in Sociology*, edited and translated by H. Gerth and C. W. Mills, New York: Oxford University Press.
White, Mary, 1987, *The Japanese Educational Challenge: A Commitment to Children*, New York: Free Press.
Whiteford, Peter and Edward Whitehouse, 2006, "Pension Challenges and Pension Reforms in OECD Countries," *Oxford Review of Economic Policy*, Vol. 22(1): 78-94.
山田昌弘, 1999, 『パラサイト・シングルの時代』筑摩書房.
山田昌弘, 2004a, 『希望格差社会──「負け組」の絶望感が日本を引き裂く』筑摩書房.
山田昌弘, 2004b, 「家族の個人化」『社会学評論』第 154 巻 (4): 341-354.
山口一男・樋口美雄編, 2008, 『論争 日本のワーク・ライフ・バランス』日本経済新聞社出版.
山口雅生, 2006, 「正規-パート間賃金格差拡大のマクロ的要因」『日本労働研究雑誌』第 554 号: 94-107.
Yashiro, Naohiro, 1997, "The Economic Position of the Elderly in Japan," in M. D. Hurd and N. Yashiro, eds., *The Economic Effects of Aging in the United States and Japan*, Chicago: University of Chicago Press, pp. 89-106.
Yashiro, Naohiro and Takashi Oshio, 1999, "Social Security and Retirement in Japan," in J. Gruber and D. A. Wise, eds., *Social Security and Retirement around the World*, Chicago: University of Chicago Press, pp.239-267.
安田三郎, 1971, 『社会移動の研究』東京大学出版会.
湯浅誠, 2008, 『反貧困──「すべり台社会」からの脱出』岩波書店.
湯澤直美, 2004, 「日本における母子世帯の現代的態様と制度改革」『立教大学コミュニティ福祉学部紀要』第 6 号: 45-66.

あとがき

　本格的な国際比較研究に初めてふれたのは，他でもない，オックスフォード大学院に入学したころである．考えてみると，かれこれもう20年も前のことになる．比較可能性の高いデータをもって国際比較をすることの意味を熱く語り，社会学の一般理論を検証するために国際比較研究がいかに有益であるか議論する研究者たちを目の当たりにして，これはすごいぞと思ったのを今でも覚えている．何がすごいと思ったのか．簡単に説明することはできないが，国を超えた社会学理論をめざした実証研究を大規模に展開することのすごさ，とでもいったらよいだろうか．いま，欧米の関心が中国，インドに向いているように，経済的奇跡を成し遂げた日本は1980年代，欧米から驚きと好奇のまなざしを注がれていた．日本の特殊性が強調され，日本が特殊であることの暗黙の了解のうえに，日本研究が進められた．そんな風潮に，私は少なからぬ違和感と疑いをもって日本の外にでた．

　日本の外から日本を見，日本の外から日本を感じ，日本でない土地で生活するなか，自分が何者であるかを日々問われることになる．あるとき，なぜ，イギリスまできて日本のことをやるのか，と尋ねられたことがある．そこで私は，「日本についてだけの研究をすることが私の最終目的ではない．日本を一事例として，社会階層という理論枠組みから不平等構造を検討していきたい」と答えた．これが博士課程に入ったばかりの頃だったことを考えると，随分生意気なことをいったものだと思う．その時以来，日本を題材にして国際比較する基本的なスタンスは変わっていない．日本であろうが，イギリスであろうが，

アメリカであろうが，そこに生きる人びとの生活の営みそのものは基本的に共通する部分が多い．にもかかわらず，日本的であることを当然のこととして位置づける根拠はどこにあるのか．どこの国に生まれて，どこの国籍を持とうが，友であること，恋人であること，親であること，の基本的な意味に大きな違いはない．なのになぜ，国によって，子を産み，子を育て，年をとることに，少なからぬ違いがあるのか．さらに，どのような世の中も不平等と無縁の国はない．なぜ人びとは違いを求め，そこに格付けするのか．世の中を活性化するために必然のことなのか．それとも，自らの地位を守ることは本能的な動機づけとなるのか．これらの問いが国際比較という枠組みの中で行き来する．異なる国の違いを，その国独特の文化だといってしまえば，ある意味簡単なのかもしれない．しかし，国によって異なる，生きること，産むこと，老いることの背景にある社会の仕組みを明らかにすること，それが国際比較研究の最終的な目標である．

　異なる国々の違いを述べるのはある意味たやすく，人びとにも受け入れられやすい．しかし，共通するところがあるから違いがみえる．まったく違えば，互いの存在さえもみえてこない．本研究でも日本の違いが明らかになった部分と，欧米といえども日本と似通っている部分が明らかになった．わかったことより，わからないことがわかったことのほうが多い．しかし，本書を通して言いたかったことは，日本だからといえることは意外と少ないこと，日本は欧米と共通する社会問題をかかえていること，であった．

　親を選べないように，生まれる国を選択することもできない．その意味で，国はひとつの属性となる．しかし，その属性は単なる国の違いのみならず，社会制度や社会規範，文化的嗜好といったさまざまな要素を含む．欧米は違いすぎるからアジアとの比較のほうが望ましいという意見もある．しかし，これは，短絡的なアジア論だといわねば

ならない．アジアだからといってもその中身は多様で，アジアのある国よりも，ヨーロッパのある国との方が似通っている場合もある．どの国と比較するかによって，日本の位置も変わってくる．3つの国の比較と15の国の比較とでは，日本の位置は当然異なる．だからこそ，異なる位置づけだけに大きく左右されない，比較にあたっての分析視角が重要である．

　本書は日本と国際ミクロデータに負っている．特に，ルクセンブルグ所得データアーカイブのテクニカルサポートの方々にはお世話になった．各章の分析は早い段階で，学会やワークショップで報告し貴重なコメントをいただいた．お名前を一人一人あげることはできないが，この場を借りてお礼を申し上げたい．本書のカバーは，20年来の友人，翠さんの作品である．本書の扉を飾ってくれて，とてもうれしい．東京大学出版会の宗司光治さんにはことのほかお世話になった．遅々として原稿が進まない私を辛抱づよく励ましてくださり，気持ちよくこの本を作ることができた．心よりお礼を申しあげる．

　最後に，私の家族に感謝したい．特に，夫，浩の支えがなければ，本書を完成することができなかった．真摯な研究者であることの大切さをいつも教えてくれることに感謝する．

　人の命はどの国にいても，どの場にいても同じくらいに尊い．人が生まれて，老いていく．それをどう社会が支えてくか．このことをずっと考えてきたし，これからも取り組んでいきたいテーマである．本書を書き終えて，やっと一歩踏み出せた．

白波瀬佐和子

人名索引

A

安部由紀子 81
赤川 学 92
安藤栄祐 8
青井和夫 17
アリストテレス 9–10

B

Beller, A. 78
Benedict, R. 1
Blau, P. 14, 78
Brinton, M. 72, 159, 253
Burnstein, G. 66

C

Charles, M. 78
Cole, R. 3, 63

D

DiPrete, A. 244
土居健郎 2
Dore, R. 2
Duncan, O. 14, 78

E

Eirich, G. 244
Erikson, R. 7, 15
Esping-Andersen, G. 102, 130
Ezawa, A. 109

F

Featherman, D. 15
藤原千沙 109
古郡鞆子 81

G

玄田有史 126, 127
Goldin, C. 65
Goldthorpe, J. 7, 15
Goodman, R. 164
後藤和智 126
Grusky, D. 78

H

原 純輔 52
原田純孝 219
Hauser, R. 15
樋口美雄 163
廣嶋清志 96, 128
本田由紀 126
黄玥玲 208

I

今田幸子 68
今田高俊 52, 195
石田 浩 52, 158
Ishida, H. 7, 63, 79
石川達哉 35
石川経夫 5
岩上真珠 128
岩間暁子 106

岩澤美帆　96
岩田正美　126, 243
出雲祐二　31

J

Jones, F.　15

K

金子隆一　96
鹿又伸夫　5
川島武宜　1
Kerr, C.　14
北村行伸　129
小原美紀　107
小池和男　3
Korpi, W.　130
小杉礼子　96, 125, 127
國崎　稔　31
Kwon, H.　164

L

Lee, S.　214
Lewis, J.　102
Lipset, S.　14

M

曲沼美恵　126
間々田孝夫　52, 158
正岡寛司　17
Mason, A.　214
松浦克己　72, 107
Merton, R.　244
南　亮進　157
宮本みち子　128
望月　嵩　17
森岡清美　17
森岡孝二　126

村上泰亮　4

N

内藤朝雄　126
中根千枝　2
中尾啓子　52
中田喜文　77
直井　優　52
西岡八郎　200
西崎文平　7
North, D.　244

O

大淵　寛　16, 95
落合恵美子　63, 214
尾高邦雄　3
大日向雅美　184
Ohkouchi, K.　1
大日康史　129
大沢真知子　75, 159, 163
大沢真理　102, 159, 214
太田　清　8
太田聡一　127
大竹文雄　40, 51, 82, 195

P

Palme, J.　35, 93, 130
Parkin, F.　77
Parsons, T.　78
Pierson, P.　130
プラトン　10

R

Reischawer, E.　185
Reskin, B.　78
Rosenfeld, R.　78
Rossi, A.　65

Rowntree, B. 17

S

坂口尚文 8
坂本和靖 129
佐藤俊樹 5, 51
Sawyer, M. 4, 50
清家 篤 48, 239
盛山和夫 50, 195
滋野由紀子 129
篠塚英子 72
白波瀨佐和子 95, 107, 118, 128, 148, 173, 184, 232
Shirahase, S. 40, 72, 75, 79
Smelser, N. 78
Sorokin, P. 17
鈴木栄太郎 17
鈴木 透 129

T

橘木俊詔 5, 50
武川正吾 164, 214
富永健一 4, 15
Tominaga, K. 3, 63

Treiman, D. 14

U

上野千鶴子 219

V

Vogel, E. 2

W

Weber, M 12
Wennemo, I. 93
White, G. 164

Y

山田篤裕 48, 239
山田昌弘 127, 214
山田 泰 7
山口一男 163
安田三郎 7
湯浅 誠 126
湯澤直美 109

Z

Zetterberg, H. 14

事項索引

ア

一億総中流社会論　50, 194
意識
　　——の分散　252
　　——の未分化　185
1.57ショック　25, 91
移動
　絶対的——　15
　相対的——　15
M字型就労パターン　66

カ

階層　12
　　——帰属意識　52
　　——の固定化　51
格差拡大論　194
学歴別就業率　72
家計の管理　185
家計補助　82
可処分所得　266
家族給付　165
家族主義型福祉国家　169
家族の個人化　214
稼動所得割合　213
完結出生児数　96
既婚女性の主婦化　63
近代化理論　14
経路依存性　244
小泉政権　51
高学歴
　　——女性の専業主婦割合　253
　　——同士の子育て費用　118
合計特殊出生率　25, 91
公的年金制度　203
後発型産業国家　7
高齢化と不平等化　40
高齢者
　　——関連支出の対GDP比　196
　　——就労　211
　　——のいる世帯　199, 222
　　——のいる世帯の所得格差　211
高齢世帯主
　　——世帯　222
　　——世帯の貧困率　227, 238
　　——割合　198, 224
高齢ひとり暮らしの経済リスク　232
子育てコスト　96
子育て支援ニーズの階層差　114
子ども
　　——のいる世帯　97, 103
　　——の有無別既婚女性就労率　102

サ

3歳児神話　184
参入最低所得　31
ジェンダー
　　——意識の非階層性　173
　　——格差　252
　　——賃金格差　78
仕事と子育ての両立支援　91
質的変動指数（IQV）　54

ジニ係数　19, 201, 235, 236, 265-266, 271
　　──の変化　30
　　世帯主出生コーホート別──　37
　　世帯主年齢階層別──　36
　　年齢階層別──　33
社会移動　14
社会保障給付費割合　225
若年
　　──層の貧困　130
　　──の雇用問題　127
　　──の失業率　132
　　──労働市場の問題　104
少子化対策　26
職業カテゴリー内の男女格差　79
職業分離　79
女性
　　──就労者内のパート就労割合　80
　　──内の賃金格差　81
　　──の高学歴化　70, 161
女性労働参加　64, 67
　　──の規定要因　73
　　──率と出生率　93
　　年齢階層別──　66, 68
人口置換水準　16, 92
人口の高齢化　193, 197
成人未婚
　　──女性のひとり暮らし　143
　　──男性のひとり暮らし　143
成人未婚子
　　──のいる世帯構造　136
　　親と同居する──　145
成人未婚者
　　──収入割合　139
　　後期──　131
　　前期──　131

性別役割分業
　　──意識　171
　　──体制　162
　　──度　177
世帯　13
　　──の特定化　266
　　多世代──　199
　　共働き──　82
世帯構造　265
世帯主年齢階層
　　──別ひとり暮らし割合　229, 231
　　──内効果　44
世帯主年齢分布　43
相対的低所得率　19
属性主義から業績主義へ　15

タ

大卒就職率　71
第2の人口転換　206
ダグラス・有沢の法則　72, 106
団塊世代　39
男性世帯主モデル　215
断続的な働き方　161
中意識　52
長寿化　16
妻収入
　　──の効果　85
　　──割合　83
妻就労　265
妻への家事偏重程度　175
TANF　164
できちゃった婚　100
等価可処分所得　19
当事者意識　262

ナ

ニート　126

日本型福祉社会　219
日本人論　1
年金支給開始年齢　205
年齢階級別の未婚率　131
年齢構造効果　44
年齢層内格差　48

ハ

母親収入割合　105
母親の望ましい働き方　181
比較可能性　6
非類似指数　78
貧困率　19
　——の変化　40
　高齢者のいる世帯の——　208-209
　高齢単身世帯の——　235
　高齢ひとり暮らしの配偶歴別——　241
　子どもの有無別——　99
　成人未婚者のいる世帯構造別——　143
　母子世帯の——　112
　未婚ひとり暮らしの——　243
　未就学児のいる世帯の——　105
　年齢階層別——　38
夫婦同位世帯割合　85
福祉元年　4
父子家庭　113, 257
不妊　29
不平等　9, 249
　——感　50, 57
　機会の——　9
不平等化論　5

フリーター　125
フルタイムとパートタイム就労格差　76, 89
平均家事時間　179
平均寿命　197
平均対数偏差（MLD）　44
　——の要因分解　47
平均余命の男女差　228
平方変動係数（SCV）　85
母子世帯　108
　——の母親就労別貧困率　109
　親との同居別——貧困率　110
保守主義型福祉国家　169

マ

末子年齢別母親就労率　105

ヤ

役割期待　13
優遇措置　259
予定子ども数　28

ラ

ライフコース　17, 244
ライフサイクル研究　17
離家時期の遅れ　129
理想子ども数　28, 96
ルクセンブルク所得研究　267
ルクセンブルク所得データ　19
65歳以上人口割合　27
ロストジェネレーション　152
若者論　125

ワ

ワーキングプア　120, 257

著者略歴

1958年　京都府生まれ
1997年　オックスフォード大学博士号（社会学）取得
　　　　筑波大学大学院システム情報工学研究科助教授を経て
現　在　東京大学大学院人文社会系研究科准教授

主要著作

『日本の階層システム4　ジェンダー・市場・家族』（分担執筆，東京大学出版会，2000年）
『少子社会の子育て支援』（分担執筆，東京大学出版会，2002年）
『少子高齢社会のみえない格差』（東京大学出版会，2005年）
『変化する社会の不平等』（編，東京大学出版会，2006年）
"Women's Economic Status and Fertility" (F. M. Rosenbluth, ed., *The Political Economy of Japan's Low Fertility*, Stanford University Press, 2007)

日本の不平等を考える
少子高齢社会の国際比較

2009年5月22日　初　版

［検印廃止］

著　者　白波瀬佐和子
　　　　（しらはせさわこ）

発行所　財団法人　東京大学出版会

代表者　長谷川寿一

　　　　113-8654　東京都文京区本郷 7-3-1 東大構内
　　　　電話 03-3811-8814　FAX 03-3812-6958
　　　　振替 00160-6-59964

印刷所　株式会社理想社
製本所　牧製本印刷株式会社

ⓒ2009 Sawako Shirahase
ISBN 978-4-13-051130-8　Printed in Japan

Ⓡ〈日本複写権センター委託出版物〉
本書の全部または一部を無断で複写複製（コピー）することは，著作権法上での例外を除き，禁じられています．
本書からの複写を希望される場合は，日本複写権センター（03-3401-2382）にご連絡ください．

白波瀬佐和子	少子高齢社会のみえない格差	A5・3800円
白波瀬佐和子編	変化する社会の不平等	46・2500円
原　純輔 盛山和夫	社会階層　豊かさの中の不平等	46・2800円
岩間暁子	女性の就業と家族のゆくえ	A5・3800円
吉川　徹	学歴と格差・不平等	46・2600円
盛山・原ほか編	日本の階層システム　全6巻	46各2800円
武川正吾編	福祉社会の価値意識	A5・5000円
平岡公一編	高齢期と社会的不平等	A5・5200円
国立社会保障・ 人口問題研究所編	少子社会の子育て支援	A5・4400円
国立社会保障・ 人口問題研究所編	子育て世帯の社会保障	A5・4400円

ここに表示された価格は本体価格です．御購入の
際には消費税が加算されますので御了承ください．